日本の分断は
どこにあるのか

スマートニュース・メディア価値観全国調査から検証する

編著
―
池田謙一
前田幸男
山脇岳志

勁草書房

まえがき

スマートニュース メディア研究所所長　山脇岳志

　近年の社会科学の大きなテーマに、「分断」や「分極化」がある。なぜ世界のあちこちで右派と左派、あるいは保守派とリベラル派の断絶が広がっているのか。分断が進んでいない国々では、なぜ広がらないのか。

　また、どのような課題（issue）が分断を促進しているのか。インターネット上で虚偽ニュースや陰謀論もあふれかえる中、マスメディアやソーシャルメディアへの接触は、社会全体の分断とどうかかわっているのか。

　政治学、社会心理学から認知科学にいたるまで、分断・分極化を追いかける研究者は多い。国によって社会の分断は非常に深刻な課題にもなっているが、課題に対処する上では、まず、それぞれの国において、分断がどのような形で進んでいるのか、状況を客観的に把握する必要がある。日本においても、一部には分断が進んでいるという見方があり、その実相について調査研究する必要性は高まっている。

　この本は、上記の大きな目的に沿って、2023 年に実施した「スマートニュース・メディア価値観全国調査（略称：SMPP 調査）」のデータを用いて、さまざまな角度から、日本の分断・分極化を探ろうと試みたものだ。

プロジェクトの原点と目的

　編者の一人である筆者が、こうした世論調査の必要性について漠然と考えたのは、2016 年ごろ、アメリカに住んでいたころに遡る。

　前職の朝日新聞記者時代、2000〜2003 年と、2013〜2017 年の 2 度にわたりアメリカのワシントン D.C. に駐在した。初回の赴任時には同時多発テロ、二度目はドナルド・トランプ氏の大統領当選と、それぞれ世界に衝撃を与えた「大事件」があった。

　ただ、そうした事件以上に筆者にとってインパクトがあったのは、実は「10年のブランク」だったかもしれない。2 度の勤務の間は、アメリカに出張する機会すらほとんどなかった。そのため、10 年ぶりにアメリカ社会に触れたときの社会的分断の深刻化、そしてフェイクニュースの爆発的な広がりは、立ち

すくむほどであった。

　2000年の大統領選も，激しい選挙だった。僅差の戦いとなる中，フロリダ州の集計が混乱し，最後は最高裁の判断にもつれこんだ。だが，勝敗が決まったのち，勝者のジョージ・W・ブッシュ氏（共和党）と敗者のアル・ゴア氏（民主党）は，お互いを讃えあい，融和を呼びかける品格があった。共和党支持者からマスコミ不信の声を聞くことはあったが，大きなものではなかった。

　それが，2016年の大統領選はどうだろう。トランプ氏は政治集会の度に，後方のジャーナリストたちの席を指差し，「彼らを見ろ」と聴衆をあおり，聴衆が「最も不誠実（dishonest）なやつらだ」と一斉に叫ぶのが「定番」となっていた。トランプ氏は主流メディアによる報道を「フェイクニュース」と呼び，メディアは「全くのクズ（absolute scum）」であり，「アメリカ国民の敵」であるとも言い放った。トランプ氏に熱狂する共和党支持者の間で，メディアへの信頼度はぐんぐんと下がっていった。

　トランプ支援集会では，支持者たちが，対立候補のヒラリー・クリントン氏について「あの女を（牢屋に）ぶちこめ！（Lock her up!）」と叫ぶ光景もよくみられた。クリントン氏は選挙戦の中で，トランプ支持者の半数は「嘆かわしい人（basket of deplorables）」と発言し，トランプ支持者の怒りは増幅された。

　筆者が直接取材した2000年と2016年のアメリカ大統領選挙はともに，一般投票の総得票数でまさった候補が敗れる珍しい選挙であった。ただ，同じ事象でも分断の激化と相手への中傷という点で，比較にならないほど後味が悪かったのが，2016年の選挙であった。

　「分断の激化」という「皮膚感覚」を裏付けてくれたのは，ピュー・リサーチセンターなどの継続的な調査である。同センターは，政治的価値観について定点観測を続けており，それをみると，保守層（共和党支持層）とリベラル層（民主党支持層）の「分断」が，2010年代に大きく広がっていた。保守とリベラルで，視聴・購読しているメディアが全く違うことも，同センターの調査から分かる。また，ギャラップ社の継続調査から，「メディア不信」の党派的な偏りも明らかになっている（第1章で詳述する）。

　その後の経緯については「あとがき」に譲るが，2024年のアメリカ大統領選挙を目前に控えたこの時期に，日本での分断とメディア研究を上梓できることになったのは，偶然以上のものを感じる。

　アメリカの分断の目撃は筆者個人の経験ではあるものの，この時代を生きる

同時代の多くの市民が共有経験として多かれ少なかれ持っているものだろう。アメリカの激しい分断は，日本も含め，世界の広い地域で憂慮すべき事態として共有されている。

　そうしたアメリカの「分断の激化」の経験から，「日本の分断」はどうなっているのかと考えることもまた，筆者に限らず，日本の多くの読者に同意していただける感覚ではないだろうか。こうした同時代の共有経験を契機に，日本の現在の分断の位置づけを世論調査によって精査し，日本人はどのようなパターンの分断を経験しているのか，その分断には深刻な意味があるのか詳細に分析を進め，そして長期的な変化という視点でも今後の分断の変容を見据えようというのが本書の基本的な狙いである。

研究会の組織と調査の実施

　世論調査のための研究会が組成されたのは，2022 年 2 月であった。調査の正式名称ならびにメンバーは以下の通りである。政治学，社会心理学，情報学，メディア研究など，さまざまな分野の学者・研究者に委嘱したことが一つの特徴である。

　調査名称：スマートニュース・メディア価値観全国調査（SmartNews, Media, Politics, and Public Opinion Survey, 略称：SMPP 調査）
　調査主体：スマートニュース・メディア価値観全国調査研究会（肩書きは 2023 年末時点）

　・共同座長（五十音順）：
　　池田謙一　　同志社大学社会学部メディア学科・同大学院　教授
　　前田幸男　　東京大学大学院情報学環　教授

　・研究メンバー（五十音順）：
　　遠藤晶久　　早稲田大学社会科学総合学術院　教授
　　大森翔子　　法政大学社会学部メディア社会学科　専任講師
　　加藤小也香　スマートニュース メディア研究所　主任研究員
　　久保文明　　防衛大学校　校長
　　小林哲郎　　早稲田大学政治経済学術院　教授

| 笹原和俊 | 東京工業大学環境・社会理工学院イノベーション科学系准教授 |
| 山脇岳志 | スマートニュース メディア研究所　所長 |

　研究会メンバーには，具体的な調査分析ではなく，設問を作る上での視点にご協力いただいた方も含まれている。アメリカ政治学がご専門の久保文明・防衛大学校長には初期のミーティングに入っていただき，貴重な示唆をいただいた。

　前述のように，アメリカの分断経験が本調査のきっかけとはなったものの，当然のことながら，日本社会とアメリカ社会には，根本的な差異がある。これまでの日本で実施されてきた様々な調査結果も踏まえ，池田座長を中心に日本における「分断」についての仮説を立て，5つの「分断軸」を設定して詳しく検討することにした。

本書成立の経緯と，今後 10 年の展望

　本書は序章とそれに続く 8 つの章で構成されるが，これが可能となった経緯と今後の展望を記して本文に続けたい。

　まず，研究会結成後，約 1 年にわたる設問などの検討を経て，2023 年 3 月に第 1 回となる SMPP 調査を実施することができた。

　その調査結果について，2023 年 9 月に日本社会心理学会と日本政治学会，2024 年 2 月に計算社会科学会において，関係する分野の学者・研究者が発表を行った。

　2023 年 11 月にはスマートニュース本社（東京都渋谷区）で，全体的な研究分析結果の発表会を行った。この場には，大手メディアなどから 40 人以上が集まり，読売新聞，朝日新聞，日本経済新聞や，オンラインメディアなどに，様々な記事として取り上げられた。会場における質問の熱量の高さや，その後の弊研究所ウェブサイトへの資料請求の多さからも，日本の分断の姿やメディア接触についての関心の高さがうかがえた。

　また，2024 年 1 月から 2 月にかけて，ニューズウィーク日本版（オンライン）にて，調査を行った研究者たちが，7 回の連載の形で調査分析の概要を示した。

　そして，今回，本書において，より詳しく深い形で調査の分析結果を世に問

うことができるのは，望外の喜びである。

　この種の調査は，1回限りで終わると得られる知見に限界がある。このため，2年ごとの10年計画としている（10年を超えて続くことを筆者は願っているが，スマートニュース社としてコミットしているのが10年となる）。次回は2025年1月の実施を予定している。

　次回以降，そのときどきのトピックに応じて新規の設問は入れるつもりである。ただし，第1回調査と同じ設問も繰り返すことによって，日本の人々の価値観の変容，メディア接触の長期的な変化を追いかけていきたいと考えている。

目 次

まえがき ……………………………………………………………山脇岳志 i

序 章…………………………………………………池田謙一・前田幸男 1

  0.1 国・社会の分断軸の検討——「分断」のもつ多次元性を踏まえて 2
    (1)分断の5つの軸 2／(2)分断の社会的構造 4／(3)メディア 5
  0.2 各章の概観 6
  0.3 5つの軸とメディア情報環境を総覧して分かることは何か 11

第Ⅰ部 日本の政治的分断の現在地と情報世界の動態

第1章 日米で分極化はどう異なるのか ……………山脇岳志・小林哲郎 17
       ——SMPP調査とアメリカ世論調査の比較
  はじめに 18
  1.1 アメリカにおける政治的分極化の現状とその原因 18
  1.2 日本におけるイデオロギーと分極化の特徴 25
    (1)日本における感情的分極化 25／(2)日本のイデオロギーの特徴 26
  1.3 日米比較：同性婚・移民受け入れ・環境保護の争点態度にみる
      分極化 29
    (1)同性婚 29／(2)移民受け入れ 30／(3)環境保護 31
  1.4 日米比較：ナショナリズムをめぐる認識についての分極化 33
    (1)自国はトップレベルの国という認識 33／(2)自国に対する誇り 33／
    (3)自国の民主主義に関する認識 35／(4)国や政治が進んでいる方向に
    関する認識 36
  1.5 日米比較：マスメディアをめぐる分極化 37
    (1)マスメディアに対する信頼 37／(2)情報源としてのマスメディア 40
  1.6 まとめ 42

コラム1 情報の偶発的接触とエコーチェンバー ……………………笹原和俊 45

目 次 vii

第2章 SMPP 調査が捉えたメディア接触の諸相 ……………藤村厚夫 49
―― 伝統メディア，そしてインターネットメディアをめぐる
　　読者の選択

はじめに　50

2.1 デジタルデバイスの浸透状況　51

2.2 新聞，テレビなど伝統メディアとの接触　53

(1)新聞への接触　53／(2)テレビへの接触　54

2.3 インターネットメディアとの接触　56

(1)伝統メディアへの直接接触は限定的　56／(2)ネットメディアとの接触をつかさどるアルゴリズム　57／(3)YouTube は「新たなマスメディア」　58

2.4 （ニュース）メディアをめぐる価値認識　60

(1)信頼度から見た伝統メディアとインターネットメディア　60／(2)インターネットメディアへの信頼度　61／(3)伝統メディアへの信頼度　62

2.5 「何が重要なニュース」なのか　62

(1)新聞一面の情報価値　63／(2)ネットメディア・トップページの情報価値　64

2.6 購読制インターネットメディアの拡大を阻むものは何か？　65

(1)有料を正当化する情報価値はあるか　65／(2)金銭的なハードルは高いか　66

2.7 メディア選択と世代対立　67

おわりに ―― まとめとして　70

第3章 人々はメディアをどのように利用しているのか ……大森翔子 73
―― メディア接触の6パターンとメディア利用意識から

はじめに　74

3.1 複雑化する情報環境と本章の狙い　74

(1)情報環境の変容　74／(2)人々の複合的な情報接触パターンの解明に向けて　76

3.2 利用するデータ　79

(1)マスメディアに対する信頼（問46）　80／(2)ニュースメディアに対する信頼のうち「トピックの選択性」「事実の選択性」「描写の正確性」3側

面の評価（問 47）80／(3) NFM 傾向（問 50）81／(4) ニュース回避傾向（問 52-1）82

3.3 メディア接触行動のグルーピング——6 つのメディア接触パターン　82

3.4 メディア意識変数を従属変数とした多変量解析　87

(1) マスメディアに対する信頼　87／(2) ニュースメディアに対する信頼のうち「トピックの選択性」「事実の選択性」「描写の正確性」3 側面の評価　88／(3) NFM 傾向　91／(4) ニュース回避傾向　94

3.5 結論と含意　95

補遺　SMPP インターネット調査データを用いた潜在クラス分析　98

コラム 2 「ニュース回避傾向」はなぜ生まれるのか？ ………………山脇岳志　104

第 II 部　5 つの分断軸と日本人の政治意識・行動

第4章｜政治対立は日本社会の対立を規定しているか
　　　　　—— イデオロギーによる分断 ………………遠藤晶久・田部井滉平　111

はじめに　112

4.1 日本におけるイデオロギー対立　113

4.2 イデオロギー自認と政策対立　115

(1) 保守とリベラルの分布　115／(2) 政策争点態度の分布　117／(3) 政策対立構造　120／(4) 政策対立とイデオロギー自認, 政党対立　123

4.3 主観的社会対立　127

(1) 主観的社会対立の測定　127／(2) 主観的社会対立の分布　129／(3) 社会対立における主観的な立場と客観的な立場　130

4.4 結論　136

コラム 3 メディア利用の自己効力感 ………………………………前田幸男　139

第5章｜私生活志向は何をもたらすか ………………………………小林哲郎　143
　　　　　—— 政治との距離による分断

はじめに　144

5.1 私生活志向とは何か？　146

5.2 2000年代からの私生活志向の変化　149

5.3 誰が政治への関与を避けているのか　153

5.4 政治非関与者の情報環境　156

5.5 政治非関与と自助努力志向の親和性　161

5.6 私生活を重視するがゆえの権威主義的志向　164

さいごに——「私生活志向のゆくえ」再考　168

第6章 日本人の道徳的な傾向は分断に結びついているのか

—— 道徳的価値観による分断 ……………笹原和俊・松尾朗子　173

はじめに　174

(1)道徳的分断の顕在化　174／(2)規範としての道徳，直感としての道徳 176／(3)道徳基盤理論と保守－リベラルのイデオロギー　177／(4)日本人 の道徳的価値観の測定　179

6.1 日本人の道徳的価値観——個人志向と連帯志向　181

(1)SMPP調査における道徳的価値観の測定　181／(2)日本人の道徳基盤 の再検討　182／(3)個人・連帯志向と政策争点に対する態度　185／(4)個 人・連帯志向と諸外国の選好傾向　188

6.2 日本人の神聖基盤の特異性　191

(1)神聖基盤の文化依存性　191／(2)日本人特有の神聖基盤　193／(3)神 聖基盤と排斥　194／(4)神聖基盤と包摂　197

おわりに　199

(1)日本人の道徳基盤価値観から見えた分断の萌芽　199／(2)課題と今後 の展望　200

第7章 首相への好悪は有権者における対立を深めたのか

—— リーダーシップのスタイルによる分断………………前田幸男　205

はじめに　206

7.1 問題関心と仮説　208

7.2 利用するデータと記述統計　210

(1)質問と回答分布　210／(2)回答ができない割合と回答者の属性　212／ (3)歴代首相に対する好き嫌いと回答者の属性　215

7.3 歴代首相好感度の回帰分析　217

7.4 首相好感度から派生する野党に対する嫌悪感　224
7.5 結論と考察　228

第8章　人々の「統治の不安」はどのような行動につながるのか
　　　　──政治や社会に対する見通しと評価による分断……池田謙一　233

はじめに　234
8.1 「統治の不安」とは　235
　(1) 日本の統治の不安とその構造　235／(2) 統治の不安の概念的位置づけ　236／(3) 統治の不安尺度：概念と測定法の洗練　237
8.2 統治の不安と政治参加をめぐる仮説　239
8.3 分断軸5をめぐる諸要因
　　　──従属変数・独立変数の選択と分析手続き　242
8.4 統治の不安に関わる仮説の検証　248
8.5 政治参加に関わる仮説の検証　250
8.6 メディア接触パターンと統治の不安の連関性　253
8.7 メディア接触パターンと政治参加の連関性　255
8.8 ネット調査データによるロバストネスチェック　263
　(1) 統治の不安と政治参加　263／(2) メディア接触の潜在クラスの効果　265
8.9 仮説およびRQの全体のまとめ　268
結　語　268

コラム4　日本の国力認知と統治の不安・社会の分断………………池田謙一　271

あとがき　………………………………………………………………山脇岳志　275
索　引　279
編著者・執筆者略歴　282

本文中に記載されている問の番号は、「スマートニュース・メディア価値観全国調査」第1回調査の調査票と対応している。調査票は、スマートニュース メディア研究所のウェブサイト（https://smartnews-smri.com/Questionnaire_SMPP2023）で閲覧・ダウンロードが可能である。

序 章

池田謙一・前田幸男

　本書は，スマートニュース・メディア価値観全国調査研究会が実施した「メディア，政治，生活意識に関するアンケート」（SmartNews, Media, Politics, and Public Opinion Survey: 以下，SMPP 調査。2023 年 3 月に第 1 回調査を実施）のデータを用いて，日本における政治的・社会的分断の様相を多角的に，そして実証的に検討するものである。

　この調査はスマートニュース メディア研究所を事務局とする研究会によって企画・実施され，18 歳から 79 歳までの有権者を対象に，郵送調査およびインターネット調査として実施された。郵送調査では日本リサーチセンターの全国 7 万人登録の「トラストパネル」から地域・性別・年代による層化抽出により計画サンプル 4,460 名を設定し，回収数は 1,901 であった（回収率 42.6%）。インターネット調査では楽天インサイトに委託し，その生活意識データパネル登録者に対して年齢・性別割付により 2,000 の回答を得た。

　本書では郵送調査の分析結果を論文の主体とし，インターネット調査の分析結果を従とする。日本人の代表性あるサンプルという観点から，前者の代表性の方が高いと考えるからである[1]。ただし，1）後者は前者の結果のロバストネスチェック，ないし再現性の検討に用いることがある。2）後者のデータは

---

1) なお，郵送調査では 20 代サンプルをオーバーサンプリングして取得している。回収率の低さがこの年代では予想されたからである。分析に進む前に，回収された回答数値と母集団の構成比に対応したウェイトを用いた推定値と比較したところ，単純集計段階で 1% を超えるずれが生じたところはわずかであった。これを受けて本書では質問への回答の分布については回収調査結果の素データそのものを表示する。多変量解析では確率ウェイトを用いた分析を行うことがある。ちなみに単純集計上で回答値とウェイト値で 1% 以上のずれのあったものは回答者の性別・年齢・都鄙居住に関わると推測される質問項目である。より具体的にはウェイト値では，問 30(2)-2 の都市と地方の対立の中での自分の立場が「都市」が 1.2% 減，「地方」が 1.4% 増，問 30(2)-2 の性別による対立の中で自分の立場が「男性」が 1.6% 増，「女性」が 2.1% 減，問 43(1)-5 でブロック紙・地方紙読者が 1.6% 増，新聞非読者が 1.2% 減，問 45(1)-13 ツイッター高接触者が 1.1% 減であった。

楽天インサイトのパネル登録者が別途回答している生活意識データを含み，本書第6章ではその回答まで用いた分析を行うため，同章では後者のデータを主として用いる。

　研究会および本調査の主な目的は，「まえがき」に記したように，日本における政治的・社会的分断のパターンとその効果，およびそれが何をもたらしうるかを検討し，その上でメディア関連要因が分断の様態や効果に関与するかどうかを探求することにあった。

0.1 | 国・社会の分断軸の検討──「分断」のもつ多次元性を踏まえて

(1) 分断の5つの軸

　ここでいう政治的・社会的分断の軸は，本書で焦点とするテーマに関わる。その全体像を概観しよう。私たちは，アメリカ社会でしばしば論じられる保守とリベラルの分断というようなシンプルな分断軸が日本社会でも全面的に適用できるとは考えていない。より包括的に日本社会の分断の構造を的確に捉えるために，日本社会はアメリカと似ているというような前提を置かずに，可能な限り多角的な視点から市民の分断認識を測定し，日本ではいかなる分断が生じているのか探索的に鳥瞰図を作成できるように調査を設計した。次いでそれらの分断軸が政治意識・政治行動にもたらすインパクトを解析する方針をとった。私たちは次の5つの分断軸を検討する。いずれも詳しくは続く各章で検討されていくものである。

　　　分断軸1：イデオロギー
　　　分断軸2：政治との距離
　　　分断軸3：道徳的価値観
　　　分断軸4：リーダーシップのスタイル
　　　分断軸5：社会や政治の将来像

　分断軸の1，2，3は市民の政治心理的判断の中に分断の認識があることを指す。
　分断軸1は言うまでもなく，保守−リベラルのイデオロギー的な判断とそれによる対立によって生じる分断の軸である。伝統的な分断軸と言ってもよい。

とりわけ20世紀後半からは民主主義を掲げる多くの国家で，諸政党は保守（コンサバティブ）と革新（リベラル）あるいは政治的な左右の軸上に分布し，その線上で多くの市民は自己の支持する位置を認識し，政治的選択を行ってきた。日本においては現在でも，保守－リベラルの軸は多数の市民に理解されており，自己をその軸上で位置づけられない市民は3割弱にとどまる（第4章参照）。

分断軸2は，政治から距離を取る市民と政治により関与する市民との差で生じる分断を指す。名高いR・イングルハートの脱物質主義論（Inglehart 1977, 1990）は，豊かな社会で脱物質主義を強調するようになった市民が，自己実現を求めて政治により積極的に関与するようになる，と仮定していた。だが，わが国では自己実現を政治に対してではなく私生活に求める方向性が長らく観察されてきた。政治の現状をネガティブに判断してもストレートに政治の是正に向かい政治参加するとは限らず，政治からは距離を置く層が多く見られる。仕事の充実，家族や友人との満たされた時間，趣味への没頭などいずれも頻繁に見かけられる自己実現の形である。

分断軸3は，道徳的価値観による社会の分断を指す。社会の分断ということで，分断軸1とともにアメリカで念頭に置かれている軸の1つである。人々が生きる際のベーシックな価値観と政治的志向性との結びつきによる分断の軸であり，たとえば同性婚や人工妊娠中絶を巡る激しい党派的対立の根はここにある（笹原 2019）。日本でも類似した道徳的価値観による対立があるのか，検討が必要だろう。

次の分断軸4と5は，軸1，2，3と異なり，分断をもたらすモメントは回答者の外側の政治的環境にあり，市民がそれを認識することによって分断が生じる。軸4は政治的アクターのリーダーシップのスタイルが生み出す乖離である。軸5は政治制度のパフォーマンスに関する将来期待の乖離である。もう少し展開しよう。

分断軸4は，国や社会のリーダーシップのスタイルが市民の間の党派的対立を助長したり，あるいは対立を主導したりすることで分断による敵意の増大を促し，合意形成を困難にすることによってしばしば生じることを指す。市民の目から見れば，内集団（われわれ）／外集団（彼ら）の交流を妨げ，互いの理解への歩み寄りを拒み，相互の不信を促進する可能性を強めることにつながる。アメリカを例に取れば，ドナルド・トランプ前大統領の政治スタイルから容易に想像がつくだろう。

分断軸5は，国や社会の統治に対する市民の判断の乖離や分散を想定する。政府や政党に国や社会を統治していく期待はできるのか，統治の失敗によって国や社会のリスクは拡大するのか，といった認識の差異を巡る軸である。21世紀の現在の日本政治の将来像が明るいと思わない人は多く（第8章参照），将来の統治に対するネガティブな認識が私たちをどこに導くのか，問われるべきだろう。こうした将来像の差異が，この国の民主的な統治度の認識や，統治に直接関わる政治的アクターの能力，そして実態としての分断の現状の認識によってどのように規定されているのか検討を進める。

(2) 分断の社会的構造

これまで5つの分断軸を示したが，これらの軸は市民が政治状況を弁別する判断の軸であり，分断軸の1，2，3は市民が判断をする基準としての軸，分断軸4と5は政治や社会環境の見せられ方，つまり対立を強調して見せられるのか，将来のコントロールの可能性をどう見せられるのかの軸，であった。

一方，政治の世界そのものが実際にどんな形で分断された状態にあるかについて，別途測定される必要がある。それは一般の市民から見て，社会の中が集団間の対立によってどのように分断されているのか，という分断の現れ方の認識である。そして本書では，分断を認識する市民がいずれの立場に立ち，それが政治の評価や政治行動に結びつくのか，を検討していく。国の政治を一つの統合されるべき対象として捉えるとき，その中で分断が拡大し，対立や格差が明瞭となると統治の困難度は上昇することになるのか，また政治への関与や政治参加を抑制したり，あるいは促進したりするのかを分析することも本書の課題である。

こうした現実世界の分断は，具体的にはしばしば念頭に置かれる経済格差だけにとどまらない。私たちは研究会の議論の結果として，次のような8つの対立が生じている可能性を探索することとした。列挙すれば，世代間の対立，都市と地方の対立，男性と女性の対立，職業による利害の対立，日本で生まれた人と外国から移住してきた人の立場についての対立（移民に関する対立），経営者と労働者（勤労者）の対立，豊かな人と貧しい人の経済的対立，さらに政治的な保守とリベラルの対立について検討する。これらは，古典的な労使や貧富の対立，保守とリベラルに基づく党派的対立に加え，急速な社会の構造変化に対応した世代や都市と地方の対立，職業的な（おそらく多元的な）対立を含む。

そしてインクルージョン（包摂）を重視し、社会への参加の平等、公正さ、相互的リスペクトを強調する社会的価値の変容に対応したジェンダーや民族的（ここでは移民に関する）対立までを、並列して検討するものとなっている。

(3) メディア

　私たちは、今日政治を考える上で不可欠なソーシャルメディアの役割についても合わせて検証することを目指した[2]。21世紀に入って先進諸国で生じている政治的分断や分極化については、伝統的なマスメディアの衰退とソーシャルメディアの隆盛に起因しているというのは一般的な理解であろう。しかしながら、各国における政治とメディアの関係は、歴史的な経緯も異なり、それぞれの国で新聞やテレビが政治報道に果たしてきた役割は、歴史的文脈に依存する（Hallin & Mancini 2004）。

　日本の新聞は、減少しつつあるとは言え、今日でも国際的に見て発行部数は多い方である。また、公共放送（NHK）が報道において果たす役割も決して小さくない。一方、インターネットも20世紀末から普及し、2023年段階では18歳から49歳までの個人利用率は100%に近く、50歳代でも97%、60歳台では90%を超える（総務省 2024）。今日では、インターネット上の情報流通抜きに、メディアと政治との関係を考えることは不可能である。少数のプラットフォームが国際的に優越的な地位を持つとは言え、プラットフォームあるいはソーシャルメディアの普及や利用形態は国により異なる。例えば、日本では2024年現在 Yahoo! Japan がポータルサイトとして重要な位置を占め続けているが、その起源であるアメリカの Yahoo! は衰退している。また、特定のソーシャルメディア利用率も国によるバラツキが大きいだけではなく、同一国内でも世代による違いが顕著である。

　情報通信分野の調査を中心に、情報端末の普及や利用するソーシャルメディアについては個人レベルのデータが蓄積されている。しかし、伝統的なマスメディアだけではなくソーシャルメディアの利用について体系的に質問をすると

---

2) ソーシャルメディアとは、インターネットの諸種形態の中でも、ソーシャルネットワークによるユーザ間のつながりを重視し、そのネットワークを通じたユーザの発信による情報拡散と共有、意見交換が促進される双方向の媒体／サービスの形を有するものを指す。具体的には、SNS、およびインタラクティブなやりとりを含みうる動画共有サイト、各種掲示板、まとめサイト、ブログ、メッセンジャーなどが当てはまる。

同時に，それらと政治的イデオロギーや，政策態度，政治的リーダー等に対する評価，そして政治的分断との関連性との分析に利用可能なデータは少ないのが実態である。私たちは，メディアと政治との関係を体系的に検証するべく，マスメディアやソーシャルメディアの利用，並びに利用者がそれぞれのメディアに対して寄せる評価や信頼を明確に分析の俎上に載せることにした。

0.2 | 各章の概観

次に，各章を紹介しつつ，本書の構造を概観しよう。第Ⅰ部「日本の政治的分断の現在地と情報世界の動態」では，日本における分断をアメリカとの対比で素描すると同時に，分断を考える上で鍵となる（新旧の）メディア利用について見取り図を提供する。

第1章では，社会の対立や分断に関わる日本の政治的分極化の様相を，分極化が進展しているアメリカと対比しながら検討する。

アメリカでは，争点態度の違いや社会集団間の対立がリベラルと保守のイデオロギー軸の線上で分けられるような「党派ソーティング」が進展している。他方，日本ではそれほどまでに明白な党派的な一貫性は形成されていない。また，メディア，とくにマスメディアで構成される情報環境（接触するメディアの組み合わせ）がアメリカでは民主党支持か共和党支持かの党派性で大きく異なり，個々のメディアに対する信頼にも党派性に沿った信頼度の断絶がある。

こうしたアメリカでの党派ソーティングは分断軸1「イデオロギー」と分断軸の3と4が一貫している様相を浮かび上がらせる。後の第6章では分断軸3「道徳的価値観」との対応が示され，第7章の分断軸4「リーダーシップのスタイル」でも詳しい言及はないもののドナルド・トランプによる敵‐味方の分断的アプローチが容易に想起される現状がある。他方，日本ではこれらのような一貫性は必ずしも安定したものとしては存在せず，分断軸3ではアメリカとは異なる弱い形の党派性との結びつきが，分断軸4では安倍政権とその周辺の首相経験者に対してのみ明確な敵と味方の分断が生じている。さらに，日本の分断軸はより多元化しており，分断軸2の政治関与‐政治非関与，分断軸5の将来の楽観‐悲観といったところにも人々の政治行動を分ける分水嶺が存在する。

5つの分断軸の本格的な分析に入る前に，日本で生じているメディアの情報

環境の変容がまず第2章と第3章で吟味される。アメリカでは党派ソーティングに沿うようなメディア情報環境の分断と信頼の断絶があったが，日本ではどのような姿になっているのか，第2章では世代による大きな情報環境の差異を，第3章ではメディア接触のパターンがもたらす市民間の情報環境の差異を見ていく。後者は世代差と重なる部分もあるが，それ以上に利用するメディアの組み合わせの差異に特徴がある。

　第2章では，日本のメディアについて，従来マスメディアと総称されていた新聞やテレビなどの「伝統メディア」の利用と，新しく台頭してきた各種の「インターネットメディア」の利用を，主に年齢層による違いに着目しながら分析する。伝統メディアについて言えば，今日においても「シニア層」はある程度新聞を閲読しているが「若年層」の新聞離れは明確である。テレビは娯楽番組の視聴については年齢差が小さい。しかし，ニュース番組はシニア層の視聴率が高く，若年層の視聴率は低く，世代による差は明瞭である。一方，インターネットメディアについては，特にYouTubeがいずれの年齢層でもよく使われている。YouTubeは，利用者が投稿する動画他，多くの伝統メディアやインターネットメディアも動画を投稿しており，アルゴリズムにもとづき利用者の嗜好や関心に即した動画を推薦する機能を持つ。そして近年はインターネットに接続可能なテレビ受像機による視聴も増えていることも含めて，YouTubeが「新たなマスメディア」になりつつあることが指摘される。

　メディアの利用あるいは接触パターンにおいては，伝統メディアからインターネットメディアへの移行が進んでいるが，それは必ずしも後者の方が利用者に評価されていることを意味しない。実際，インターネットメディアの利用が多い若年層の方が，シニア層と比して，インターネットメディアに対して懐疑的な態度を示している。また，インターネットメディアよりも，伝統メディアの方が，重要なニュースを報道していると考えられている。しかしながら，伝統メディアに対する高い評価にかかわらず，多くの市民は新聞紙やインターネット上のニュースについて有料サービスの利用はハードルが高いと考えており，また，有料サービスを使わないと得られない情報はないと考えている。その意味では，インターネット時代における良質な報道は，その社会全体に利益をもたらすが，誰もその費用を負担したがらない「公共財」なのであろう。

　次に，第3章を詳しく見よう。SMPP調査ではマスメディアとインターネットメディアの網羅的なリストの中で，市民のメディア接触パターンの分類を

行った。たとえばYahoo!ニュースの利用，Twitter（現在のX）の利用，Instagramの利用といったような個別のメディア利用が市民のそれぞれの情報環境の全体を構成するのではなく，市民は複合的なメディアの組み合わせによって自らの情報環境を形成している。そこにはおのずからいくつかの特徴的な接触パターンが存在する。容易に想像されるのは，新聞やテレビなどの伝統的なマスメディアに利用が偏るパターンや，ソーシャルメディアに利用が偏るパターンであろう。第3章ではこの点に統計的な視点からメスを入れ，よりニュアンスに富んだ6つのメディア利用のパターンをメディア接触の「潜在クラス」として導き出している。

　その分類に基づいていくつかのことが判明した。異なる情報環境に暮らす市民（つまり異なるメディア接触の潜在クラスに属する市民）は，その中で接する情報も異なる。どこまで情報環境を流れる情報を信頼しうるかなどのメディアに対する受け止め方が異なり，情報の評価の基準が異なり，さらにニュースに対する接触態度が異なることが指摘される。その上で後に見るように，メディアにはユーザが自ら発信できるメディアとそうでないメディアの差があり，そのことがメディア接触の潜在クラスによって政治参加の差異をもたらすことがある。

　続く第Ⅱ部では「5つの分断軸と日本人の政治意識・行動」と題して各軸を順次検討している。

　第4章では，イデオロギーと政策争点態度の分析を通じて政治的対立の状況を探る。分断軸1にあたる保守とリベラルのイデオロギー対立が日本で歴史的にどのように変化してきたかを概観した上で，第1章で見たようなアメリカにおける対立とはそのあり方が大きく異なることを指摘する。

　日本におけるイデオロギー対立の特徴は，その限定性である。保守，リベラル，そして中間の立場を表明する人は全体の7割強であるが，残りの3割弱が「わからない」を選択している。政策争点態度については，「新型コロナ対策徹底」「安全保障」「政府介入」「ジェンダー」「環境」の5次元構造を観察できる。その中でも，「安全保障」と「ジェンダー」は保守‐リベラルのイデオロギーとの関連は明確であるが，「新型コロナ対策徹底」については，関係が見られず，新しい争点は必ずしもイデオロギー的枠組みで理解されるわけではない。

　有権者自身の態度から析出される対立の構造と，有権者自身が認識する社会

の集団間対立は，関連しつつも，同一ではない。実際，他の対立構造と比べても保守－リベラルのイデオロギー対立は有権者の認識においてはそれほど広がっていない。有権者の認識において最も浸透している社会対立は労使対立であり，ジェンダーに基づく対立がそれに次ぐ。また，多くの対立カテゴリーにおいて「弱者」の立場に近いと認識している人ほど社会対立を認識する傾向があり，優位な立場にある人と劣位にある人では，そもそも対立（差別や格差）に対する感受性が異なることがわかる。

　第5章でフォーカスする分断軸2は，政治と市民との距離に関わる。ここでは「私生活志向」という概念で捉えていく。それは「政治の分断」から身を引き「政治に関わらない」，政治ではなく私生活中心を強調する，という点で政治との間に分離の壁を作る志向性を指し，日本の市民に広範に観察される態度である。それは言うなれば「政治の分断」以前の「政治からの分断」であるが，そうした市民が21世紀の20年の間にも増大したことによって政治的なインパクトが生じる，という逆説的な状況について分析する。「政治に関わらない」ことには政治的含意があるのである。

　「政治に関わらない」市民の持つ政治的な特性には，小さな政府を求めたり権威主義的な政治を求めたりする方向性を有する点があり，それらが政治的な帰結をもたらす。彼らは政治に参加せず，政治情報を受け取らず，現状の政治に対する吟味を放棄し，公助に頼らない一方で，自らの安寧維持のための治安を重視する。市民が政治に背を向けるという，一見して政治からの離脱行為が社会の政治全体にインパクトをもたらすのである。政治から離脱しない市民にとっては，横から槍で突かれるような様相でもある。

　分断軸3の道徳的価値観は第6章で焦点をあてられ，アメリカ政治の基底を流れる価値観とイデオロギーとの親和性が日本にも当てはまるかどうかの検討から出発する。ここで紹介される道徳基盤理論の5つの道徳的価値観がアメリカでは保守とリベラルを分かつ度合いが高い。一方，日本では，アメリカと同様に個人志向と連帯志向という点ではイデオロギーとの密接な関わりが見られるものの，その内部構造が異なり，また，原発再稼働，同性婚，移民受け入れといった主要な争点との関連でイデオロギーとは独立した効果が析出される。

　その上で，神聖基盤という清浄や穢れに関する志向性に関しては，日本にはアメリカにない独自の基盤が見いだされ，それが争点態度に関連していることが判明した。たとえば環境問題に対する態度の規定要因として指摘される。

分断軸4のリーダーシップのスタイルは第7章で吟味される。ここでは，これまでの分断軸1，2，3に比して，市民の心の外側の要因に対する市民の反応が軸となる。政治家のリーダーシップのスタイルが団結か対立か，あるいはそのいずれでもないかによって市民の反応は異なりうる。典型的な分断スタイルの政治家としてはドナルド・トランプが分かりやすいだろう。他方，団結の強調という，軸の反対側の例としては，危機の下での旗下結集効果（国としてリーダーの元で一致団結を目指す効果）が知られるように，湾岸戦争時のジョージ・H・W・ブッシュ大統領（1989-1993在職・第41代大統領）のリーダーシップのスタイルにそうした側面が見られる。

日本ではどうだろうか。21世紀に入ってからの日本では安倍晋三が他の首相経験者と異なり，分断スタイルの特徴を備えていることが指摘されてきた。第7章では歴代首相について好き嫌いを尋ねた設問を利用して，リーダーシップのスタイルが有権者間の対立に与える影響を検証する。実際に，首相ごとに有権者が抱く好き嫌いの感情の分布は大きく異なり，首相に対する反応は，首相が誰かにより大きく異なることが分かる。首相が交代すると，首相に対する好き嫌いと，保守－リベラルのイデオロギーや政党に対して有権者が抱く態度との関係が変化する。ここで特筆するべきは，安倍晋三，麻生太郎，菅義偉の三首相については，首相を好きな有権者が与党を好きなだけではなく，野党を嫌う傾向を示す点である。他の首相については，そのような関係は必ずしも見られない。おそらく第2次安倍政権における政権運営のスタイルは，支持者を糾合するために，政権反対派からの批判を，意識的に利用した，あるいは，有権者にはそのように映ったことが推測される結果である。

分断軸5につき第8章で検討する統治の不安もまた，市民の心の外側からやってくる。社会の将来像を楽観するのか悲観するのかの差異が政治行動の違いをもたらしうる。とくに近年の日本では国の統治の将来を悲観する声は強く，ことあるごとに悲観が噴出する感がある。新型コロナウイルス感染症の感染拡大に関しても，日本は比較的抑制されていたにもかかわらず，政府の対処に対する批判は国際的に見ると最大級であった。これを一般化して統治の不安と呼ぶが，その不安の増進には社会の分断の認識が貢献していることが判明した。日本人は社会の分断や対立を一次元的な保守対リベラルのような対立ではなく，より複合的な対立として認識しているが，対立を広範に認識することが統治の不安を増進している。

この中で，わが国が民主的に統治されていると認識するほど，社会が分断していても統治の不安が強くても政治参加に消極的になる様相が認められる一方，統治の不安と対立の認識は一貫して政治参加の促進要因であった。第3章で判明した日本人のメディア利用パターンの分類であるメディア接触の潜在クラスとの関連では，多重的なメディア接触のあるクラスや多重的な発信の窓口のあるクラスで政治行動が促進される可能性が見られる。

0.3 5つの軸とメディア情報環境を総覧して分かることは何か

アメリカでは分断が保守とリベラルの間で一元的に進行しており，その衝撃的な様相がSMPP調査実施への大きな力であった。私たちはこれに対し，日本における分断の姿を明確に描きだし，太平洋の両岸の差異のみならず，日本の中で進行中の分断の多元性を析出した。それは日本人の政治への長期的な認識の上に成り立ったものであった。つまり，日本人の政治意識の中でイデオロギーの一貫性が低下した状況（蒲島・竹中 2012 などを参照）の先にある 2020 年代の世界がどうなっているかを明らかにし，日本の分断が多元的な様相を見せていることを明らかにした。

全体として日本の分断は社会を二分する形にはない。私たちの生き方に直結するような道徳的価値観においてもアメリカのような二分的な関連性は必ずしも見いだされない。しかしそれが全てではない。日本社会は多重の対立を持ちつつ，政治に対して「わからない」「背を向ける」層が保守とリベラルといった意見対立を前提として市民の意見をくみ取る民主主義的な仕組みの許容範囲を超えて拡大する世界となっている。現在の日本社会では，対立争点を巡って市民がエリートレベルの対立に引き寄せられ，社会全体が政治的なぶつかり合いにより分断される様相にはなく，感情レベルまで巻き込んだ敵対的な集団間のコンフリクトは見えにくい。むしろ対立する立場が政治にくみ上げられることがないまま，社会が異質なものへと変容しつつあるように見える。そこでは，市民の抱く統治の不安が強く，政治参加の低調さも加わって，社会への将来像が暗転したままになりかねないという状況が存在する。

他方，日本人を取り巻く情報環境であるマスメディアやインターネットと市民との間の関係性にはポジティブな側面も見いだされた。アメリカと異なり日本では伝統的なマスメディアに対する信頼は比較的高いだけではなく，支持政

党やイデオロギーに基づく違いも目立たない。インターネット上のニュースに対する信頼度は相対的に低いが，ソーシャルメディア上では，仮に利用者がニュースを提供している媒体名を認識していないとしても，伝統メディアが発信する情報も多く流通している。

　もちろん問題もある。ニュースが届いていない人たち，さらに言えばニュースを見る気もない人たちの存在である。そしてニュースが届いていない人たちは，私生活志向で，政治的なものから距離を取ろうとする人たちでもある。

　その上でさらなる日本の重要な特徴を指摘するなら，アメリカと異なり，メディア接触のパターンと政策態度やイデオロギーとの関係は強固ではない，という点である。伝統メディアの利用者は政治的関心が高く，ソーシャルメディアを中心に利用している人たちの関心が低い傾向があるにしても，首相が交代し，政治状況が変われば，メディア利用と党派性との関係は変わりうる。メディアの中に不可逆な分断が生じているとは言えない。政治とメディアとの関係は，政治からの，あるいは，メディアからの一方通行ではなく，相互に影響を与えている（Esser & Strömbäck 2014）。もちろんインターネットの世界の変化は激しく1年後の状況すら予測することは難しいが，それでも情報を発信・流通させるメディア側の制度設計等の変化により，政治的対立があるとしても，より冷静に議論できる環境に導くことは，不可能ではないように思われる。

　つまり，日本においては，メディアが社会の分断を大きく加速させたり，メディアそのものが極端に分極化したりする状況にはない。分断が「多元的」であるといえる日本の社会の姿について，以後の各章では，SMPP調査に基づき，実証的に検討していく。

参考文献

Esser, Frank, & Strömbäck, Jesper（2014）*Mediatization of Politics: Understanding the Transformation of Western Democracies*. Palgrave Macmillan.

Hallin, Daniel C., & Mancini, Paolo（2004）*Comparing Media Systems: Three Models of Media and Politics*. Cambridge University Press.

Inglehart, Ronald（1977）*The Silent Revolution: Changing Values and Political Styles among Western Publics*. Princeton University Press.（＝1978, 三宅一郎・金丸輝男・富沢克訳『静かなる革命——政治意識と行動様式の変化』東洋経済新報社）

Inglehart, Ronald（1990）*Culture Shift in Advanced Industrial Society*. Princeton University

Press.（＝1993，村山皓・富沢克・武重雅文訳『カルチャーシフトと政治変動』東洋経済新報社）

蒲島郁夫・竹中佳彦（2012）『イデオロギー』東京大学出版会.

笹原和俊（2019）「つぶやきのモラル」『人工知能』34(2): 146-151.

総務省編（2024）『令和6年版　情報通信白書』総務省.

第 I 部

日本の政治的分断の現在地と情報世界の動態

第1章

日米で分極化はどう異なるのか
—— SMPP 調査とアメリカ世論調査の比較

山脇岳志・小林哲郎

本章では，アメリカにおける分極化の現状とその研究，日米におけるイデオロギー概念の差異をレビューした上で，SMPP 調査とアメリカのピュー・リサーチセンターやギャラップ社などのデータを比較し，日米における政治的分極化の違いを論じる。

〈本章のポイント〉

・アメリカでは議員などの政治的エリートと一般有権者の2つのレベルで政治的分極化が進んでいるとされる。

・戦後日本のイデオロギーは安全保障や憲法改正問題が主な軸となってきた。一方，日本では保守派の方がリベラルよりも消費増税に賛成する傾向が強いなど，イデオロギーと経済争点態度の関係は欧米とは異なっている。

・同性婚や移民の受け入れ，環境問題に関する態度は，アメリカでは明確に分極化している。日本でも同様の傾向が見られるが，アメリカほどリベラルと保守の差は大きくはない。

・日米ともに保守の方が自国がトップレベルの国だと認識する傾向が強く，自国や自国の歴史を誇りに思う割合も高い。また，アメリカでは保守の方が，日本ではリベラルの方が国や政治が間違った方向に進んでいると感じている。

・アメリカではリベラルよりも保守の方がマスメディアに対する信頼が低く，その差は拡大しつつある。しかし，日本ではイデオロギーによる差はほとんど見られず，約7割の人々はマスメディアを信頼している。

・アメリカではイデオロギーによって接触するメディアが大きく異なる。日本でも違いは見られるが，アメリカほど大きな違いは見られない。

はじめに

アメリカにおける政治的分極化，特に異なる党派を支持する人々の間での敵意が高まる感情的分極化（affective polarization）は，民主主義の土台を揺るがす事態となっている。感情的分極化はフェイクニュース拡散の温床を作り，政治家のアカウンタビリティを低下させ，ひいては2021年1月の連邦議会議事堂襲撃事件のような政治的暴力をも引き起こす。世界各地で「民主主義の後退」が危惧される中，政治的分極化の内実を明らかにすることは喫緊の課題である。しかしながら，政治的分極化のレベルは国によって異なるし，そのメカニズムも一様ではない。アメリカのような激しい感情的分極化は日本では生じにくいかもしれない。

本章ではまず，公開されたアメリカにおける世論調査と「スマートニュース・メディア価値観全国調査」（以下，SMPP調査）を可能な限り比較することによって，日本とアメリカにおける分極化の相違点と類似点を探る。さらに，日本におけるイデオロギー研究と最近の分断化研究の知見を踏まえ，後続する各章の問題意識と接続する。

1.1 アメリカにおける政治的分極化の現状とその原因

現在のアメリカ社会は政治的な分極化が進んでいるとしばしば言われるが，政治学的にはいくつかの次元に切り分けて研究が行われてきた。

まず，分極化しているのが議員などのエリートなのか，それとも一般の有権者なのかという区別が重要である。連邦議会の議員については議会での点呼投票の記録などに基づいて，各議員のイデオロギーを推定することが可能になっている。このデータを用いた分析からは，1970年代以降，アメリカの連邦議会の議員は上院・下院ともにイデオロギー的分極化が進んでいることがはっきりと示されている（McCarty et al. 2016; McCarty 2019）[1]。

一方，有権者が政治的に分極化しているかどうかについては2つの視点から

---

1) http://www.pewresearch.org/fact-tank/2014/06/12/polarized-politics-in-congress-began-in-the-1970s-and-has-been-getting-worse-ever-since/（2024/4/5閲覧）

研究が行われてきた。1つは様々な争点態度の束としてのイデオロギーに注目し，世論調査で測定した有権者自身のイデオロギー的位置が，民主党支持者と共和党支持者の間で乖離しつつあるかどうかという視点である。これは態度的分極化（attitudinal polarization）と言われ，実証的に支持する知見も提出されたものの（e.g., Abramowitz 2010），反する知見も提出されている（Fiorina & Abrams 2008）。もう1つの視点は，分極化を争点態度やイデオロギー的位置ではなく，集団間感情の対立からとらえようとするものである。

　有権者の争点態度やその束であるイデオロギーではなく，リベラルな民主党支持者と保守的な共和党支持者の間で，党派的な集団アイデンティティに基づいた好悪感情が分極化する点に注目するのが感情的分極化の研究である。American National Election Studies の分析では，1990 年代以降，支持する党派に対する好意的感情のレベルは一定である一方，対立する党派に対する嫌悪感情が悪化し，両者のギャップが拡大しつつあることが明らかにされている（Iyengar et al. 2012）。つまり，民主党支持者であれば共和党支持者に対する感情が悪化しており，共和党支持者であれば民主党支持者に対する感情が悪化している。1960 年代には党派性の違いは政治以外の領域にはほとんど影響していなかったが，今ではプライベートな領域における判断にまで感情的分極化の影響が拡大し，たとえば「子どもや孫が対立党派の支持者と結婚するとしたらとても不快だ」と感じる人が増えている（Iyengar et al. 2012）。こうした党派間での感情的な対立は人間関係の分断につながり，民主党支持者・共和党支持者の双方で，対立党派の友人がほとんどいない人が過半数を超える事態となっている[2]。

　感情的分極化の原因については様々な要因が指摘されている。

　第1に，党派性とイデオロギーの相関が強まり，様々な社会的集団が保守とリベラルのどちらかに分類されていく「党派的ソーティング（partisan sorting）」（Mason 2015）が進んだことが挙げられる。たとえば，キリスト教福音派の有権者の中では以前に増して共和党支持の割合が増え，アフリカ系アメリカ人の中では民主党支持の割合が増えている。このように社会の様々な集団が党派性によって「色分け」されていくことにより，支持する党派と対立する党派の違

---

2) https://www.pewresearch.org/politics/2016/06/22/3-partisan-environments-views-of-political-conversations-and-disagreements/（2024/4/5 閲覧）

いが明確に認識されるようになり，また対立が集団アイデンティティベースに
なることによって感情的な敵対反応が生じやすくなった。

　第2に，党派的なメディアの登場が挙げられる。1990年代のFOX Newsに
代表される党派的なケーブルニュースの登場と，1990年代以降に普及したイ
ンターネット，続くソーシャルメディア上では，「見たいものを見る」という
選択的接触が容易となった。支持する党派に対しては好意的で，対立する党派
に対しては批判的な情報やニュースに選択的に接触することによって感情的分
極化が進んだという議論である。この議論を支持する研究結果もあるが（e.g.,
Lelkes et al. 2017），一方では感情的分極化がインターネットを最も利用してい
ない中高年層で最も拡大していることから，メディア原因説に疑問を投げかけ
る知見もある（Boxell et al. 2017）。日本でも同様の議論によってインターネッ
トが分極化の原因となっているわけではないとする研究がある一方（田中・浜
屋 2018），それに反論も提出されている（辻 2021）。知見の非一貫性を踏まえれ
ば，インターネットやソーシャルメディアが分極化の直接の原因と結論付ける
には時期尚早だろう。

　アメリカにおける政治的分極化研究を概観したところで，具体的にどのよう
な分極化が生じているのかを見てみよう。筆者（山脇）が，前職の朝日新聞記
者時代，2000〜2003年と，2013〜2017年の2度にわたりワシントンD.C.に駐
在した際，分断の広がりを実感したことは，「まえがき」にて記した。その
「皮膚感覚」を裏付けてくれたのは，ピュー・リサーチセンターなどの継続的
な調査である。

　同センターでは，経済，社会保障，環境，外交，移民問題など，10の価値
観について定点観測を続けているが，2004年と2017年を比較すると，わずか
10数年の間に，保守層（共和党支持層）とリベラル層（民主党支持層）の「分断」
がどんどん広がっていることが，図1-1，図1-2で確認できる。

　この調査では，例えば「政府による事業規制は，通常，益よりも害をもたら
す」「政府による事業規制は，公共の利益を守るために必要である」という2
つの対照的な考えを示し，どちらが自分の考えに近いかを聞いている。前者の
場合，保守的（+1点）とカウントされ，後者の場合，リベラル（−1）とカウ
ントされる。10の全部の設問に保守的な答えをすれば，10点ということで，
図1-2のそれぞれのグラフの一番右端となる。一方，全部にリベラルな答え
をすれば−10点となり，一番左端と判断される。

第1章 日米で分極化はどう異なるのか

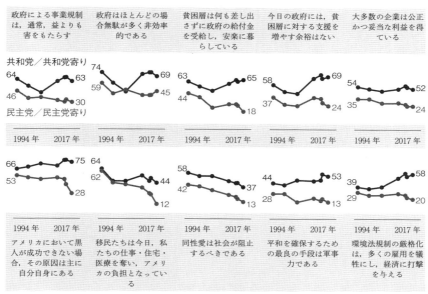

出所：https://www.pewresearch.org/politics/2017/10/05/1-partisan-divides-over-political-values-widen/ をもとに改変して作図

図1-1 ピュー・リサーチセンターによる10の価値観の党派別調査（アメリカ）

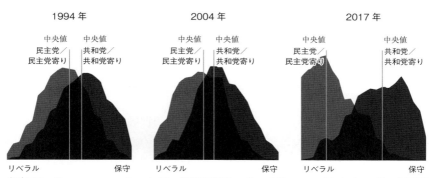

出所：https://www.pewresearch.org/politics/2017/10/05/1-partisan-divides-over-political-values-widen/1_5-15/ をもとに作図

注：図1-1のデータをインフォグラフィック化したもの

図1-2 アメリカ国民のイデオロギー的分極化

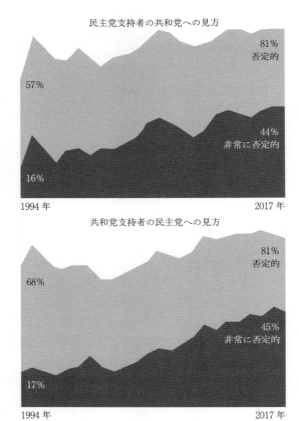

出所：https://www.pewresearch.org/politics/2017/10/05/8-partisan-animosity-personal-politics-views-of-trump/
をもとに作図

図1-3　対立政党への反感の強まり

　1994年や2004年においては，一貫して保守的な回答をした人や，一貫してリベラルな回答をした人が少数であることが見てとれる。しかしながら，2017年になると，そのように両極端の回答をする人が相当多くなり，イデオロギー的な「一貫性」は，近年高まりをみせていることがわかる。このことは，前述の「党派的ソーティング」が進んでいるという知見とも一貫している。
　図1-2で視覚的にわかるように，1994年には民主党支持者と共和党支持者はかなりの分野で見解が重なり，中央値も大きな違いはない。しかし，2017年には重なる部分が大幅に減少し，両極に位置する人々の割合が大きく増加し

第1章　日米で分極化はどう異なるのか　　23

た結果，両党の中央値も大きく離れたことがわかる。

　また，ピュー・リサーチセンターは，感情的分極化の進行についても調査している（図1-3）。1994年には，民主党支持者の中で共和党について「否定的（unfavorable）」と答えた人は57%，「非常に否定的（very unfavorable）」と答えた人は16%だった。しかし，2017年には，それぞれ81%，44%まで大きく増えている。同様に，1994年時点で，共和党支持者の中で民主党について「否定的」だったのは68%だったのが，2017年には81%に，「非常に否定的」だったのは1994年の17%から2017年の45%まで増えた。「非常に否定的」な感情を持つ人の割合が，共和党・民主党ともに1994年に比べ，2017年には2倍以上に膨れ上がっていることが特徴的だ。

　注意しなければならないのは，2016年にドナルド・トランプ氏が共和党の大統領候補となり，民主党のヒラリー・クリントン候補をどぎつい言葉で批判したり，虚偽発言を繰り返したりする以前から，この保守−リベラルの分断は広がっていたという点だ。図1-2からは省いているが，2014年の調査では，2017年ほどではないけれども，すでに分極化は広がっていた。

　また，下記のギャラップ社の継続調査から，「メディア不信」の偏りが明確に読み取れる。1972年においては，アメリカ国民は，共和党，民主党の党派や無党派にかかわらず，全体としてメディアを信頼しており，「とても（Great deal）信頼している」「まあ（Fair amount）信頼している」の合計で，68%にものぼっている。その後，下落傾向にあるものの，2000年前後は，まだそれほど党派別の差はない。だが，それ以降，共和党支持者の間で信頼度は急速に低下していく。トランプ政権を経て，2022年のデータでは，民主党支持者の70%がメディアを信頼しているのに対して，共和党支持者では14%にすぎない（図1-4参照）。保守とリベラルで，視聴・購読しているメディアが全く違うことも，ピュー・リサーチセンターなどの調査で判明している（本章5節で後述する）。この調査でも，主流メディアを「フェイクニュース」と批判し，「メディアはアメリカ国民の敵だ」などと攻撃するトランプ氏の登場によって，2016年に共和党支持者のメディア信頼度が大きく低下し，逆に民主党支持者のメディア信頼度が大きく上がるという現象はあったものの，2000年代前半から，共和党支持者の間のメディア信頼度はかなり低下傾向にあったことがわかる。

　上記のような10の価値観や，マスメディアの信頼度をめぐる分極化の背景

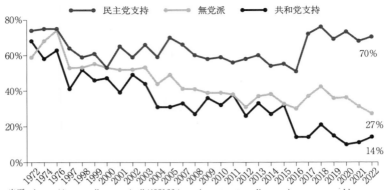

出所：https://news.gallup.com/poll/403166/americans-trust-media-remains-near-record-low.aspx
をもとに作図

図 1-4　アメリカにおけるマスメディアの信頼度

には、社会そのものの変容もある。近年、政治的な分極化が進んだ理由としては、富裕層への富の集中が進み、白人の労働者層などを含む中間層が没落したという経済的な要因も挙げられる。2009年に黒人のオバマ氏が大統領についたことについて、白人労働者層を中心に反発もあった。そういう意味では、2016年大統領選のトランプ氏の当選は、分極化の「原因」ではなく、むしろそれまで進んできた分極化の「結果」であるという見方が強い。

これに関連して、ジョージ・ワシントン大教授のフランク・セズノ氏（元CNNワシントン支局長）は、筆者の2018年のインタビューで、世論の分極化はメディアの分極化よりも先に起きたと指摘、ニクソン氏が大統領選でリベラルな文化になじめない「サイレント・マジョリティ」をターゲットにした1968年を注目すべき年であるとした。また、1996年には、自分たちの声が反映されていないと感じる保守の人を代弁するメディアとしてFOX Newsが登場し、2000年代には、「ブライトバート（Breitbart）」といった保守系のデジタルメディアも広がった。近年の保守的なメディアやソーシャルメディアの隆盛によって「社会の分裂は広がり（Widened）、拡大され（Magnified）、増幅された（Amplified）」とセズノ氏は述べている（前嶋・山脇・津山 2019: 54-55）。

計算社会科学者のクリス・ベイル氏によれば、ソーシャルメディア上では、ごくわずかな割合の過激な人たちが、過度に大きな役割を果たし、穏健派の間で無関心や政治離れを生じさせている。極端な意見の人同士があおりあうこと

によって実態以上に分極化しているようにみえる「偽りの分極化」が起きる。ソーシャルメディアを主なニュース情報源としている人は，そうでない人に比べて，対立党派の人々のイデオロギー的過激主義を，誇大に認識していた度合いが著しく大きかった。ソーシャルメディアは，社会環境を曲げたり屈折させたりするプリズムであり，自己や他人の感覚を歪めている，としている（Bail 2021＝2022）。

1.2 日本におけるイデオロギーと分極化の特徴

　アメリカにおける分極化の知見をベースに日本の分極化を考える際に，まず注意すべきはイデオロギーが意味するものの違いである。戦後の日本では，アメリカやヨーロッパとは異なり，安全保障や憲法問題が「保守‐革新」というイデオロギー対立の主軸であった（蒲島・竹中 2012）。すなわち，日米安保に対する賛否や自衛隊の違憲性に関する問題などが主たる軸であり，「大きな政府」vs.「小さな政府」や再分配政策など欧米でイデオロギーの中心となってきた経済争点は日本では副次的な軸にとどまってきた。このことの背景には，自民党政権が保守政権でありつつも，規制政策や公共事業を通じて経済格差是正策を部分的に機能させて革新的な要素も取り込んできたため，経済争点がイデオロギー対立の主な軸になりにくかったことが指摘されている（大嶽 1999; Jou & Endo 2016＝2019; 谷口 2020）。その結果，世論調査で報告された自身のイデオロギー的位置と経済争点に関する態度の相関が欧米よりも弱い傾向にある（平野 2005）。さらに，最近では若年層を中心に自民党を「革新的」と認識したり，共産党を「保守的」と認識したりする人が増えているなど（Jou & Endo 2016＝2019），イデオロギーと政党の位置づけについても標準的な理解とは異なる認識をする人が増えつつある。したがって，イデオロギー対立という観点から日米を比較する際に，イデオロギーの内実そのものが必ずしも一致していない点には十分に注意する必要がある。

(1) 日本における感情的分極化

　こうした日米のイデオロギーの違いに十分留意しつつ，アメリカで拡大しているとされる党派的な感情的分極化が日本でどの程度のレベルで観察されるのかについて見ておこう。SMPP調査は郵送とWebの2方式で実施したが（序

26　　　　　　　　　　　　　第Ⅰ部

章を参照），本章の分析は郵送調査のデータを用いる。日本はアメリカと異なり多党制であるため，対立する政党が一意に定まらない難しさがあるが，ここでは便宜的に自民党と野党第一党である立憲民主党に注目する。自民党と立憲民主党に対する感情温度は0点（とても嫌い）から10点（とても好き）までで測定されている（問12）。自民党支持者（30%）の自民党に対する感情温度の平均は6.75点であるのに対して，立憲民主党に対する感情温度の平均は3.37点であった。一方，立憲民主党支持者（8%）の立憲民主党に対する感情温度の平均は7.07点であるのに対して，自民党に対する感情温度の平均は3.07点であった。アメリカでの先行研究は0～100点で測定することが一般的であり，また日本ではそもそも支持政党を表明する人が少ないことなど，比較には注意が必要であるが，日本でも支持政党に対する感情はポジティブで，与野党関係で対立する政党に対する感情はネガティブであることがわかる。ただし，この感情温度は政党に対する感情であり，その政党を支持している人々に対する感情ではない。

(2) 日本のイデオロギーの特徴

　さて，前述のように，過去の政治学研究からは，日本における「保守－リベラル軸」は，安全保障や憲法問題に特徴的にあらわれ，アメリカのように，保守＝「小さな政府」志向，リベラル＝「大きな政府」志向という対立としてはあらわれないことが知られている。日米比較を行う前に，実際にこのような傾向がみられるかどうかを今回のSMPP調査でも確認しておこう。日本のSMPP調査におけるイデオロギー軸は，調査対象者に，11段階のスケールで自己認識を問い，それをもとに分類している（問10；0～4がリベラル，5が中間，6～10が保守と分類）[3]。本調査（郵送調査）での分布は，日本における保守は48%，中間が23%，リベラルが29%という結果となった。実は，日本では自分の立ち位置が「わからない」と答える人の割合も多いが（31%），日米の比較をする上では「イデオロギー（の傾向）を自覚している人」の中での割合で比較するほうが良いと判断した。

　まず，「防衛力強化」（問5A）の賛成率（「賛成」もしくは「どちらかといえば賛成」と回答した人の割合）では，保守層がリベラル層を上回り（図1-5），「憲法9条を変えるべきではない」（問5B）の賛成率ではリベラル層が保守層を上回った（図1-6）。それぞれ有意な差がみられた[4]。これは日本のイデオロギーが

安全保障を主な軸として認識されているという先行研究の知見と一致する結果である。

一方，税制についての設問（問6）で，「消費税増税もしくは10％維持に賛成」の人の割合でみると，保守層のほうがリベラル層に比べて，むしろ，やや割合が高かった（図1-7）。アメリカでは，リベラル層が増税（「大きな政府」）を容認しがちで，保守層は「小さな政府」志向で減税に熱心だが，日本ではその逆となっており，むしろ保守層の方が「大きな政府」志向を見せている。また，総じてイデオロギーによってこの質問への賛否の割合は大きく異なっておらず，経済争点が日本のイデオロギーにおいて主要な位置を占めていないという先行研究の知見が再確認できる。

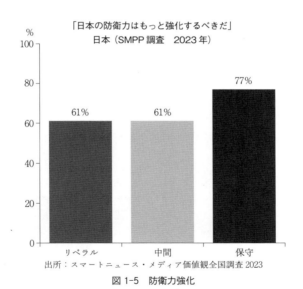

図1-5　防衛力強化

---

3) 以下でたびたび言及される問の番号は本SMPP調査の調査票の設問番号である。この調査票は本書目次に掲載されているQRコードからオンライン上でアクセス可能なので，参照されたい。
4) 「防衛力強化」への賛成を1，反対を0とする従属変数に対して，イデオロギーの3分類を独立変数とした回帰モデルを最小二乗法で推定したところ，リベラル層と保守層，中間層と保守層の間に5％水準で有意な差が見られた。リベラル層と中間層の差は有意ではなかった。

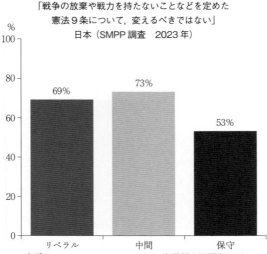

図 1-6　憲法 9 条改正

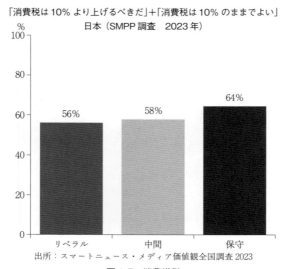

図 1-7　消費増税

1.3 | 日米比較：同性婚・移民受け入れ・環境保護の争点態度にみる分極化

　では，日米比較に入りたい。SMPP調査は，日本国内の居住者を対象にしたものであり，調査の主目的は，日本の中の「分断」の実相を探ることである。とはいえ，アメリカにおける分断やメディア環境の変化，それを裏付ける世論調査の存在が，今回のSMPP調査の発足にいたる契機になっていることもあり，本章では，可能な範囲で日米の比較を行う。

　アメリカのデータで，日本と比較する上で主として使ったのは，前述のピュー・リサーチセンターのほか，ギャラップ社，ニューヨークタイムズなどの調査である。ただ，そもそもSMPP調査が日米比較を目的としていないため，アメリカ側の調査の設問や時期は少し違っている。類似の設問を取り出すことで大枠の比較はできるが，厳密な比較ではないことは，あらかじめご了承いただきたい。なお，SMPP調査は2023年3月に実施しており，アメリカ側のデータは基本的に，SMPP調査実施日以前で，最も近いデータを基に比較を行った。

　アメリカにおけるイデオロギー軸（保守－リベラル）は，共和党支持者か民主党支持者かという区分で代用した。本来，イデオロギーと党派性は関連しつつも別個の概念だが，分極化が進むアメリカでは両者の相関が高くなっており，共和党支持＝保守層，民主党支持＝リベラル層，と大まかには読み替えることができる。調査によっては，「Independent（無党派層）」という区分を置くものもあるが，ピュー・リサーチセンターは，無党派層などに対してさらに「共和党寄り」か「民主党寄り」かを聞き，多くをそれぞれの層に分類している。これは，明確な政党支持のない，いわゆる"Leaner"と呼ばれる人たちも，多くの場合明確な政党支持者と同じようにふるまうことが知られているためである。

　以下ではまず，世界的にも大きな議論になっている「同性婚」「移民受け入れ」「環境保護」という3点を取り上げる。これらの社会問題では，いずれも，アメリカではリベラル層のほうが保守層よりも，前向きであることはよく知られている。

(1) 同性婚

　ピュー・リサーチセンターの調査（2022年）によれば，「同性婚が合法であ

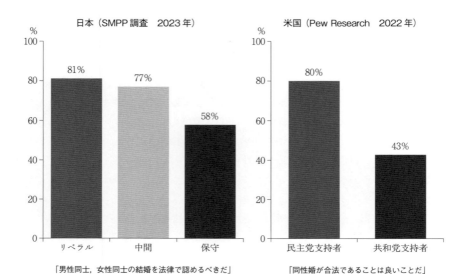

出所：（右）https://www.pewresearch.org/short-reads/2022/11/15/about-six-in-ten-americans-say-legalization-of-same-sex-marriage-is-good-for-society/
（左）スマートニュース・メディア価値観全国調査 2023

図 1-8　同性婚

ることは良いことだ」という設問に対して、「とても良い」と「やや良い」と答えた人を合計すると、民主党支持者で 80% にのぼるのに対し、共和党支持者では 43% にすぎない。一方、日本の SMPP 調査で、「男性同士、女性同士の結婚を法律で認めるべきだ」という設問（問 5C）に対して、「賛成」と「どちらかといえば賛成」の答えを合計すると、リベラル層で 81%、中間層で 77%、保守層で 58% と、有意な差がみられた[5]。アメリカほど極端ではないが、リベラル＝同性婚に（保守層よりも）前向き、という傾向が確認できた（図 1-8）。

(2) 移民受け入れ

次に、「移民受け入れ」について見てみよう。アメリカのギャラップ社の調

---

[5] 「同性婚」への賛成を 1、反対を 0 とする従属変数に対して、イデオロギーの 3 分類を独立変数とした回帰モデルを最小二乗法で推定したところ、リベラル層と保守層、中間層と保守層の間に 5% 水準で有意な差が見られた。リベラル層と中間層の差は有意ではなかった。

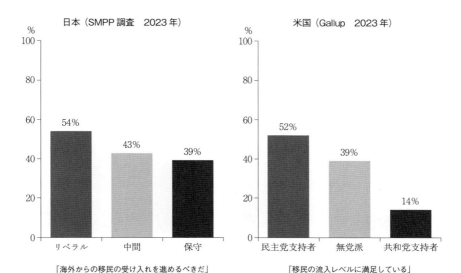

図 1-9 移民受け入れ

査（2023年）において，「移民の流入レベルに満足している」という設問に対して，「満足」と答えた人と，不満足ではあるが「もっと増やすべき」と答えた人を合計すると，民主党支持者で52%，共和党支持者で14%と大きな差がみられた。一方，日本のSMPP調査で，「海外からの移民の受け入れを進めるべきだ」という設問（問5G）に「賛成」の人と「どちらかといえば賛成」の人を合計すると，リベラル層で54%，中間層で43%，保守層で39%となった。アメリカほど極端な差ではないものの，リベラル層と保守層の間で，有意な差がみられた（図1-9）[6]。

(3) 環境保護

最後に「環境保護」について取り上げる。アメリカのピュー・リサーチセン

---

[6] 「移民受け入れ」への賛成を1，反対を0とする従属変数に対して，イデオロギーの3分類を独立変数とした回帰モデルを最小二乗法で推定したところ，リベラル層と中間層，リベラル層と保守層の間に5%水準で有意な差が見られた。中間層と保守層層の差は有意ではなかった。

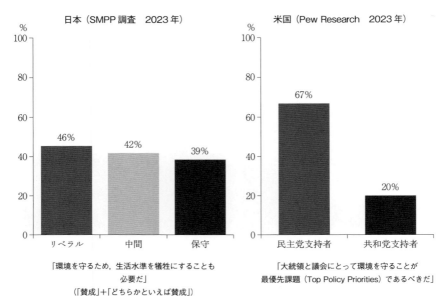

出所：（右）https://www.pewresearch.org/politics/2023/02/06/economy-remains-the-publics-top-policy-priority-covid-19-concerns-decline-again/
（左）スマートニュース・メディア価値観全国調査 2023

図 1-10　環境保護

ターの調査（2023年）で、「大統領と議会にとって環境を守ることが最優先課題（Top Policy Priorities）であるべきだ」という設問で、民主党支持者の 67% が賛成しているのに対し、共和党支持者では 20% だけの賛成だった。一方、日本の SMPP 調査では、「環境を守るため、生活水準を犠牲にすることも必要だ」という設問（問5K）に対して、「賛成」もしくは「どちらかといえば賛成」と答えた人が、リベラル層が 46%、中間層が 42%、保守層が 39% だった。やはり、アメリカほどの差ではないが、リベラル層のほうが環境保護に熱心であることがわかった（図 1-10）。

　以上、この 3 つの社会問題について、日本の SMPP 調査で賛成率を取ると、「リベラル」「中間」「保守」の順に、きれいにグラフが右肩下がりになり、アメリカと同様の傾向が確認できた。ただし、その「右肩下がり具合」は、アメリカほどではない。つまり、保守層とリベラル層の「断層」はみられるものの、アメリカに比べると、かなりマイルドであると言うことができる。もちろん、

第1章　日米で分極化はどう異なるのか　　33

これら3つの争点はアメリカで特に分断が激しくみられるものの一部である。その点で，日本の方が分断の度合いが弱くみられるのは自然である。また，前述の通りアメリカと日本ではイデオロギーの意味するものが必ずしも一致しない点にも注意する必要がある。しかし，これらのアメリカの分断を特徴づける争点態度においては，日本ではアメリカほどの分断が生じていないと言えるだろう。

1.4 ┃ 日米比較：ナショナリズムをめぐる認識についての分極化

次に，政治やナショナリズムに関連する項目で，日米比較を行う。

(1) 自国はトップレベルの国という認識

まず，「自国はトップレベルの国」と認識しているかどうかについてである。アメリカのピュー・リサーチセンター（2021年）の調査で，「アメリカは他の全ての国の上に立っている」と「アメリカは最も偉大な国の一つである」の合計でみると，共和党支持者は89％が賛成したのに対して，民主党支持者では65％だった。日本のSMPP調査で，「現在の日本は，政治，経済，文化，安全保障，外交などを総合的に評価して，世界でトップレベルの国力を持つ国だと思いますか」という設問（問33）に対して，「そう思う」と「どちらかといえばそう思う」を合計した数字では，保守層が51％，中間層が43％，リベラル層は35％だった。アメリカは，経済力でも軍事力でも世界で突出した覇権国であり，日本は経済規模でみて世界で3-4番目であるので，違いは出るのは当然だが，いずれの国でも保守層のほうが，自国への評価は高かった（図1-11）。

(2) 自国に対する誇り

次に，「自国（の歴史）を誇りに思うか」の賛成率をみる。アメリカのギャラップ社の調査（2022年）で，「アメリカ人であることを誇りに思う」という設問に対して，「Extremely（非常に）」「Very（とても）」「Moderately（まあ）」と答えた人の合計は，共和党支持者で95％，無党派で85％，民主党支持者で84％だった。一方，日本のSMPP調査で，「私は自分の国の歴史を誇りに思う」という設問（問39C）に対して，「非常に同意する」「まあ同意する」「どち

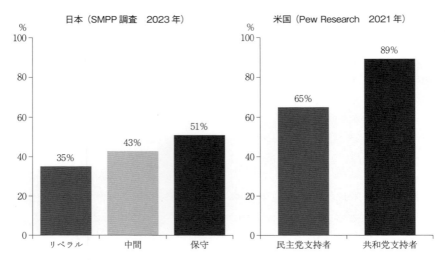

図 1-11　自国はトップレベルの国か

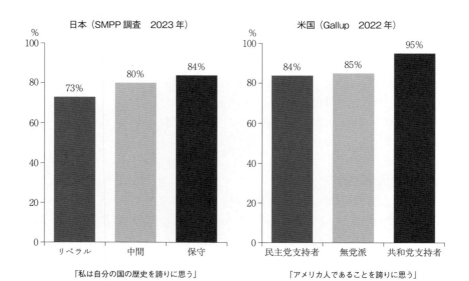

図 1-12　自国の歴史を誇りに思うか

らかといえば同意する」と答えた人の合計は，保守層で84%，中間層で80%，リベラル層で73%だった。日本，アメリカともに，保守層のほうが，自国の歴史に誇りをもっている割合が高いことがわかる（図1-12）。

(3) 自国の民主主義に関する認識

続いて，民主主義に関する問いをみてみよう（図1-13）。アメリカのニューヨークタイムズ調査（2022年）で，「アメリカの民主主義は現在，脅かされていない」とみる人は，共和党支持者で23%，無党派で22%，民主党支持者で21%と，ほぼ同じである。イデオロギーにかかわらず，民主主義が脅かされているとみている人が多いことがわかる。一方，日本のSMPP調査において，「現在わが国は民主的に統治されている」（問17）とみる人の割合は，保守層で80%，中間層で57%，リベラル層で65%となっており，保守層のほうがリベラル層より顕著に高い。

ただし，日本の設問は「全く民主的でない」を1，「完全に民主的である」を10とした10段階評価で，6〜10と答えた人の合計を，「民主的に統治され

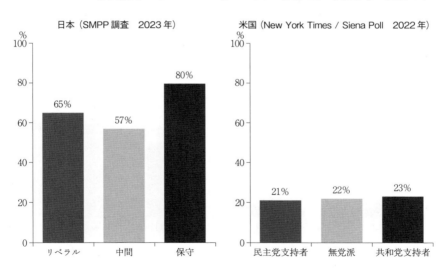

出所：（右）https://www.nytimes.com/interactive/2022/10/18/upshot/times-siena-poll-registered-voters-crosstabs.html
　　　（左）スマートニュース・メディア価値観全国調査2023

図1-13　民主主義に関する認識

ている」に賛成している，とみなしたものである。アメリカ側は，「アメリカの民主主義は現在，脅かされていない」と考えている人の割合なので，回答の割合を単純に比較はできないことに留意する必要がある。日本側の回答で，8～10と答えた人（かなり高い程度で民主的だと思っている人）に限れば，リベラル層で32%，中間層で25%，保守層で45%となり，「6～10」の人の割合に比べて，かなり下がってくるものの，保守層のほうが「民主的に統治されている」とみる人が多いという結果は同じである。

(4) 国や政治が進んでいる方向に関する認識

また，「（国や政治が）誤った方向に進んでいる」と心配している人は，日本ではリベラル層に多く，アメリカでは保守層に多いという特徴がみられた（図1-14）。アメリカのニューヨークタイムズの調査（2022年）では，共和党支持者で86%もの人が「アメリカは誤った方向に進んでいる」とみているのに対

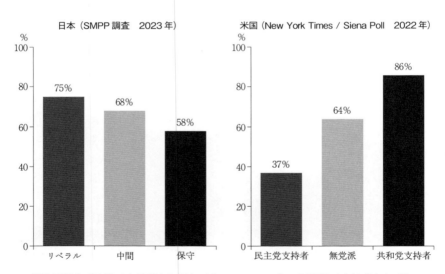

出所：（右）https://www.nytimes.com/interactive/2022/10/18/upshot/times-siena-poll-registered-voters-crosstabs.html
（左）スマートニュース・メディア価値観全国調査 2023

図1-14 （国や政治が）誤った方向に進んでいる

し，民主党支持者でそう思う人は 37% にすぎなかった。日本の SMPP 調査で，「日本の政治は，何か誤った方向に進むのではないかと心配である」という設問（問 21A）に対して，「そう思う」と「ある程度そう思う」と答えた人は，保守層で 58%，中間層で 68%，リベラル層で 75% だった。このように，日本とアメリカで逆方向の結果が出たのは，調査時点で，日本では，自民党政権（保守寄りの政権），アメリカでは民主党政権（リベラル政権）であるために，日本ではリベラル層，アメリカでは保守層の中に，国の方向性について心配している人が多いという結果が出たとみられる。

1.5 日米比較：マスメディアをめぐる分極化

最後に，マスメディアについて日米比較を行う。

(1) マスメディアに対する信頼

　まず，マスメディアに対する信頼度についてである。この設問は，日本のSMPP 調査の設問を，アメリカのギャラップ社の信頼度調査の設問にあわせた（比較しやすいよう，ギャラップ社の設問を直訳した）。「ニュースを十分かつ正確，公平に報道するという点において，あなたは新聞，テレビ，ラジオといったマスメディアを信頼していますか」というのが，調査の設問である。ギャラップ社調査（2022 年）で，「信頼している」（「Great deal」と「Fair amount」の合計）と答えたのは，民主党支持者に限れば 70% と高いが，無党派では 27%，共和党支持者では 14% と，大きな差がある（2023 年 9 月の調査では民主党支持者で 58%，共和党支持者で 11% までそれぞれ下落）。これに対して，日本の SMPP 調査（問 46）では「信頼している」（「とても信頼している」と「まあ信頼している」の合計）と答えたのは，リベラル，中間，保守ともに，70% 前後だった。マスメディアの信頼度をイデオロギー軸でみたときに，アメリカでは大きな差がみられるのに対して，日本ではほとんど差がみられないのは興味深い（**図 1-15**）。

　この章の冒頭で示したように（**図 1-4**），ギャラップ社は 1970 年代から，この同じ設問の世論調査を行っている。1970 年代においては，今の日本と同じように，共和党支持者，民主党支持者ともマスメディアに対する信頼度が高かったが，その後，特に共和党支持者の間でマスメディアへの信頼度が低下した。なぜ，日本とアメリカで，マスメディアの信頼度にこれほどの差がみられるの

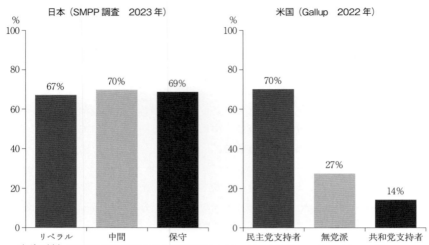

出所：（右）https://news.gallup.com/poll/403166/americans-trust-media-remains-near-record-low.aspx
（左）スマートニュース・メディア価値観全国調査2023

図1-15　マスメディアへの信頼

だろうか。

　1つには，アメリカでは，放送の政治的公平性を定めたフェアネス・ドクトリンが，1980年代に廃止された影響があるとみられる。フェアネス・ドクトリンとは，アメリカ政府の独立行政委員会である連邦通信委員会（FCC）が，放送の公平性を担保するために，1949年に地上波を対象に制定した指針である。放送免許事業者は，公共の重要性を持ち議論の的となっている問題の議論と考察のために，放送時間の合理的な部分（reasonable portion）を割り当てなければならず，そしてその際には公平（fair）でなければならないというルールである。放送事業者はすなわち，議論の的となっている問題に関して，相反した視点を提示することが求められた。このルールによって，テレビやラジオは縛られていたわけだが，ケーブルテレビの普及やメディアの多様化，小さな政府を目指す規制緩和なども背景に，共和党のレーガン政権下の1987年に廃止された。このことによって，イデオロギー色の強い番組が放送できるようになり，特に保守的な「過激トーク」を売りとするトークラジオ番組が増加することになった（前嶋・山脇・津山 2019: 142）。そうした過激トークラジオでは，伝統的なメディアはリベラルすぎるとしてしばしば攻撃対象となった。また，

ケーブルテレビは基本的にフェアネス・ドクトリンの対象外ではあったが，1996 年に FOX News が設立されたときには，最初から「公平性」にはほとんど気を使わずに放送できる環境が整っていた。また，トークラジオの保守系のホストが，保守的なケーブルテレビでもホストを務めるなどして影響力を高めていくことにもなった。

　一方，日本では，放送法第四条[7]で，放送の政治的な公平性が定められており，地上波のテレビやケーブルテレビ，ラジオなどで，極端に保守的，あるいは極端にリベラルな立場にたった放送ができない。新聞社やオンラインメディアについては，日本にもアメリカにも，政治的公平性を定めるような法律はないが，日本には，社是として「公正な報道」や「不偏不党」をうたう新聞社も多い。日本新聞協会の「新聞倫理綱領」[8]は，「新聞は歴史の記録者であり，記者の任務は真実の追究である。報道は正確かつ公正でなければならず，記者個人の立場や信条に左右されてはならない」と記している。

　また，アメリカは地方新聞社などの経営破綻も多く，全般的に報道の質の低下が顕著であることが指摘されている。一方，日本の大手メディアも経営は厳しくなっているものの，今のところアメリカのように経営破綻が相次ぐ状況には至っていない。

　さらに，受け手側である日本国民も，アメリカ国民ほど政治的立場がわかれていないことも影響していると考えられる。世界価値観調査の分析からは，日本ではマスメディアを利用していない人でもメディアへの信頼度が高いことが示されている（小林 2022）。記事や番組の内容そのものではなく，「マスメディアが不正確な情報を流したり党派的に偏った報道をしたりすれば法的・商業的に罰せられるはずだから，一般的にそんなことはしないはずだ」という一種の安心感に基づいて信頼しているのだとすれば，イデオロギーによる信頼度の違いには差が生まれにくいのかもしれない。ただ，今後，アメリカのように，イ

---

7)　第四条　放送事業者は，国内放送及び内外放送（以下「国内放送等」という。）の放送番組の編集に当たつては，次の各号の定めるところによらなければならない。
　一　公安及び善良な風俗を害しないこと。
　二　政治的に公平であること。
　三　報道は事実をまげないですること。
　四　意見が対立している問題については，できるだけ多くの角度から論点を明らかにすること。

8)　https://www.pressnet.or.jp/outline/ethics（2024/4/5 閲覧）

デオロギー軸と，マスメディアの信頼度に相関関係が出てくるのかは，注目すべき点だといえよう。

(2) 情報源としてのマスメディア

マスメディア（テレビ，新聞など）の媒体ごとの接触についても，日米で違いがみられる。かつては多くのアメリカ人家庭で，夕刻には，NBC，CBS，ABC の 3 大ネットワークのニュースを見る習慣があった。それらのテレビは，イデオロギー的にも比較的中立であった。しかし，今では，ケーブルテレビ含め多くのテレビ局があり，インターネット上のオンラインメディアも多い。テレビ，ラジオ，オンラインメディア，新聞もそれぞれ，保守系，リベラル系な

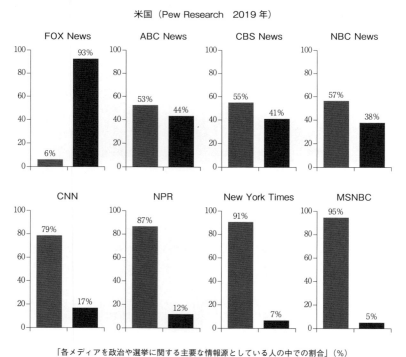

「各メディアを政治や選挙に関する主要な情報源としている人の中での割合」（%）
左（グレー）＝民主党支持者　右（黒）＝共和党支持者

出所：https://www.pewresearch.org/short-reads/2020/04/01/americans-main-sources-for-political-news-vary-by-party-and-age/

図 1-16　政治や選挙に関する主要な情報源（アメリカ）

ど，イデオロギーの色付けがはっきりしているところが多くなってきている。

　ピュー・リサーチセンターの調査では，アメリカでは，政治や選挙に関する主要な情報源としてケーブルテレビの FOX News をみる人のほとんどが共和党支持者なのに対し，ケーブルテレビの CNN や MSNBC，公共ラジオ放送のNPR，ニューヨークタイムズの視聴者・読者の多くは民主党支持者である。有力メディアでも，党派的な偏りがみられるメディアが多い（図 1-16）。

　これに対して，日本では，読売新聞をよく読む人は保守層が多く，朝日新聞をよく読む人ではわずかにリベラル層が保守層より多いという違いはあるもののアメリカのように極端な差はみられない。読売新聞をよく読む人や NHK ニュースをよく見る人のイデオロギー分布は，日本全体におけるリベラル 29％，保守 48％ というイデオロギー分布の姿とほぼ同じである（図 1-17）。

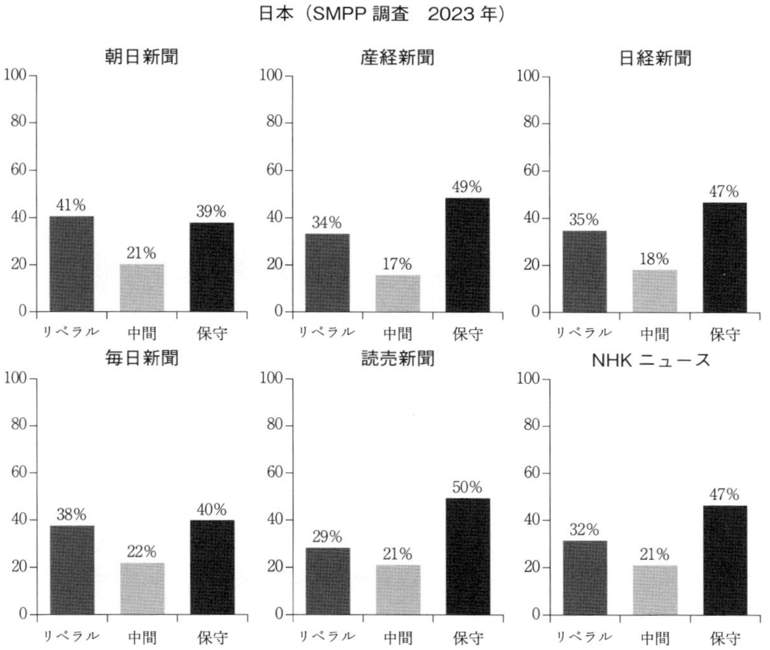

日本（SMPP 調査　2023 年）

「メディア別のイデオロギー分布・ふだん紙やオンライン（デジタル版）でよく読む新聞／
ふだんよく見るテレビ番組と答えた人の中での割合」（%）

*複数回答可　*新聞媒体名 50 音順
出所：スマートニュース・メディア価値観全国調査 2023

図 1-17　よく見る／読むメディア（日本）

1.6 まとめ

　本章では，いわば「分断先進国」であるアメリカを参照点とし，日本の分断の度合いを記述することを試みた。アメリカの分断はエリートレベルと一般有権者レベルの双方で生じているが，特に有権者レベルでは民主党支持者と共和党支持者の間の感情的分極化が高まっている。また，様々な社会的集団や利益団体がイデオロギーを軸に「色分け」される党派的ソーティングが進んだことで，さまざまな争点態度においてイデオロギー的な対立が激化している。日本のイデオロギー研究の知見を踏まえた上で日米比較を行ったところ，日本でも安全保障や憲法に関する問題では保守とリベラルでの分断が見られる一方，経済争点ではアメリカと異なり分断は見られないことが明らかになった。これは，日本のイデオロギーに関する既存の知見と一貫している。

　また，同性婚や移民受け入れ，環境問題ではアメリカと同様の傾向の分断が見られたが，分断の度合いは日本のほうがかなり小さい。ナショナリズムに関する態度では日米ともに保守層の方が自国を高く評価する傾向が見られたが，自国が誤った方向に進んでいるとみる人はアメリカでは保守層に多く，日本ではリベラル層で多かった。マスメディアに対する信頼については，日本ではイデオロギー間で差がないのに対し，アメリカでは大きく異なり，メディア接触パターンも分断化している。つまり，こうしたアメリカのリベラルと保守の違いは，日本でも一定の一貫性を見せるものの，社会を深く二分するような分断とはなっていないようだ。

　日本とアメリカを比較する際に注意すべき点として，イデオロギーとして測定されるものの違いがあることはすでに述べた。これに加えて，アメリカの分断は世界中で見られているわけではないことにも留意する必要がある。18の民主主義国において過去60年間におけるサーベイデータを分析し，感情的分極化のトレンドを検討した研究では，感情的分極化が拡大している国もあれば減っている国もあり，変わっていない国もあることが報告されている（Garzia et al. 2023）。したがって，民主主義国一般で感情的分極化が進んでいるとはいえない。しかし，アメリカでは感情的分極化の拡大が明確に確認されることから，感情的分極化に関して言えばアメリカは例外的であると結論付けている。アメリカ政治は世界中から注目を集めており，その意味でもっともわかりやす

い参照点ではある。しかし，アメリカ以外に目を向ければ，明確な分極化が見られないのは日本だけではないこともまた重要だろう。

とはいえ，近年の日本では分断や分極化に対する関心が強まっているようにも思われる。特にメディアと分極化の関係については学術的な研究も発表されつつあり（田中・浜屋 2018; 辻 2021），エコーチェンバーやフィルターバブルといった分断に関連する言葉も人口に膾炙しつつある。本章での分析ではアメリカにおけるイデオロギー的分断を参照点として日本の分断化の度合いを分析したが，実は日本ではイデオロギーとは異なる軸に従って分断が進んでいるのかもしれない。そもそもイデオロギーの内実そのものが日米では一致していないことはすでに述べたとおりである。当然ながら，日米では政治制度や社会的規範，文化など様々な点で相違がある。仮に日本でも分断が生じつつあるとしても，アメリカと同じ形でそれが生じるという前提を置くことはできないだろう。では，日本ではどのような形で分断が見られるのか，あるいは認識されているのか。以降の章では SMPP 調査を活用して日本の分断の可能性について分析が進められる。

参考文献

Abramowitz, Alan I. (2010). *The Disappearing Center: Engaged Citizens, Polarization, and American Democracy.* Yale University Press.

Bail, Chris（2021）*Breaking the Social Media Prism: How to Make Our Platforms Less Polarizing.* Princeton University Press.（＝2022，松井信彦訳『ソーシャルメディア・プリズム——SNS はなぜヒトを過激にするのか？』みすず書房）

Boxell, Levi, Gentzkow, Matthew, & Shapiro, Jesse M.（2017）Greater internet use is not associated with faster growth in political polarization among US demographic groups. *Proceedings of the National Academy of Sciences*, 114(40): 10612-10617. https://doi.org/10.1073/pnas.1706588114

Fiorina, Morris P., & Abrams, Samuel J.（2008）Political polarization in the American public. *Annual Review of Political Science*, 11: 563-588. https://doi.org/10.1146/annurev.polisci.11.053106.153836

Garzia, Diego, Ferreira da Silva, Frederico, & Maye, Simon（2023）Affective polarization in comparative and longitudinal perspective. *Public Opinion Quarterly*, 87(1): 219-231. https://doi.org/10.1093/poq/nfad004

平野浩（2005）「日本における政策争点に関する有権者意識とその変容」，小林良彰編『日本における有権者意識の動態』慶應義塾大学出版会，61-80.

Iyengar, Shanto, Sood, Gaurav, & Lelkes, Yphtach (2012) Affect, not ideology: A social identity perspective on polarization. *Public Opinion Quarterly*, 76(3): 405-431. https://psycnet.apa.org/doi/10.1093/poq/nfs038

Jou, Willy, & Endo, Masahisa (2016) *Generational Gap in Japanese Politics: A Longitudinal Study of Political Attitudes and Behaviour*. Palgrave Macmillan.（＝2019，遠藤晶久／ウィリー・ジョウ『イデオロギーと日本政治——世代で異なる「保守」と「革新」』新泉社）

蒲島郁夫・竹中佳彦（2012）『現代政治学叢書8 イデオロギー』東京大学出版会.

小林哲郎（2022）「メディアに関する意識」，電通総研・池田謙一編『日本人の考え方 世界の人の考え方Ⅱ——第7回世界価値観調査から見えるもの』勁草書房，224-244.

Lelkes, Yphtach, Sood, Gaurav, & Iyengar, Shanto (2017) The hostile audience: The effect of access to broadband internet on partisan affect. *American Journal of Political Science*, 61(1): 5-20. https://doi.org/10.1111/ajps.12237

前嶋和弘・山脇岳志・津山恵子（2019）『現代アメリカ政治とメディア』東洋経済新報社.

McCarty, Nolan (2019) *Polarization: What Everyone Needs to Know*. Oxford University Press.

McCarty, Nolan, Poole, Keith T., & Rosenthal, Howard (2016) *Polarized America: The Dance of Ideology and Unequal Riches*. MIT Press.

Mason, Lilliana (2015) "I disrespectfully agree": The differential effects of partisan sorting on social and issue polarization. *American Journal of Political Science*, 59(1): 128-145. https://doi.org/10.1111/ajps.12089

大嶽秀夫（1999）『日本政治の対立軸——93年以降の政界再編の中で』中央公論新社.

田中辰雄・浜屋敏（2018）『ネットは社会を分断しない』KADOKAWA.

谷口将紀（2020）『現代日本の代表制民主政治——有権者と政治家』東京大学出版会.

辻大介（2021）「ネットは世論を分極化するか——政権支持と改憲賛否を中心に検証する」，辻大介編『ネット社会と民主主義——「分断」問題を調査データから検証する』有斐閣，181-200.

コラム1　情報の偶発的接触とエコーチェンバー

　インターネットの発展は，多様な情報の膨大で無限とも言える宝庫をもたらし，そこに一般のユーザも広く参加できる環境を創り出したが，他方，それと同時に皮肉にもユーザが多様な情報にかえって接触しにくくなるという「エコーチェンバー」現象が憂慮されている。エコーチェンバーとは，自分と似た価値観や考え方を持つ人々がつながり合い，同じような情報ばかりを共有することで，特定の意見や思想が増幅された情報環境が形成される現象である。このような閉鎖的な情報環境では，自分と異なる意見や情報が目に入りにくくなるため，消費する情報に偏りが生じ，それによって社会的分断が加速することが懸念されている。特にソーシャルメディアでは，自分と価値観が似た他者とつながることが容易であり，おすすめ機能（推薦アルゴリズム）もあるため，エコーチェンバーが生じやすい（図1）（Sasahara et al. 2021）。エコーチェンバー化したFacebookコミュニティにおいて，誤情報が拡散しやすいことを定量的に示した研究もある（Del Vicario et al. 2016）。社会的分断の緩和を目指す上で，エコーチェンバーの対策は不可欠である。

　エコーチェンバーの悪影響が，同質の情報と過度に接触することにあるのならば，異なる情報に出会う機会を適度に設ければ，そのような状況を改善できるのではないか。そう考えるのは自然なことだろう。その意味において，マスメディアは一定の役割を果たしうる。ニュース番組を見たり，新聞を読んだりしているときに，特に興味がない話題や異なる意見に自然と触れることが多い。このような様々な情報との偶発的接触は，マスメディアが一方的，かつ画一的に情報を提供する特性によるものである。

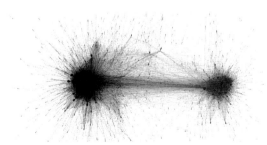

図1　2020年のアメリカ大統領選挙におけるエコーチェンバー。同年10月1日〜7日にTwitter（現X）に投稿されたハッシュタグ #Trump または #Biden を含む，約76万件の投稿の拡散を表している。ノード（点）はユーザを，リンク（線）はリツイートを表す。左はジョー・バイデン支持派，右はドナルド・トランプ支持派。

では，インターネットやソーシャルメディアにおいて，様々な情報との偶発的接触は起こらないのだろうか？　ピュー・リサーチセンターの調査から，アメリカ人がソーシャルメディアでニュースをどのように消費しているかについて，興味深い知見が得られている（Pew Research Center 2024）。まず，X（旧 Twitter）はニュースの消費が最も活発なプラットフォームであり，ユーザの約半数が定期的にニュースを取得していることがわかった。これに対して，TikTok, Facebook, Instagram では，ニュースを定期的に取得するユーザの割合はそれぞれ 40%, 37%, 30% にとどまった。また，Facebook や Instagram では，友人や家族からのニュースが多く，TikTok ではインフルエンサーや有名人からのニュースが多い一方で，X ではニュースメディアやジャーナリストからのニュースが最も多かった。

　日本における偶発的接触の状況に関しては，SMPP 調査の問 45-5 が先の問いに関わる（日本におけるメディア利用およびメディア接触の特徴については，本書の2 章と 3 章もご参照いただきたい）。

　　問 45-5　次の文章をお読みになって，あてはまると思うものを 1 つ，お選びください。「インターネット上では，自分が探したり期待したりしていない政治的意見やニュースに，偶然出会うことがある。」
　　選択肢：そう思う，ややそう思う，どちらともいえない，あまりそう思わない，そう思わない

　表 1 はこの質問に対する回答を年代ごとにクロス集計したものである。幅広い年代で「そう思う」と「ややそう思う」と回答する割合が多かった。10 代だけが「どちらともいえない」が一番多いという結果となったが，「ややそう思う」も同程度には多かった。これらの結果を総合すると，インターネットで情報を摂取する機会が増え，エコーチェンバーの影響が懸念される現状においても，ユーザは偶発的接触を経験していないわけではない，ということがうかがえる。

表 1　インターネットにおけるニュースの偶発的接触

		n	そう思う	やや そう思う	どちらとも いえない	あまりそう 思わない	そう 思わない
全体		1838	21.3	39.1	23.9	10.0	5.6
年代	10 代	56	19.6	30.4	33.9	12.5	3.6
	20 代	290	20.7	43.1	18.6	10.3	7.2
	30 代	297	22.2	41.8	21.9	8.1	6.1
	40 代	305	19.7	44.3	25.6	6.9	3.6
	50 代	305	20.7	37.0	26.6	11.1	4.6
	60 代	301	23.9	33.9	26.9	11.0	4.3
	70 代	284	21.1	36.3	21.8	12.3	8.5

出所：スマートニュース・メディア価値観全国調査 2023

コラム1 情報の偶発的接触とエコーチェンバー　　　47

　確かに，インターネットの検索エンジンを使用して情報を探す際も，自分が意図しない情報が表示されることはある。あるいは，ソーシャルメディアの推薦アルゴリズムが，通常であれば見ないようなコンテンツをすすめてくる機会も少なくない。YouTubeの推薦アルゴリズムが，政治的に極端なものではなく，むしろ中庸なコンテンツを表示させる調整効果があることを示した研究もある（Hosseinmard et al. 2024）。したがって，推薦アルゴリズムを適切に設計すれば，様々な情報の偶発的接触が生じる確率を高め，その結果としてエコーチェンバーを緩和する効果を生みだす可能性がある。

　ただし，インターネット上で様々なニュースに偶発的に接触したとしても，必ずしもニュースの中身まで読んでいるわけではないことに注意する必要がある。スマートフォンを使って隙間時間にソーシャルメディアを利用している場合は，その傾向が顕著だ。また，ユーザの意見や価値観とあまりにも異なる情報が提示されると，かえって社会的対立や分断が悪化するリスクもある（Bail et al. 2018）。エコーチェンバーによる社会的分断を防ぐためには，こうしたアルゴリズムと人間集団の相互作用に関する研究が今後ますます重要になるだろう。最終的には，情報源がマスメディアであれ，インターネットであれ，自分自身がエコーチェンバーに陥っていないかを自省し，意識的に多様な情報に触れる習慣とスキルが，情報の消費者には求められている。

（笹原和俊）

参考文献

Bail, Christopher A., Argyle, Lisa P., Brown, Taylor W., Bumpus, John P., Chen, Haohan, Hunzaker, M. B. Fallin, Lee, Jaemin, Mann Marcus, Merhout, Friedolin, & Volfovsky, Alexander (2018) Exposure to opposing views on social media can increase political polarization. *Proceedings of the National Academy of Sciences*, 115(37): 9216-9221. https://doi.org/10.1073/pnas.1804840115

Del Vicario, Michela, Bessi, Alessandro, Zollo, Fabiana, Petroni, Fabio, Scala, Antonio, Caldarelli, Guido, Stanley, H. Eugene, & Quattrociocchi, Walter (2016) The spreading of misinformation online. *Proceedings of the National Academy of Sciences*, 113 (3): 554-9. https://doi.org/10.1073/pnas.1517441113

Hosseinmardi, Homa, Ghasemian, Amir, Rivera-Lanas, Miguel, Ribeiro, Manoel Horta, West, Robert, Watts, Duncan J. (2024) Causally estimating the effect of YouTube's recommender system using counterfactual bots. *Proceedings of the National Academy of Sciences* 121(8) e2313377121. https://doi.org/10.1073/pnas.2313377121

Pew Research Center (2024) How Americans Get News on TikTok, X, Facebook and Instagram. *Pew Research Center*. https://www.pewresearch.org/journalism/2024/06/12/how-americans-get-news-on-tiktok-x-facebook-and-instagram/

Sasahara, Kazutoshi, Chen, Wen, Peng, Hao, Ciampaglia, Giovanni Luca, Flammini, Alessandro, & Menczer, Filippo (2021) Social Influence and Unfollowing Accelerate the Emergence of Echo Chambers, *Journal of Computational Social Science* 4: 381-402. https://doi.org/10.1007/s42001-020-00084-7

第2章

SMPP 調査が捉えたメディア接触の諸相
—— 伝統メディア，そしてインターネットメディアをめぐる読者の選択

藤村厚夫

本章では，スマートニュース・メディア価値観全国調査が明らかにしたメディアの最新の現状と，読者によるその選択を概観していく。デジタル化が急速にメディア環境を変化させ，メディア接触がデジタル中心の方へと傾斜する現在。SMPP 調査は，デジタル以前に出自を持つ各種の伝統メディア，そして，デジタル環境を前提として誕生したインターネットメディアやサービスなど，さまざまなメディアとの接触状況を尋ねる設問を設けた。
メディアの変化が，人々の社会，政治意識の変化とどう関係していくのか。人々のメディア接触の諸相を概観し，人々の社会，政治意識をめぐる分析へと橋渡しすることをめざしている。

〈本章のポイント〉

・本章では，従来「マスメディア」とも総称されてきた「伝統メディア」，そして台頭の著しい各種「インターネットメディア」の両メディア勢力と人々の接触状況に焦点をあてる。
・年齢層にも注目する。インターネットが所与の若年層と，徐々にインターネットに影響を受けつつあるシニア層のメディア接触上の対比に注目するからである（以下，本章では 18 〜 39 歳を「若年層」，50 歳以上を「シニア層」と呼んで区別する）。
・その結果，スマートフォンの全世代普及で，若年層とシニア層におけるインターネット経由でのメディア接触上の乖離は縮まっているとわかった。
・伝統メディアでは，「新聞」読者層の衰退が著しい。全体の 4 割が新聞を読まない（テレビ離れは，より緩やか）。
・インターネットメディアでは，LINE，YouTube，そして Yahoo! ニュースが 3 強を形成し，特に YouTube が全世代で好まれ，新たな「マスメディア」像を示している。

はじめに

　本章では，「スマートニュース・メディア価値観全国調査」（以下，SMPP調査）が明らかにしたメディアの最新の現状と，読者によるその選択を分析していく。従来，メディアを取り巻く環境は，印刷（新聞・雑誌・書籍）および，テレビ，ラジオなど放送によって形づくられてきた。しかし，1990年代の終わりからデジタル（CD-ROMやパソコン通信，そしてインターネットへと変化）環境が台頭し，その中心が急速に変化を遂げた。

　SMPP調査が行われた2023年では，メディア環境の基盤は，第1節「デジタルデバイスの浸透状況」で触れるように，デジタル，すなわちインターネット中心となっている。そのような環境下，本調査は，デジタル以前に出自を持つ各種の伝統メディア，そして，デジタル環境を前提として誕生したインターネットメディアなど，さまざまなメディアとの接触状況を尋ねる設問を設けた。メディアの変化が，人々の社会，政治意識の変化とどう関係しているかを検討するためである。

　ここで中心として扱うのは，従来，「マスメディア」とも総称されてきた「伝統メディア」，そして新たに台頭が著しい各種「インターネットメディア」の両メディア勢力と人々の接触状況である。

　切り口として，おもに年齢層別の分類を用いる。インターネット上でのメディア接触を所与として育ってきた若年層と，徐々にインターネットに影響を受けつつあるシニア層とでは，メディア接触に表れるコントラストが大きいと想定するからである。

　もちろん，年齢層以外にもメディア接触上のコントラストを顕在化させる要素はいくつもある。（居住）地域，ジェンダー，所得差などの要素もすぐに思いつく。また，これまでほぼ可視化されてこなかったコントラストも見出されつつある。第3章で分析される，メディア接触における特徴的な類型に着目する「潜在クラス分析」は，今回のSMPP調査で初めて導かれたといってよい重要な視点である。

　同じように，「ニュース」から遠ざかろうとしている人々が存在することが，ここ数年，各国で指摘されている（Newman et al. 2017）。これについても，次章で分析されることを，あらかじめお断りしておく。

本章のゴールは，伝統メディアが歴史的に築いてきた存在感（価値観）と，インターネット環境が中心となったメディア接触における現状を見すえ，今後，その関係がどう変化していくのか（していかないのか）を見通す立ち位置まで進むことである。

なお，本章では「伝統メディア」と「インターネットメディア」の語を多用する。前述したように，前者はインターネットが普及する以前に，印刷・放送などの技術を基盤に発達したメディアを指し，後者は，インターネット技術を前提に誕生し，発展を続けるメディアを指すものとしたい。ただし，前者の伝統メディアに含まれる新聞社，（テレビ・ラジオの）放送局，出版社なども，それぞれインターネット上に進出していることは，周知のとおりである。本章で扱うニュアンスとしては「インターネット以前から存在してきたメディア」「インターネットを前提に生まれ，発展してきたメディア」と受け止めて欲しい。

2.1　デジタルデバイスの浸透状況

最初は，人々がメディアと接触するための伝送路から見ていきたい。

メディア接触における主たる伝送路は，従来ではテレビが「メディアの王様」だった。だが，2020年に初めてインターネットが，利用時間（全世代平均）においてテレビ視聴を凌駕し（テレビ視聴：163.2分，ネット利用：168.4分），主役の座を手に入れた（総務省 2023）。

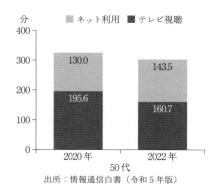

出所：情報通信白書（令和5年版）

図 2-1　50代におけるネット利用およびテレビ視聴時間の変化

表 2-1　利用している機器（年齢層別）

	テレビ	ラジオ	スマートフォン	タブレット型端末（注1）	パソコン	スマートスピーカー（注2）	あてはまるものはない	無回答
18〜29 歳	80.4%	13.9%	98.3%	33.1%	60.5%	6.8%	0.0%	0.7%
30〜39 歳	88.8%	22.8%	98.1%	30.1%	57.1%	9.6%	0.0%	0.0%
40〜49 歳	88.6%	26.1%	94.7%	27.9%	61.0%	10.6%	0.3%	1.2%
50〜59 歳	93.3%	40.1%	95.4%	25.1%	63.0%	8.6%	0.0%	0.0%
60〜69 歳	95.0%	46.0%	87.6%	24.5%	55.4%	5.7%	0.0%	1.3%
70 歳以上	98.2%	52.9%	73.1%	19.0%	45.0%	3.7%	0.0%	0.0%
全体	90.8%	33.8%	91.1%	26.5%	57.0%	7.5%	0.1%	0.5%

注 1：iPad，Galaxy Tab など
注 2：Google アシスタント，アレクサなど
出所：スマートニュース・メディア価値観全国調査 2023

　ここで，たとえば 50 代でテレビ視聴時間とネット利用の推移を見てみたのが，**図 2-1** である（筆者が抽出・加工）。同じ 2020 年に，50 代ではテレビ視聴が 195.6 分であったのに対し，ネット利用は 130.0 分（平日平均）と，全世代平均とは異なってメディアの王様は依然テレビ視聴であった。ところが 2 年後の 2022 年には，同 160.7 分対 143.5 分となり，そのギャップは着実に縮小している。シニア層であってもネット利用が進んでいるのだ。LINE ヤフーが 2023 年 10 月に行った「インターネットの利用環境 定点調査（2023 年下期）」でも同様の傾向が確認されている（LINE ヤフー 2024）。

　この動向を念頭に，2023 年に実施した SMPP 調査を見てみよう。「利用している機器」を年齢層別に確認してみたのが，**表 2-1** だ（問 42，複数回答）。

　「全体」において，「テレビ」の利用が 90.8% であるのに対し，「スマートフォン」の利用も 91.1% と拮抗していることがまず目を引く。これを年齢層別にブレークダウンしてみると，さらに驚かされることになる。

　たとえば 50〜59 歳では，テレビ 93.3% 対スマートフォン 95.4% となり，スマートフォン利用がテレビ利用を凌駕する。もちろん，設問は，利用時間や頻度を比較したものでないことには注意が必要だ。

　また，スマートフォンの利用用途には，電話や LINE などでのコミュニケーション目的があることは当然だが，シニア層にとってもインターネットメディアに多くアクセスする素地が整ってきていることがいえるだろう。

2.2 新聞, テレビなど伝統メディアとの接触

メディア接触のための伝送路として、スマートフォン（インターネット）が主役の立場に立ったことを確認した上で、改めて伝統メディアへの接触状況を、やはり年齢層別に確認することにしたい。

(1) 新聞への接触

まずは新聞からである。紙、そしてオンラインを問わず新聞メディアとの接触について確認する。新聞各紙への接触を見たのが図 2-2 だ（問 43-1。併読があるので総計は 100% を超える）。「ふだん紙やオンライン（デジタル版）でよく読む新聞は何ですか」と尋ねたものだ。

まず目につく最大のポイントは「新聞は読まない」とする規模だ。18〜29

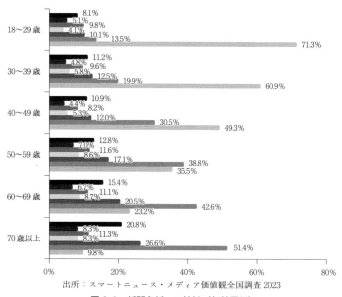

出所：スマートニュース・メディア価値観全国調査 2023

図 2-2　新聞各紙への接触（年齢層別）

歳で見れば，その規模は7割強にも及ぶ。

30歳以上では，新聞を読まない割合は60.9%（30～39歳），49.3%（40～49歳），35.5%（50～59歳），23.2%（60～69歳），そして70歳以上で9.8%へと減少する。50～59歳の層が大きな分岐点だということもわかる。

このまま新聞の販売方法などに大きな変化がなければ，読まない層が，時間の経過に沿って年齢上位層へと順繰りに遷移していくだろうということが容易に想像できる。新聞社にとっての喫緊の課題は，その遷移のスピードに伍して対策を打てるかということにある。

先回りして付言すると，次の(2)で論じるテレビ（番組）において，「特にテレビ番組は見ない」と回答したのは，全体で8.8%にとどまる。新聞にはテレビと異なり有料購読という大きなハードルがある。ニュース（報道）への接触という点で，新聞の非購読層がいかに大きな課題かが改めて確認できる。これについては，6節「購読制インターネットメディアの拡大を阻むものは何か？」で改めて検討する。

新聞への接触状況について，もう1点，印象的なポイントが図2-2に示された。それは「お住まいの地域のブロック紙・地方新聞」だ。唯一「新聞は読まない」層の規模に迫り，50歳以上では「読まない」層を逆転する。このように，その支持はシニア層に偏るものの，30～39歳でも20%に迫るのは特筆に値する。地方居住者において地域情報（ローカルニュース）の重要性が，新聞への接触を支えていると見られる。

実際，日刊紙の普及度の調査結果を見ると（日本新聞協会 2023），「1世帯当たり部数」が，たとえば，「島根」で0.81，「富山」0.80，「石川」0.79など地方での高さが目につく。これは，地域によっては，全国紙に並んでブロック紙・地方新聞が併読されていることを示している。一方の「東京」0.38，「大阪」0.45などとは対照的だ（「全国」は0.49）。

(2) テレビへの接触

次にテレビ（番組）だ。「よく見るテレビ番組」を問うた結果を示す（問44-1。複数回答）。

NHK，そして民放。また，ニュース番組，ニュース解説番組，さらに討論やバラエティ番組などと，ニュース（報道）のすそ野は広い。さらに，ドラマやスポーツ中継などへとテレビの視聴は広がっていく。番組を大きく5分類

第 2 章　SMPP 調査が捉えたメディア接触の諸相　　　55

表 2-2　よく視聴するテレビ番組の概要（年齢層別）

	ハードニュース	ニュース解説・ソフトニュース	エンタメ	その他	特にテレビ番組は見ない
18〜29 歳	42.6%	41.9%	76.0%	5.1%	18.9%
30〜39 歳	51.9%	52.2%	79.2%	8.0%	14.1%
40〜49 歳	63.1%	61.0%	83.9%	6.7%	10.3%
50〜59 歳	73.7%	71.9%	89.0%	5.8%	6.4%
60〜69 歳	86.2%	79.2%	89.6%	5.0%	2.7%
70 歳以上	91.4%	85.9%	87.5%	5.2%	0.9%
全体	68.4%	65.6%	84.3%	6.0%	8.8%

出所：スマートニュース・メディア価値観全国調査 2023

（「見ない」層も加える）に集約したのが，**表 2-2** だ。

　ここで，「ハードニュース」には，以下の番組を含む。

　　・NHK のニュース（午後 7 時のニュースなど定時のニュース番組）

　　・民放のニュース（同上）

「ニュース解説・ソフトニュース」には，以下を含む。

　　・NHK のニュースショー（キャスターやゲスト出演者によるコメントを含む番組）

　　・民放のニュースショー（同上）

　　・ワイドショー（話題のニュースや，芸能人の動向などについての情報を提供する番組）

　　・討論番組（NHK「日曜討論」・テレビ朝日「朝まで生テレビ」など）

「エンタメ」には，以下を含む。

　　・バラエティ番組（クイズや視聴者の笑いを誘う番組）

　　・ドラマや映画

　　・スポーツ番組

　　・教育・教養番組

　このように分類すると，若年層ではニュース系（「ハードニュース」+「ニュース解説・ソフトニュース」）への関心の薄さが見え，シニア層ではその逆の傾向があると同時に，エンタメもよく視聴しているのがわかる。

2.3　インターネットメディアとの接触

次にインターネットメディアの現状を分析していこう。1節で述べたように，インターネット接続を容易にするスマートフォンの利用が年齢を問わず広がったいま，新聞や放送などと異なるインターネットメディアへの接触も広がっているはずだ。以下では，その動向を概観する。

「ふだんインターネットを介してよく見るメディアは何ですか」と問うた結果が図 2-3 である（問 45-1。複数回答）。年齢を問わず全体のみを示す。設問では，25 ものメディアを回答項目としてあげたが，ここではトップ 5 項目を表示した。「LINE（ライン）」については，設問では，他に「LINE NEWS（ラインニュース）」および「LINE（ライン）の「オープンチャット」機能」の 3 つが回答選択肢として用意されたが，ここでは「LINE（ライン）」のみを集計した。

一目瞭然ではあるが，以下に注目点をいくつか指摘する。

(1) 伝統メディアへの直接接触は限定的

まず第 1 に，2 節で述べてきた伝統メディアと，インターネットを出自とするインターネットメディアとの関係である。全体を通して「放送局や新聞社・雑誌社が提供するニュースサイト」はよく見るメディアの上位に入らなかった（全平均で 8 番手）。すなわち，伝統メディアのブランドを冠した Web サイトへ

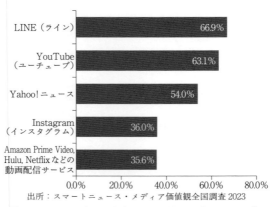

出所：スマートニュース・メディア価値観全国調査 2023

図 2-3　インターネットを介してよく見るメディア トップ 5

の直接的なアクセスは小さかった。

それ以外の人気項目は，オリジナルコンテンツを持たずに仲介に徹するか（たとえば Yahoo! ニュース），UGC（User Generated Content；投稿など，ユーザーがコンテンツを生成する SNS など）を主力コンテンツとするプラットフォーム系のサービスで占められている。

第 2 に，これも読者はすでに気づかれていると思うが，上位 3 サービスである「LINE」，「YouTube」，そして「Yahoo! ニュース」の魅力の源泉には，UGC 要素とともに「放送局や新聞社・雑誌社」が生み出したオリジナルコンテンツが多く含まれていることがある。これらサービスが，そのオリジナルコンテンツを生んだ Web サイト以上に広く，読者と接触する機会を媒介し拡大していると理解できる。

(2) ネットメディアとの接触をつかさどるアルゴリズム

第 3 に，第 2 のポイントをさらに敷衍すると，この接触機会をつかさどるものとして，アルゴリズムによる自動的なニュース推奨機能の威力を指摘できる（Yahoo! ニュース中の「トピックス」など一部では，人的編成も行われているが）。

アルゴリズムの働きは，利用者の嗜好に沿ったニュースを推奨する機能が広く知られているが，もう一つ，消費者に「ニュースの発見」を促す機能もあることに注意を喚起したい。利用者が意識もしていない（探してもいない）ようなニュースを推奨することで，新たな気づきをもたらすという意味だ。

前者では，利用者個々人の閲覧行動の蓄積データが手がかりになる。一方の後者では，利用者の知人，もしくは利用者とは直接関係しない数多くの読者や視聴者の行動データが手がかりとなる。

X（旧 Twitter），Facebook などの SNS，あるいは SmartNews といったニュースアプリにおいても，上位 3 サービスと同様に，アルゴリズムが用いられており，その精度や開発力が競争力を形成する（Adisa 2023）。利用者自身ではない他者のメディア接触パターンをアルゴリズムが推奨することで，利用者が気づいていなかった「ニュースの発見」をもたらすところにポイントがある。本調査の問 45-5「インターネット上では，自分が探したり期待したりしていない政治的意見やニュースに，偶然出会うことがある」に，「そう思う」「ややそう思う」と，71.6% が肯定していることを付け加えておきたい。

上位 3 サービス，そして人気 SNS やニュースアプリは，アルゴリズムを駆

使することで，消費者の嗜好に沿った深掘り，あるいは新たな発見をもたらすことでそれぞれのサービスへのアクセスを拡大してきた。これがインターネットを介したメディア接触における最大の特徴と言える。

シニア層を除くと，伝統メディアに対するブランド認知は十分に大きいとはいえず，SNSやニュースアプリでニュースに接することが常態化してしまえば，1つひとつのニュース（記事）の出所やブランドに対する認知は希薄化しやすい。たとえそれが，伝統メディアが制作したオリジナル記事であったとしても，「Instagramで見た」「SmartNewsに書いてあった」などとなってしまいやすい。オリジナルのコンテンツの制作者の存在感が問われることになる。

(3) YouTubeは「新たなマスメディア」

調査結果に戻ろう。次の注目点は，上位3サービス中のYouTubeの存在だ。図 2-4 は，図 2-3 を年齢層別に並べてみたものだ。

ご覧のように，YouTubeは若年層はもとより，いずれの階層でもよく見ら

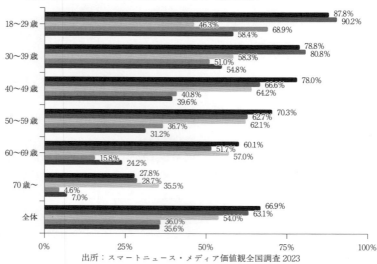

図 2-4　年齢層別・インターネットを介してよく見るメディア トップ5

れていることがわかる。60〜69歳，および70歳以上を除く各階層でYahoo!ニュースを上回り，若年層ではLINEさえ上回るトップの利用規模を示している。

YouTubeは，周知のように動画投稿サービスであり，YouTube日本法人によれば，国内での月間視聴者数が7,120万人に及ぶ（田代 2023）。その魅力は，利用者が投稿するUGCサービスにあることは前提だが，同時に，数多くの伝統メディアおよびインターネットメディアによるオリジナルの動画を表示することも大きい。

かつて，権利保護対策が十分でなかった時期には，テレビに代表される伝統メディアを脅かしかねないと忌み嫌われたが，現在では，テレビ局も競ってYouTubeを用いるようになっている（境 2021）。広告収入を得られるだけでなく，インターネット経由でのメディア接触を通じた接触機会の拡大を期待してのことだろう。

YouTubeには，2節(2)で用いたハードニュースからエンタメまでの5カテゴリが集まる。最近では，他メディアに対するテレビの最大の競争優位性の一つであった実況中継（ライブ）も加わり，その幅は広がっている。利用者の嗜好や関心に即した深掘りと，新たな発見を促すという両面をアルゴリズムによって最大化するサービスとなっている（YouTubeのアルゴリズムについては，佐々木ほか 2023に詳しい）。

さらに指摘できる動向がある。それはインターネットに接続可能なテレビ受像機（「コネクテッド・テレビ（CTV）」と呼ぶ）の数が増加していることだ。ある調査では2022年段階で全受像機の3割に達する（インテージ 2022）。これがスマートフォン経由でないインターネットメディアへの接触を加速させている可能性が高い。実際，YouTube自身が国内のCTV経由での視聴が月間3,800万人を超えたと表明している（田代 2023）。

また，50歳以上におけるCTV経由でのインターネットメディア視聴（インターネット投稿動画＋無料インターネット動画＋有料インターネット動画の視聴時間割合の和）が，（CTV利用時間の）25％に達していることもわかっている（ニールセン デジタル 2023）。シニア世代がすでに，「テレビ」の枠組みを抜け出て，YouTubeにとどまらず，インターネット（動画）メディアとの接触時間を増やしており，今後もその拡大が続くことが想定される（図2-5）。

このように，動画メディアの主役たるYouTubeは，若年層からシニア層ま

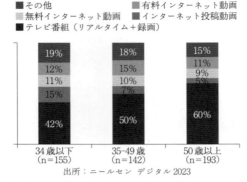

図 2-5　CTV 経由での各種（動画）メディアへの接触時間割合

で幅広く利用されており，アルゴリズムの働きによって，利用者の嗜好に沿った深掘り番組を提供する一方，幅広く見聞きされるべき伝統メディアによるニュースも提供し始めており，インターネット時代ならではの「新たなマスメディア」の姿を体現しているのである。

2.4　（ニュース）メディアをめぐる価値認識

(1) 信頼度から見た伝統メディアとインターネットメディア

インターネットを介したメディア接触の機会が増えれば，重要なポイントとなるのは「ニュースの信頼性」という問題だ。面白おかしい情報だけを追うのであればともかく，場合によれば自身の生命や生活にまで関わるような情報（ニュース）を，間違えずに得ようと思えば，なおさらだ。

そのような点では，「インターネット経由のニュースは信頼できない（誤情報，偽情報が多い）」とする見方は根強い。ある調査では「直近の1ヶ月の間で，あなた自身が偽情報・誤情報だと思う情報を次に示すメディアの中でどの程度見かけますか」との問いに対し，「インターネット上のメディア（SNSやブログなど）」とする回答で，「毎日，またはほぼ毎日」（24.3%），「月に数回」（16.9%），「最低週1回」（16.3%）との結果だった（国内）（みずほリサーチ＆テクノロジーズ 2023）。

他方で，「マスメディア（伝統メディア）は信用できない」とする言説もまた，

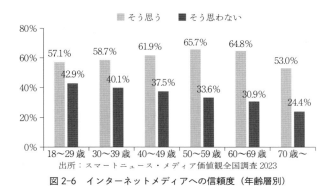

図 2-6 インターネットメディアへの信頼度（年齢層別）

SNS や週刊誌などを通じて見かける[1]。

「インターネットメディアは信用できない」「マスメディアは信用できない」，いずれもいささか誇張的に語られる言説であるとしても，人々は実際のところそれをどう判断をしているのだろうか。SMPP 調査はこの点について，端的に尋ねている。

(2) インターネットメディアへの信頼度

まず，その気になるインターネットメディアへの信頼度から先に確認していこう。

図 2-6 で，インターネット（メディア）は「重要な話題に適切な位置づけを行い，報じている」に同意するか否かの回答を，年齢層別に整理した（問 47-(2)A）。

全体として，「そう思う」が 6 割，「思わない」が 3 割強となり，人々は一定の信頼をインターネットメディアに与えていることが確認できた。興味深いのは，若年層となるにつれ「そう思わない（信頼できない）」が増し，シニアとなるにつれ「そう思う（信頼できる）」へと傾くことだ（70 歳以上は「無回答」が多かった）。つまり，若年層の方がインターネットメディアへの信頼感に懐疑的なのだ。これは筆者個人の先入観とは逆の結果であった。

まずこの結果を念頭に置いた上で，対する伝統メディアへの信頼度を見ていこう。

---

1) 山口（2018）がそのような現象に言及している。

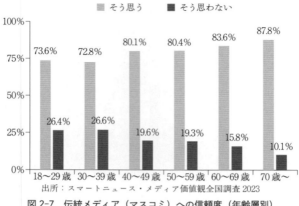

図 2-7 伝統メディア（マスコミ）への信頼度（年齢層別）

(3) 伝統メディアへの信頼度

図 2-7 は，（インターネットメディアではなく）伝統メディアについて，同様の問い（新聞・テレビといった伝統メディアは「重要な話題に適切な位置づけを行い，報じている」）を投げかけた結果だ（問 47-(1)A）。

これによれば，伝統メディアへの信頼が圧倒的に強いことがわかる。若年層であっても，信頼度という点で伝統メディア＞インターネットメディアという図式が一目瞭然の結果となった。報道内容の真偽を検証する「ファクトチェック」といった用語が人口に膾炙するなどし，「インターネット経由のニュースは信頼できない（誤情報，偽情報が多くなる）」が，（年齢層を超えて）共通の認識を作り出していると言えそうだ。

2.5 「何が重要なニュース」なのか

ニュース報道における信頼感を，インターネットメディアと伝統メディアとを対比してみてきたが，次に「何が重要なニュース」と判定しているかについて確認していく。

私たちは，日々，さまざまな情報（ニュース）に接触しているため，それらすべてに十分な注意や理解を届かせることは到底できない。そこで，代わりに，私たちは他の誰かの判断を参考にすることで，注意すべき重要な情報に目を向けることができる。その有力な参照先が種々のニュースメディアである。かつ

ては、このような重要性の判断を、新聞をはじめとする伝統メディアに委ねるのが当然であった。

新聞の場合、端的にその一面に並ぶニュースが、その日の最も重要であり避けて通れないものであり、テレビのニュース番組の場合には、それに相当するのが「ヘッドライン」と呼ぶものに当たるだろう。

しかし、本章で論じてきたように、インターネット接続環境が整う中で、少数の伝統メディアに加えて、新たにインターネットメディアが数多く台頭しているというのが現在である。では、われわれは、情報（ニュース）の価値判断において、伝統メディアに代わり、新たに誕生してきたインターネットメディアを尊重しているだろうか。

伝統メディアが築いてきた、重要な情報を判断する上での信頼感を、インターネットメディアはどの程度築けているのかを確認していきたい。

(1) 新聞一面の情報価値

図 2-8 は「新聞一面の情報価値」を尋ねた結果である（問 49A）。すなわち、新聞の一面を飾るニュースの数々を、重要なニュースと判定するか否かという問いだ。

結果から判明したのは、全体として、「新聞一面」を「重要である」とみなす規模が 8 割弱に及び、「重要でない」は 1 割にすぎない（ただし、新聞を「見ない」とする回答も 1 割あることに留意）。

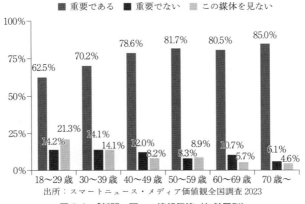

図 2-8 「新聞一面」の情報価値（年齢層別）

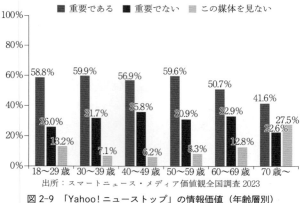

出所：スマートニュース・メディア価値観全国調査 2023

図 2-9 「Yahoo! ニューストップ」の情報価値（年齢層別）

2節(1)で紹介したように，新聞を読まない層が，全体でも4割強存在する一方で，「新聞一面」というニュースの価値尺度への信頼はあついとの結果になった。

一方，18〜29歳では，重要とみなす価値判断が全体に比べポイントを下げて62.5%にとどまる。同時に重要でないとする規模は14.2%に上ることが目につく。そうだとしても，新聞を6割以上が読まないとする若年層において，新聞一面という価値尺度を6割強が支持していることは記憶しておくべきだろう。

各種の調査ではもちろん，本調査においても，購読者が減ることで新聞メディアの経営に懸念が浮上する一方で，その価値尺度としての評価が依然として高いことは重要なポイントとなろう。今後，報道（ニュース）メディアの公共的役割を評価する観点からは，その公的支援策の立案などにおいて留意されるべきではないだろうか。

(2) ネットメディア・トップページの情報価値

一方，インターネットメディアの情報価値判断に寄せられる評価はどうだろうか。図 2-9 は，インターネットメディアの代表格として「Yahoo! ニューストップの情報価値」を尋ねた結果である（問49B）。

すでに触れたように，インターネットメディアの利用という点で，30歳以上の全年齢層でトップ3内に君臨するYahoo!ニュースのトップページを，ニ

ュースの重要性の判定という観点で新聞一面と比較してみようというわけだ。

ここから見て取れるのは，Yahoo! ニューストップの価値は，新聞一面に寄せられる支持には及ばないという点だ（絶対値ではなく，比率の比較）。Yahoo! の価値判断を「重要である」とする層は全階層を通じて半数を上下するものの（70歳以上では過半を割り 41.6%），「重要でない」とする回答が，**図 2-8** の「新聞一面」に比べてはるかに多い。

Yahoo! ニューストップに並ぶニュース記事の多くが伝統メディア発のはずだが，それでもインターネット（ニュース）メディアの代名詞とも言われる Yahoo! ニュースを見る視線には相対的に厳しさがある。これがインターネットメディアへの多くの人々による評価と受け止めるべきなのだろうか。

2.6 購読制インターネットメディアの拡大を阻むものは何か？

取り扱う情報への信頼度や，重要なニュースの判断など，その価値が幅広く認められている新聞が，では，どうして読まれない（購読されない）のだろうか。

繰り返しとなるが，2節で明らかとなったように，新聞を読まない（購読しない）層は，全体で4割強である。また，若年層ともなれば，読まない層が6割を上回る。その大きな要因として購読料金という経済的負担があることは容易に想像できる（もちろん，その他にスマートフォンでの使い勝手なども，要因として想像はできるが）。

現在，新聞社を出自とするインターネットメディア（新聞の電子版）の多くが，ソフトかハードかの違いはあるにしても，課金制（購読制）を採用しているものと思われる（日本新聞協会 2020）。印刷版と同様に，定常的な収益に寄与する有料購読者の獲得が新聞社には急務であると想像するが，購読を阻む要素とは何か，以下の2つの視点で改めて確認した。

(1) 有料を正当化する情報価値はあるか

まず第1に，課金を正当化する情報価値があるかについてである。つまり，「有料サービスを利用しないと，得られない情報がある」（問48A）かどうかを尋ねた結果が**図 2-10** である。

結果は，「そう思わない」（言い換えれば，お金を払う必要のある情報は，ないと

の意見）が，全体で6割となった。

(2) 金銭的なハードルは高いか

　もうひとつ，上記とは別に，「有料サービスの利用は金銭的なハードルが高い」（問48E）かどうかを聞いた結果では，さらに鮮明だ（図2-11）。

　全体，そして各年齢層に共通して8割前後が金銭的なハードルを意識している。興味深いのは，金銭的にゆとりがあるとは思えない18～29歳において，金銭的なハードルと思わない比率が高かったことだろう（21.6％）。

　参考ではあるが，2023年に実施された英国ロイタージャーナリズム研究所の調査をもとに，ニュース購読意向を，日本を含む20か国で比較した結果が

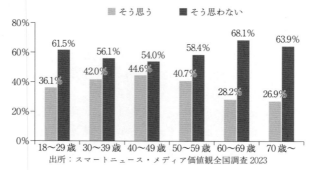

図2-10　「有料サービスを利用しないと，得られない情報がある」（年齢層別）

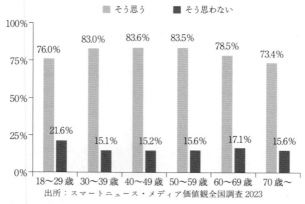

図2-11　「有料サービスの利用は金銭的なハードルが高い」（年齢層別）

ある（Newman & Robertson 2023）。それによれば，前年（2022年）1年間で，イ
ンターネット経由でニュースに対し支払いを行ったことのある消費者の比率
（各国とも約2,000名の代表サンプルを集計）で，日本は英国と並び「9％」と，20
か国中の最下位であった。同調査を主導するニック・ニューマンらは，購読比
率に影響する要素として，各国における「質の高い無料ニュースの供給」の多
寡をあげている。

　この見解を裏づけるように，SMPP調査でも，「有料サービスを利用しなく
とも，必要な情報は十分に手に入る」に8割が「そう思う」「ややそう思う」
と回答している（問48D）。

　以上，ニュース有料化をめぐる意向を簡略に見てきたが，結果からすると，
現時点では，有料購読者拡大の可能性については厳しいと見ざるを得ない。
　ただし，2節で述べたように，地域に根差した情報を伝える「地域のブロッ
ク紙・地方新聞」が，現在もなお全国紙等に比べても多くの購読者を集めてい
る点については，有料購読者の拡大施策を考える際に考慮すべきポイントだろ
う。人員を潤沢に配置できる環境にない伝統メディアで難しいテーマではある
が，ローカルなニューストピックスに読者の需要が高い点について，どうアプ
ローチできるかは（それだけでないにしても）重要課題と思われる。

2.7 メディア選択と世代対立

　ここまで人々のメディア接触の諸相を，おもに年齢層にひもづけて見てきた。
最後に，「世代対立」がメディア接触上の大きなギャップ（分断）として現れ
ていないかを確認して本章を閉じたい。
　まず，単刀直入に「世代の対立はあるか」について尋ね，それを年齢層別に
整理した（図2-12，問30-(1)）。「強い対立がある」「やや対立がある」を「対
立がある」にまとめ，同じく「対立はない」「あまり対立はない」を「対立は
ない」とした。
　結果として，シニア層，すなわち50歳以上で「対立はない」と答えた回答
者が過半を上下した（50〜59歳が50.5％，60〜69歳が49.3％，そして70歳以上が
56.0％）。これに対して，若年層では3割台にまで下落する（18〜29歳が33.8％，
30〜39歳で35.9％）。30代以下と40代以上にギャップが見られるが，「世代対

立」を感じるのは単純に年齢層に沿った現象とも言いにくい。

　また，若年層の2グループ（18〜29歳および30〜39歳）で気になるのが，「わからない」と答えた規模が，それぞれ23.3%と19.2%と大きいことだ。専門家による今後の研究をまちたいが，この「わからない」の分析や今後の変化が，世代対立の検証にどんな影響を及ぼすのか気になるところだ。その点で，ほんの入り口でしかないが，筆者もシンプルなアプローチを以下のように試みてみた。

　世代対立意識は，伝統メディアへの信頼という点に何らかの影響を及ぼすだろうか。「ニュースを十分かつ正確，公平に報道するという点において，あなたは新聞，テレビ，ラジオといったマスメディアを信頼していますか」（問46）と，その程度を尋ね，それを世代対立意識の視点から整理したのが，図 2-13

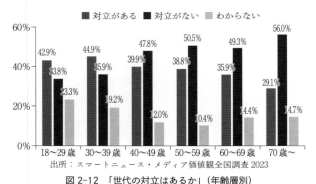

図 2-12　「世代の対立はあるか」（年齢層別）

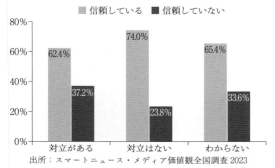

図 2-13　世代対立軸から見た伝統メディアへの信頼感

第 2 章　SMPP 調査が捉えたメディア接触の諸相

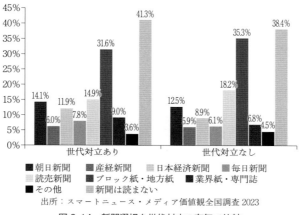

出所：スマートニュース・メディア価値観全国調査 2023

図 2-14　新聞選択を世代対立の有無で比較

である。

　結果は，やはりというべきか，「世代対立あり」とする人々の間で伝統メディアを「信頼していない」比率は，「対立なし」とする人々の「信頼していない」に対し 10 ポイント以上上回った。伝統メディアへの不信を感じる層と世代対立を感じる層が重なる。

　さらに，人々のメディア選択と世代対立意識との関係という観点で，もう少しだけ踏み込んでみよう。「対立あり」と「対立なし」で，接触するメディアの選択はどう変化するだろうか。それを伝統メディアの代表格である「新聞」で見てみたのが，図 2-14 である。

　「対立あり」の人々よりも「対立」なしの人々が「読売新聞」と「お住いの地域のブロック紙・地方新聞」をいくぶん多く選ぶ傾向がある。

　2 節で，年齢層別に「新聞」接触を見た際，「読売新聞」が 18〜29 歳で 10.1％ であり，70 歳以上で 26.6％ に，また，「お住まいの地域のブロック紙・地方新聞」では，18〜29 歳が 13.5％ で，70 歳以上が 51.4％ という乖離を示したことを振り返ると，メディア選択とイデオロギー自認との関連性とは別に，メディア選択と年代（年齢）においても，そこに対立的なものが拡大していく兆しがないかどうか，今後も注意を払っていくべきかと思われる。

おわりに――まとめとして

簡略ながら，SMPP調査が明らかにした現在のメディア（接触）状況の概観と理解について述べてきた。そのポイントは，以下のようなものであった。

- スマートフォンの全世代普及によって，若年層とシニア層におけるインターネット経由でのメディア接触上のギャップは縮まっている
- 伝統メディアでは，「新聞」を読む層の衰退が著しい。全体の4割が読まない（テレビ離れは，より緩やかに見える）。支持が高いのは「地域のブロック紙・地方新聞」にとどまる
- テレビ視聴の中心は，全体として依然，「（硬軟組み合わせた）ニュース系」である
- インターネットメディアとの接触では，LINE，YouTube，そしてYahoo!ニュースが3強を形成。YouTubeは全世代で好まれ，新たな「マスメディア」像を示す
- YouTubeがそうであるように，アルゴリズムによるニュース（情報）の推奨を行うサービスやメディアが広く受け入れられており，さらに，スマートフォン以外でも大型スクリーンのCTVによる動画視聴が伸びを見せるなど，新聞だけでなくテレビを含めた伝統メディアの強みある分野で影響が広がりつつある
- 接触時間などからインターネットメディア勢への選好が大きいものの，「信頼度」「（何が重要なニュースかの）判断基準」としては，伝統メディア（特に新聞）が，全世代から高い支持を得ている
- 購読制など課金型インターネットメディアへの抵抗感は大きい
- 「世代対立」を意識する層とそうでない層とでは，メディア選択にやや違いがある（年齢層やそれ以外の要素で，対立の構図が見え隠れしている）

当然のことではあるが，SMPP調査が今後も続くことで，上記ポイント（やそれ以外の要素で）の確認が進み，明瞭となることに期待をしたい。

管見だが，伝統メディアの価値を，若年層を含めて高く評価する側面が調査で確認できたことは，ことのほか重要である。折から，わが国では，NHKや

新聞の継続可能性をめぐり，（ニュース）報道メディアの公共的価値が議論されている。大災害時における報道の役割は当然のこととして，難しく解決が簡単でない国際的問題などについても，確かな情報の伝達に加えて，多様な見識の流通が欠かせない。

　人々の思考や行動に影響を及ぼすメディア（もしくはそのようなメディアへの接触）について，今後も定点観測が継続することを望みたい。

参考文献

Adisa, Dorcas. (2023) Everything you need to know about social media algorithms. *Sprout Social*. https://sproutsocial.com/insights/social-media-algorithms/（最終閲覧日：2024 年 3 月 1 日）

インテージ（2022）『コネクテッドテレビ動向調査——生活者と広告主にとっての「テレビとデジタルの交差点」』https://gallery.intage.co.jp/wp-content/uploads/2022/05/INTAGE_CTV2022-1.pdf（最終閲覧日：2024 年 3 月 1 日）

LINE ヤフー（2024）『〈調査報告〉インターネットの利用環境 定点調査（2023 年下期）』https://www.lycorp.co.jp/ja/news/release/007747/（最終閲覧日：2024 年 3 月 1 日）

みずほリサーチ＆テクノロジーズ（2023）「国内外における偽・誤情報に関する意識調査——令和 4 年度 国内外における偽・情報に関する意識調査より」https://www.soumu.go.jp/main_content/000882502.pdf（最終閲覧日：2024 年 3 月 1 日）

Newman, Nic, Fletcher, Richard, Kalogeropoulos, Antonis, Levy, David A. L. & Nielsen, Rasmus Kleis. (2017) *Reuters Institute Digital News Reports 2017*. Reuters Institute for the Study of Journalism. https://reutersinstitute.politics.ox.ac.uk/sites/default/files/Digital%20News%20Report%202017%20web_0.pdf（最終閲覧日：2024 年 3 月 1 日）

Newman, Nic, Fletcher, Richard, Eddy, Kirsten, Robertson, Craig T. & Nielsen, Rasmus Kleis. (2023) *Reuters Institute Digital News Report 2023*. Reuters Institute for the Study of Journalism. https://reutersinstitute.politics.ox.ac.uk/sites/default/files/2023-06/Digital_News_Report_2023.pdf（最終閲覧日：2024 年 3 月 1 日）

Newman, Nic & Robertson, Craig T. (2023) Paying for news: Price-conscious consumers look for value amid cost-of-living crisis. *Reuters Institute for the Study of Journalism*. https://reutersinstitute.politics.ox.ac.uk/paying-news-price-conscious-consumers-look-value-amid-cost-living-crisis（最終閲覧日：2024 年 3 月 1 日）

日本新聞協会（2020）「デジタル報道　課金制は半数　メディア開発委調査」https://www.pressnet.or.jp/news/headline/200908_13737.html（最終閲覧日：2024 年 3 月 1 日）

日本新聞協会（2023）『日刊紙の都道府県別発行部数と普及』https://www.pressnet.or.jp/data/circulation/circulation02.html（最終閲覧日：2024 年 3 月 1 日）

ニールセン デジタル（2023）「重要度が増す CTV でのインターネット動画視聴を接点とする

若年層とのコミュニケーション〜ニールセン，動画コンテンツと動画広告に関する視聴動向レポートを発表〜」https://www.netratings.co.jp/news_release/2023/04/Newsrelease20230425.html（最終閲覧日：2024 年 3 月 1 日）

境治（2021）「テレビ局が YouTube に力を入れ始めた」https://news.yahoo.co.jp/expert/articles/10dd8bd015fa75a86484d7047a8c4692544db37d（最終閲覧日：2024 年 3 月 1 日）

佐々木裕一・山下玲子・北村智（2023）『スマホで YouTube にハマるを科学する —— アーキテクチャと動画ジャンルの影響力』日経 BP 日本経済新聞出版.

総務省（2023）「主なメディアの平均利用時間と行為者率」『令和 5 年　情報通信に関する現状報告の概要（情報通信白書）』https://www.soumu.go.jp/johotsusintokei/whitepaper/ja/r05/html/nd24b130.html#f00294（最終閲覧日：2024 年 3 月 1 日）

田代雅典（2023）「2023 年の YouTube 視聴はますます多様に —— テレビデバイスで月間 3,800 万人，ショート動画も前年度より加速」*Think with Google*. https://www.thinkwithgoogle.com/intl/ja-jp/marketing-strategies/video/youtube-recap2023-2/（最終閲覧日：2024 年 3 月 1 日）

山口仁（2018）「ニュース・メディアの信頼性の構築に関する問題提起」『ジャーナリズム＆メディア』11: 103-109.

第3章

人々はメディアをどのように利用しているのか
── メディア接触の6パターンとメディア利用意識から

大森翔子

多様化・複雑化する人々の最新の情報環境と諸意識との関連を明らかにするため、スマートニュース・メディア価値観全国調査（略称：SMPP調査）は人々のメディア情報接触について豊富に聴取している。第2章における主要なメディア接触質問の記述統計とデモグラフィック要因とのクロス分析結果は、新聞・テレビという既存メディア対インターネットでは収まらなくなってきたメディア接触の現況を示唆するものであった。本章は、それを踏まえつつ、人々のメディア情報環境 ── どのような情報環境の世界に生きているのか ── を検討する章である。具体的には、①人々の情報接触パターンの析出、②情報接触パターンとメディア利用に関連する意識との関係の解明を行う。

〈本章のポイント〉

・新聞接触・テレビ接触・インターネットメディア接触について潜在クラス分析を行った結果、有権者のメディア接触パターンは、6クラス（無接触型／伝統メディア中心型／伝統メディア＋ネットニュース接触型／バランス型／インターネットメディア中心型／SNS中心型）に分類できる。

・無接触型／SNS中心型は平均年齢が低く、政治知識程度が低い。また、伝統メディア中心型や伝統メディア＋ネットニュース接触型は平均年齢が高く、政治知識程度が高いといった特徴が見られる。

・「伝統メディア」に対する信頼や評価は、無接触型やSNS中心型の回答者の信頼・評価が低く、伝統メディア中心型および伝統メディア＋ネットニュース接触型の回答者の評価が高い。

・「インターネットメディア」に対する評価は、無接触型と伝統メディア中心型で低く、伝統メディア＋ネットニュース接触型とインターネットメディア中心型のクラスでは高い。

・NFM（News Finds Me）・ニュース回避傾向では、SNS中心型のクラスがその傾向が強い。さらに先行研究と同様に、日本においてもNFM傾向が高い人は政治知識程度が低い。

はじめに

有権者をとりまく政治情報環境はますます多様化し，フェイクニュース，エコーチェンバーといった情報の流通と情報接触の問題が政治的分断や民主主義の危機に繋がることが危ぶまれている（De Benedictis-Kessner et al. 2019）。こうした問題を考察するためには，有権者の政治情報接触についてリアルな様態を明らかにし，諸意識との関連を探ることが不可欠である。しかし，各種社会（世論）調査においてメディア接触に関する質問をふんだんに盛り込むことは難しく，近年研究が進んでいるメディア意識の概念等を含めた，最新の情報環境に即した検討が十分に行われているとは言い難い。

本章は，有権者のメディア接触およびメディア接触に関する価値観項目を豊富に聴取した，スマートニュース・メディア価値観全国調査（以下，SMPP調査。2023年3月実施）のデータを用いて，有権者の政治情報接触の方法，各種情報接触に関する意識や価値観との関連を検討するものである。

以下，第1節では今日における有権者の情報環境をめぐる問題の所在を整理し，本章の目的を設定する。第2節では本章の分析で用いるデータについて確認する。第3・4節では分析結果を示し，第5節で本章における結論と含意を述べる。

3.1 複雑化する情報環境と本章の狙い

(1) 情報環境の変容

有権者のメディア利用は，インターネットを中心とした形態に変わりつつある。総務省の「情報通信メディアの利用時間と情報行動に関する調査」の各メディアの平均利用時間（平日1日間における全年代平均）を見てみると，2020年時点でテレビ（リアルタイム）視聴は平均163.2分，ネット利用は168.4分，新聞閲読は8.5分であった（総務省情報通信政策研究所 2021）。それまで，圧倒的にテレビ視聴時間が長い（例えば，2017年調査ではテレビのリアルタイム視聴平均時間は159.4分，インターネット利用時間は100.4分，総務省情報通信政策研究所 2018）という結果と比較して，初めてネット利用時間がテレビ視聴時間を上回ったことが報告されている。その後，2023年度調査に至るまでインターネット利用

時間がテレビの視聴時間を上回る傾向は変わらず，ネット利用時間は194分にまで伸びている。利用時間ではなく，接触頻度を質問した世論調査を見ると，新聞通信調査会の2022年調査では，「毎日」または「週に4〜5日」それぞれのニュースメディアに接触している人は，新聞44.1%，NHKテレビニュース46.8%，民放テレビニュース66.2%，インターネットニュース58.4%であった（新聞通信調査会 2022）。この調査においてインターネットニュースの接触頻度は，2022年時点で民放テレビニュースの頻度に及ばないが，数年間で接触頻度自体は上昇している。

　有権者のインターネットメディア接触の時間・頻度が増している状況を考える際には，インターネットメディアと一口に言ってもその形式が様々なものになっていることを指摘せざるを得ない。日本においては，インターネットニュースにおけるYahoo!ニュースの圧倒的なシェアが指摘されている。また，Yahoo!ニュースに記事を提供する伝統メディア（新聞・テレビ・雑誌）も，自社サイトを持ち記事を公開している。

　ニュースサービス以外に目を向けると，YouTubeやニコニコ動画などのインターネット動画投稿・共有のソーシャルメディアは2000年代に登場し成長を遂げ，さらに，画像投稿を主とするInstagram，比較的短い動画の投稿・共有サービスであるTikTokといったサービスも若年層を中心に人気を博している。2010年代後半からは「既存のケーブルテレビや衛星放送を介さず，インターネット経由で番組やコンテンツを配信するサービス」（柴田 2016）であるOTT（Over-the-Top）サービスが急速に普及し，スマートフォン・タブレットといった情報デバイスの発達とともに人々の情報環境を大きく変化させている。OTTサービスはAmazon（Prime Video），Netflix，Huluに代表されるサービスであるが，新型コロナウイルス感染症の影響もあり，利用者数を続伸させている（渡辺・行木 2023）。さらに，インターネット映像配信サービスであるABEMA（AbemaTV）の利用者数が伸長し，NHKと民放の見逃し・同時配信サービス（「NHKプラス」や「TVer」など）のリリースも相次いでいる。近年では，YouTubeやニコニコ動画などを通じたニュース発信の人気が高まっている。既存メディアのYouTubeチャンネルの中には登録者数が数十万人に達しているものもあるなど，OTTと既存メディアの融合状態が生じている。

　他方で，第7回世界価値観調査（2017年〜2022年）の結果を見てみると，情報源として日刊紙に週1回以上接触すると答えた回答者は日本においては66.3

％（アメリカにおいては39.6％，World Values Survey 2024）であるなど，世界的に見れば日本は未だ「新聞大国」である。

つまり，日本の有権者にとっての現在の情報環境は，新聞・テレビといった伝統メディアへの接触という選択肢を残しつつ，インターネットメディアを中心にその選択肢が爆発的に増えている状況にあると言えよう。

(2) 人々の複合的な情報接触パターンの解明に向けて

このように複雑化するメディア環境は，有権者の（政治的）情報環境の現在地を探ることを困難にしている。情報接触の選択肢が爆発的に増加した高選択なメディア環境下では，人々が自らの好みや考えに沿った情報に積極的に接触し，オリジナルな情報環境を構築しているといっても過言ではない。ただし，言うまでもなく全てのメディアが画一的に同様の（政治的）情報を提供しているわけではない。新聞やテレビは，取材から報道までの独自フローを持ち，紙面や番組で触れるニューストピックのバランス等をある程度コントロールしているが，Yahoo!ニュースなどのインターネットポータルサイトでは接触する人々が各々「見たい」と考えるトピックに繰り返し触れることも可能である。これらを踏まえれば，人々の様々なメディアへの接触について，詳細な調査をすることが望まれる。しかしながら，調査票の紙幅の問題もあり，総務省「情報通信メディアの利用時間と情報行動に関する調査」等のメディア利用に関連する質問の聴取に特化した社会（世論）調査を除き，各種メディアの利用やメディア利用に関連する意識以外の項目と合わせて大規模世論調査でふんだんに聴取することは難しい。

また，メディア利用の質問データから，単純な各メディアの利用率を提示するのみでは，有権者の情報接触環境を示す資料としては十分とは言い難いだろう。先行研究では，人々がニュースや政治情報をパターン化された方法で消費していることが指摘されており（Kleinnijenhuis et al. 2019），人々が各メディアを重層的に利用するため，情報獲得には様々な経路が想定されうることも指摘されている（遠藤 2016）。複雑化する情報環境を考慮すれば，有権者がどのようなメディア接触を行うパターンに分けられるのか，グループ化を行い，特徴を見出すことが重要である。

メディア接触傾向のパターン析出を試みた研究は，本章が着目する日本の事例において複数存在する。例えば，世論調査データを用いてメインメディア

第 3 章　人々はメディアをどのように利用しているのか　　　77

（最も多く接触するメディア）別に，他のメディアの利用状況をまとめた先行研究が存在する（渡辺・政木・河野 2019）。この研究は，メインメディア別に他メディアの利用状況を分析すると，メインメディアが「新聞」である回答者のテレビ接触は 7 割，メインメディアが「Yahoo!」である回答者の NHK 接触は 4 割，民放報道への接触は 7 割弱であることを示した。大森翔子（2023）は，インターネット調査データを用いてテキスト系メディアと映像系メディアについて接触傾向別にグループ化を行い，政治情報を取得する際にインターネットも利用するものの基本的には新聞・テレビという伝統メディアに依存する「伝統型」，伝統型よりも OTT や SNS 志向が強い「準伝統型」，あらゆるニュースに積極的に接触する「ニュースジャンキー型」などの存在を主張している。しかしこれらの研究は，調査における各種メディア接触質問の選択肢が必要最低限であったり，代表性に乏しいインターネット調査データのみから得られた結果を提示しており，再検討の余地が大きい。

　さらに，各種のメディア意識についても見逃せない。まず，メディア信頼については，新聞通信調査会「メディアに関する全国世論調査」において有権者にメディア信頼度を 100 点満点で評価させる設問が存在する。「新聞」・「NHK テレビ」・「民放テレビ」・「新聞」・「ラジオ」・「インターネット」・「雑誌」のメディアのうち，毎年最も信頼度点数が高いのは，新聞か NHK テレビであり，毎回平均 70 点前後を維持している。総務省情報通信政策研究所「令和 4 年度情報通信メディアの利用時間と情報行動に関する調査」（2022）では，「それぞれのメディアの情報に信頼できる情報がどの程度あるかと思うか」との質問を行っており，回答結果は，新聞が 68.4%，テレビが 61.1%，インターネットが 30.9%，雑誌が 16.6%，5 点尺度で「信頼する」寄りの回答であった。これらの調査では，新聞・テレビといった伝統メディア対インターネットメディアという対立軸での信頼度の差異は示せても，それぞれどの側面において信頼されているのかということを明らかにはできない。ニュースメディアに対する信頼の多次元尺度を開発した先行研究は，ニュースメディアの持つ機能は多次元的であり，それに対応して信頼についても「トピックの選択性に対する信頼」，「事実の選択性に対する信頼」，「描写の正確さに対する信頼」，「ジャーナリズムの評価に対する信頼」の 4 次元が存在すると主張する（Kohring & Matthes 2007）。伝統メディア対インターネットメディアという対立軸においても，こうした多次元の信頼の側面について検討する必要があるだろう。

そして，近年コミュニケーション研究で注目が集まるのは，「ニュースが私を見つけてくれる（News Finds Me）」傾向（以下，NFM傾向）やニュース回避傾向である。まず，NFM傾向に関する心理・知覚は，インターネットメディアの発達に伴い，提示される情報のパーソナライズ化が進んでいること，ソーシャルメディアにおいては利用者個人がフォロー・フォロワーとの繋がりによって情報環境を構築していることを背景に「（努力して）積極的にニュースを追っていないにもかかわらず，公共問題に関する情報を間接的に得ることができると個人が考える」傾向を指すものとして提唱されている（Gil de Zúñiga et al. 2017）。なお，この研究は，オンライン世論調査回答者におけるNFM傾向と利用メディア，政治知識程度の関係についても分析しているが，NFM傾向が強い人は新聞・テレビニュースといった伝統的ニュースソースの利用度が低く，さらに，NFM傾向の弱い人と比較して政治知識程度が低いことを明らかにしている。ただし，NFMの概念を測る尺度については，より多次元的であることを主張する研究も既に存在しており（Haim et al. 2021），NFM概念とその影響を探る研究は発展途上にあると言える。

　ニュース回避（News Avoidance）傾向は，一般的には情報行動の中でニュース接触を避けることを指し，処理する情報の過負荷を避けるため（Song et al. 2017），娯楽的志向によりほかのコンテンツを好む（Skovsgaard & Andersen 2020）といった理由から生じるとの主張や知見もある。さらに，2022年にはロイタージャーナリズム研究所のリポートにも「選択的ニュース回避（Selective News Avoidance）」として取り上げられるなど，近年，関心が高まっている。

　現時点で両者を比較すると，ニュース回避傾向が自らの意思をもって積極的にニュースを回避するという主旨で用いられることが多いのに対し，NFM傾向は世の中で起こっていることに関心が無いわけではないが，その情報を入手するのに自らの労力を費やす必要性をあまり感じていない，というようなニュアンスがある。NFM傾向もニュース回避傾向も，情報環境のパーソナライズ化による，選択的接触や，取得情報の偏りに関する議論の前提として重要であり，合わせて検討する必要があるだろう。

　以上を踏まえ，本章は第2章と合わせ，2023年現在における有権者の情報接触に関する基礎的なデータを提供することを目指したい。次節以降の分析では①有権者の情報接触パターンの析出と②情報接触パターンとメディア利用に関連する意識との関係の解明に取り組む。

3.2 利用するデータ

本章で用いるのは，SMPP 調査（2023 年）のうち，郵送調査データである[1]。調査方法など，データの詳細に関しては序章の説明を参照されたい。

続いて，本章で使用する主要な質問項目は，回答者のメディア接触に関連する質問と，メディア利用に関する意識の質問である。それぞれについて確認しよう。

回答者のメディア接触に関連する質問は大きく分けて 3 つ，(1)新聞接触（問43-1），(2)テレビ接触（問 44-1），(3)インターネットメディア接触（問 45-1）を問うものである。各質問の選択肢は，先行研究や諸調査を参考に選択肢を選定した。それぞれの質問について，あてはまるものをすべて選択してもらう（MA）形式を採用している。

次節の分析では，(1)新聞接触（問 43-1 に対する選択数，レンジ 0〜8）に加え，(2)テレビ接触，(3)インターネットメディア接触の質問は予め各項目をカテゴリー化している[2]。具体的には，(2)テレビ接触の質問について，「ハードニュース接触」（テレビ接触質問の項目 1・2 を足し上げた，レンジ 0〜2 の変数），「ソフトニュース接触」（テレビ接触質問の項目 3〜6 を足し上げた，レンジ 0〜4 の変数）を

---

1) インターネット調査データで同様の分析を行った結果は本章の章末補遺を参照されたい。
2) それぞれの元の質問について回答者に提示された選択肢は以下のとおりである。
 ［新聞接触］朝日新聞／産経新聞／日本経済新聞／毎日新聞／読売新聞／お住いの地域のブロック紙・地方新聞／業界紙・専門誌／その他／新聞は読まない
 ［テレビ接触］NHK のニュース／民放のニュース／NHK のニュースショー／民放のニュースショー／ワイドショー／討論番組／バラエティ番組／ドラマや映画／スポーツ番組／教育・教養番組／その他／特にテレビ番組は見ない
 ［インターネットメディア接触］放送局や新聞社・雑誌社が提供するニュースサイト／Yahoo! ニュース／LINE NEWS／SmartNews／Gunosy／Google ニュース ショーケース／NewsPicks／Facebook／Instagram／LINE／LINE の「オープンチャット」機能／Snapchat／Twitter／YouTube／TikTok／ニコニコ動画／NHK，民放キー局が提供するオンデマンド型の放送番組配信サービス／Amazon Prime Video, Hulu, Netflix などの動画配信サービス／WOWOW，スカパー，ケーブルテレビなどの有料多チャンネル放送サービス／ABEMA など，映像コンテンツをインターネット上でリアルタイム配信する動画配信サービス／radiko などのインターネットを利用したラジオ放送サービス／5 ちゃんねる／5 ちゃんねる以外の掲示板サイト／まとめサイト／個人が運営するニュースサイトやブログ／特にインターネット系メディアは見ない

作成，(3)インターネットメディア接触の質問については，「ニュースサイト・アプリ接触」（インターネットメディア接触質問の項目1〜7を足し上げた，レンジ0〜7の変数），「SNS接触」（インターネットメディア接触質問の項目8〜13を足し上げた，レンジ0〜6の変数），「無料動画サイト」（インターネットメディア接触質問の項目14〜16を足し上げた，レンジ0〜3の変数），「有料配信サービス」（インターネットメディア接触質問の項目17〜21を足し上げた，レンジ0〜5の変数），「掲示板利用」（インターネットメディア接触質問の項目22〜25を足し上げた，レンジ0〜4の変数）を作成した。

　次に，本章で用いるメディア利用に関連する意識の質問について説明する。これらは，次節の後半で行う多変量解析における従属変数となる。

(1) マスメディアに対する信頼（問46）

　ギャラップ社世論調査のワーディングに合わせ，「ニュースを十分かつ正確，公平に報道するという点において，あなたは新聞，テレビ，ラジオといったマスメディアをだいたいどの程度信頼していますか」に対して，「とても信頼している」〜「まったく信頼していない」の4点尺度で回答してもらった。値が大きいほど「信頼している」を意味するように値を逆転させた（レンジ：1〜4）。

(2) ニュースメディアに対する信頼のうち「トピックの選択性」「事実の選択性」「描写の正確性」3側面の評価（問47）

　「新聞・テレビ（といった伝統メディア）」（問47(1)）と「インターネット（メディア）」（問47(2)）に対して，マティアス・コーリングとイェルク・マッテス（Kohring & Matthes 2007）の提示する「ニュースメディアに対する信頼の次元」のうち「トピックの選択性」「事実の選択性」「描写の正確性」の3側面に対する評価を回答してもらった。各側面の評価はそれぞれ2つの質問で構成されている。回答は全ての質問について「とてもそう思う」〜「全くそう思わない」の6点尺度であり，値が大きいほど「そう思う」を意味するように値を逆転させた。その上で，各側面について2つの質問に対する回答の平均値を従属変数として採用した（レンジ：1〜6）[3]。

---

3) 各側面について，従属変数を構成する2項目の相関係数はいずれも0.7以上である。

【トピックの選択性】
1 「重要な話題に適切な位置づけを行い，報じている」
2 「重要な話題について適切な頻度で報道している」

【事実の選択性】
1 「その話題の本質的な部分を取り上げている」
2 「トピックに関するすべての重要な情報を提供している」

【描写の正確性】
1 「報道される情報は真実だ」
2 「報道されるトピックについて，正確な事実を受け取っている」

(3) NFM傾向（問50）

　NFM傾向は，ホメロ・ジル ディ ズニガ（Gil de Zúñiga 2017）に倣い，以下の4項目を測定した。

A：「何か重要なニュースがあるときには，友達が教えてくれることをあ
　　てにしている」（情報取得における仲間への依存）
B：「自分から積極的にニュースを追わなくても，十分な情報が得られる」
　　（情報取得に対する積極性）
C：「自分で探さなくても関心のあるニュースはいずれにせよ私のところ
　　に届くので，ニュースを見落とす心配はない」（自身の情報取得に対する
　　自信）
D：「友人がソーシャルメディア上で「いいね」をしたりフォローしたり
　　することで入ってくる情報を頼りにしている」（ソーシャルメディア上に
　　おける情報取得における仲間への依存）

　それぞれの質問は「とてもそう思う」～「全くそう思わない」の6点尺度で回答を得た上で，値が大きいほど「そう思う」を意味するように値を逆転させた。
　さらに，本章の分析においては，マリオ・ハイムら（Haim et al. 2021）の議論を受けて，(1)自分がどの程度情報を得られていると感じているか（C），(2)情

報を得るためにどの程度仲間に依存しているか（A・D），(3)どの程度定期的に積極的に情報を求めているか（B）の3側面それぞれを従属変数とした。

(4) ニュース回避傾向（問52-1）

「できることならニュースを見ずに過ごしたい」に対して，「あてはまる」〜「あてはまらない」の5点尺度で回答してもらった。値が大きいほど「ニュースを見ずに過ごしたい」を意味するように値を逆転させた（レンジ：1〜5）。

3.3 メディア接触行動のグルーピング──6つのメディア接触パターン

まずは，前節で説明した(1)新聞接触，(2)テレビ接触，(3)インターネットメディア接触を問う質問について，カテゴリーごとに統合した変数を用い，メディア接触行動をもとにした有権者のグループ化を試みる。今回，個人をメディア利用のパターンの違いによって分類するグルーピングの方法として採用するのは，潜在クラス分析である。潜在クラス分析について簡単に説明すると，クラスタリングを試みるために用いられる有限混合モデルの一種で，カテゴリカル変数を用いて分析することが可能である。具体的には，複数のカテゴリカルな顕在変数（ここでは個々のメディア接触）に対する異なるパターンの反応を，「潜在クラス」として抽出する「個人志向アプローチ」とも表現され，析出されたいくつかのクラスのうち，各個人をひとつのクラスに割り当てることができる（藤原・伊藤・谷岡 2012）[4]。

本節における分析手順としては，まず(1)新聞接触，(2)テレビ接触，(3)インターネットメディア接触を問う質問について，前節で説明したとおりそれぞれの質問内でカテゴリーに分けた変数を作成したのち，(1)新聞接触については，接触無し・1紙接触・2紙以上の接触，(2)テレビ接触については，ハードニュース／ソフトニュース接触に分けた上で，それぞれについて接触無し，1項目接触，2項目以上接触，(3)インターネットメディア接触については，ニュースサイト・アプリ／SNS／無料動画サイト／有料配信サービス／掲示板接触に分けた上で，それぞれについて接触無し，1項目接触，2項目以上接触に区切り，

---

[4] 政治コミュニケーション分野における潜在クラス分析の適用例として，大森（2023）やAsano（2023）などがある。本章の分析と同様3つ以上のカテゴリーに対する潜在クラス分析は Bertsou & Caramani（2022）などが行っている。

新たに変数を作成した。

次に，これらの新変数を用いて潜在クラス分析によるクラス数の推定を行った[5]。統計ソフトRの"poLCA"パッケージを用いて，BICとcAICから適切なクラス数を求め，cAICの算出結果にもとづきクラス1からクラス5の合計5クラスを採用することにした。各クラスの所属人数は，クラス1＝187人，クラス2＝381人，クラス3＝393人，クラス4＝536人，クラス5＝346人であった。また，いずれのメディア接触質問にも「接触していない」と回答した者（10人）については，潜在クラス分析の対象とはせず，「クラス0（メディア無接触型）」としてグループ化した。

図3-1は潜在クラス分析にもとづく各クラス（1〜5）のメディア接触傾向を示したものである。各メディア接触項目（新聞／ハードニュース／ソフトニュース／ニュースサイト・アプリ／SNS／無料動画／有料動画／掲示板）について，元の変数は「接触無し」，「1つ接触」，「2つ以上の接触」に区切り変数化しているため，それぞれのクラスにおける各メディア接触項目の「接触無し」の選択確率，「1つ接触」の選択確率，「2つ以上の接触」の選択確率が算出できる。図3-1は解釈を容易にするため，算出された選択確率から，各クラスにおける各メディア媒体（新聞／ハードニュース／ソフトニュース／ニュースサイト・アプリ／SNS／無料動画／有料動画／掲示板）の接触回数の予測値を算出したものを示した。

潜在クラス分析の結果をもとに各クラスの特徴をまとめると以下のようになろう。

・クラス0【無接触型】　0.5％
　　いずれのメディア接触質問にも「接触していない」と回答した者について，潜在クラス分析の対象とはせず，「クラス0（メディア無接触型）」としてグループ化した。
・クラス1【伝統メディア中心型】　10.1％
　　新聞・テレビ系の伝統メディアに重点を置いて接触する回答者。ニュースサイト・アプリ以下，インターネットメディア系の接触率が低い。
・クラス2【伝統メディア＋ネットニュース接触型】　20.6％

---

5) 郵送調査における(1)新聞接触，(2)テレビ接触，(3)インターネットメディア接触を問う質問について，いずれかが「無回答」であった回答者（48人）は，潜在クラス分析の対象から除外している。

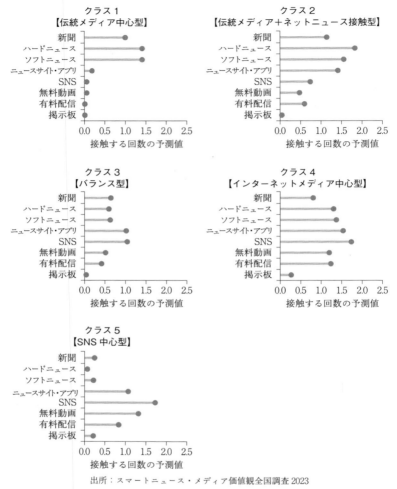

出所：スマートニュース・メディア価値観全国調査2023

図 3-1 各クラスにおける各メディア媒体の接触回数予測値（郵送調査データ）

新聞・テレビ系の伝統メディアへの接触率が高いのに加え、ニュースサイトへの接触率も高い回答者。ただしSNS以下のインターネットメディア系への接触率は高くない。

・クラス3【バランス型】 21.2%

ほとんどのメディア接触質問について「1つは接触している」との回答

が多かったグループ。予測値で見ると，ニュースサイト・アプリ，SNS
の接触が他に比べれば若干多い。
・クラス4【インターネットメディア中心型】 28.9%
SNSが最も接触率が高く，ニュースサイト・アプリにも重点を置いて
接触する回答者。新聞・テレビ系の伝統メディアへの接触率も高く，接
触経路を残していると解釈できる。
・クラス5【SNS中心型】 18.7%
SNSへの接触率が最も高く，新聞・テレビ系の接触率がかなり低い回
答者。ニュースサイトへの接触率が低いわけではないが，無料動画への
接触よりも低い。

　クラス1に所属する人々は新聞・テレビ系（ハード・ソフトニュース）への接
触は多く，インターネットメディアへの接触率はかなり低い。クラス2に所属
する人々は，クラス1同様に新聞・テレビ系（ハード・ソフトニュース）への接
触が多く，加えてニュースサイト・アプリへの接触率も高いグループである。
従って，この2グループは，伝統メディアへの接触を軸にしていると解釈でき
そうだ。そこで，クラス1を伝統メディア中心型，クラス2を伝統メディア＋
ネットニュース接触型と名付けて検討を進めよう。
　クラス3は新聞・テレビ系，インターネットメディア，いずれの接触も有し
ているが，どれも「高い」接触率というわけではないグループである。いずれ
の接触を有するという意味では，バランス型と見るのが適当であろう。
　注目すべきは，クラス4と5である。クラス4に所属する人々は，最も
SNSへの接触率が高いが，新聞・テレビ系への接触もそれなりに行うグルー
プである。一方，クラス5に所属する人々は，クラス4と同様に最もSNSへ
の接触率が高いが，新聞・テレビ系（ハード・ソフトニュース）への接触率はか
なり低い。以降は，クラス4をインターネットメディア中心型，クラス5を
SNS中心型として比較・分析していく。
　つまり，郵送調査データから析出できたメディア接触パターンは，クラス
1・2のように伝統メディアを軸にしている型と，クラス4・5のようにインタ
ーネットメディア中心型に分けることができる。その一方で，伝統メディア中
心型でも，クラス2所属者のようにニュースサイト・アプリへの接触率も高い
人々が存在する。さらに，クラス4・5のようにインターネットメディア，と

表 3-1　各クラスの基本的属性等

	クラス					
	0	1	2	3	4	5
	無接触型	伝統メディア中心型	伝統メディア＋ネットニュース接触型	バランス型	インターネットメディア中心型	SNS中心型
年齢	37.3	68.0	60.6	48.5	45.1	35.7
大卒率(%)	33.3	17.8	36.1	30.7	45.6	45.2
政治知識	1.7	3.3	3.6	2.7	3.1	2.1
N	10	187	381	393	536	346

出所：スマートニュース・メディア価値観全国調査2023

　りわけSNSを中心的に接触する人々においても，インターネットニュースへの接触率も高く伝統メディアへの接触経路を残すもの（クラス4）と，そうでないもの（クラス5）と，パターンが細分化されていると解釈できよう。

　潜在クラス分析によるクラス分けに加えて，無接触型であるクラス0を含めた各クラスの基本的属性等を確認しよう（**表 3-1**）。

　基本的属性等の項目は，年齢，大卒率（大学卒業者割合），政治知識である。年齢は，調査日時点での満年齢を指している。大卒率は，教育程度について「最後に通学した，または現在通学している学校」として聴取した質問の変数を，「大学」，「大学院修士課程」，「大学院博士課程」（つまり，大学卒業以上の学歴を有する）との回答を＝1，それ以外を＝0とするダミー変数として変数を作成した。

　政治知識については，政治に関する6つのクイズ形式の質問への回答を用い，それぞれの質問に対して正解であれば1点，不正解であれば0点とし，6問の合計正解数を政治知識点数とした（問16，レンジ：0〜6）[6]。

　表 3-1の各値を見ると，最も平均年齢が低いのはSNS中心型のクラス5，

---

6)　6問のクイズ形式の質問は以下のとおりである。「1. 日本の司法制度についてうかがいます。判決に不服のある人は，上級の裁判所に改めて訴えを起こすことが認められていますが，日本では現在，原則，最大何回まで裁判が受けられると思いますか。」，「2. 日本の行政についてうかがいます。内閣は行政について，何に対して責任を負っていると思いますか。」，「3. 参議院についてうかがいます。参議院議員の任期は何年だと思いますか。」，「4. あなたは，林芳正（はやし よしまさ）氏がどのような公職に就いていると思いますか。」，「5. それでは，河野太郎（こうの たろう）氏がどのような公職に就いていると思いますか。」，「6. それでは，斉藤鉄夫（さいとう てつお）氏がどのような公職に就いていると思いますか。」

第3章　人々はメディアをどのように利用しているのか　　87

次いで無接触型のクラス0である。最も平均年齢が高いのは伝統メディア中心型のクラス1であった。学歴（大卒以上率）では，伝統メディア中心のクラス1が最も低く，インターネットメディア中心型のクラス4が最も高い。新聞・テレビを中心に接触する伝統メディア中心型の大卒以上割合が最も低いのは，平均年齢が高い（高年齢層が多い）ことも一因であろう。さらに，メディア接触の規定要因については，多くの全国紙について学歴が高いほど接触が多いことが指摘されてきたが（平野 2011），かつての新聞をよく読む，学歴の高い層は，新聞をよく読み，ネットニュースにも接触する，伝統メディア＋ネットニュース接触型（クラス2）のような情報接触形態に変わってきているのかもしれない。政治知識（正解数の平均）では，無接触型のクラス0が最も，次いでSNS中心型のクラス5が低く，伝統メディア＋ネットニュース接触型のクラス2で最も高く，次いで伝統メディア中心型のクラス1で高いという結果が示された。

3.4　メディア意識変数を従属変数とした多変量解析

　本節では，前節で説明したメディア意識変数を従属変数とした多変量解析を行った結果を確認していく。各モデルは全て，統制変数に性別（女性ダミー）・実年齢・学歴（大学卒業以上ダミー）を，独立変数に各クラスの所属を1,0のダミー変数化したもの（以下，クラス所属ダミー）を投入した重回帰分析（OLS）である。なお，掲載する結果は「バランス接触型（クラス3）」所属ダミーがベースになったモデルである。

(1) マスメディアに対する信頼

　伝統メディアに対する信頼（4点尺度）を従属変数とした回帰分析の結果は**表3-2**のとおりである。デモグラフィック変数では，年齢が高いほど，女性が，伝統メディアへの信頼度が高い。所属クラスについては，バランス型（クラス3）所属ダミーをベースにした結果，無接触型，伝統メディア中心型，伝統メディア＋ネットニュース接触型，SNS中心型所属ダミーが統計的有意である。係数の符号の向きから，無接触型，SNS中心型については，伝統メディアに対する信頼が低いことが分かる。反対に伝統メディア中心型，伝統メディア＋ネットニュース接触型については，伝統メディアに対する信頼度が高い。

表 3-2 「伝統メディアへの信頼」と各クラス所属ダミーの関連

従属変数：伝統メディアに対する信頼

	非標準化係数
年齢	0.003*
	(0.001)
性別（女性ダミー）	0.105**
	(0.032)
学歴（大卒以上ダミー）	0.01
	(0.033)
無接触型ダミー	− 0.782**
	(0.216)
伝統メディア中心型ダミー	0.208**
	(0.063)
伝統メディア＋ネットニュース接触型ダミー	0.100*
	(0.049)
インターネットメディア中心型ダミー	− 0.043
	(0.043)
SNS 中心型ダミー	− 0.292**
	(0.050)
切片	2.529**
	(0.070)
N	1,778
Adj R^2	0.083

（）内は標準誤差
**$p<0.01$, *$p<0.05$, +$p<0.1$
出所：スマートニュース・メディア価値観全国調査 2023

この結果は，前節で説明した各クラスの接触メディアの傾向と平仄が合う。

(2) ニュースメディアに対する信頼のうち「トピックの選択性」 「事実の選択性」「描写の正確性」3 側面の評価

次に，伝統メディアとインターネットメディアについて，どの部分を信頼しているのかを探るため，「トピックの選択性」「事実の選択性」「描写の正確性」3 側面の評価（6 点尺度）を従属変数とした分析を行った。

伝統メディアへの評価

伝統メディアへの3 側面の評価（6 点尺度）を従属変数とした結果は**表 3-3**のとおりである。デモグラフィック変数では，「事実の選択性」のみ，5% 水準で女性が高く評価し，大卒以上の人が低く評価している。クラス所属に関しては，バランス型（クラス3）所属ダミーをベースにした結果，「トピックの選択性」「事実の選択性」「描写の正確性」すべての従属変数のモデルにおいて無

第3章　人々はメディアをどのように利用しているのか　　89

表3-3　伝統メディアに対する評価と各クラス所属ダミーの関連

従属変数：伝統メディアに対する評価

	トピックの選択性	事実の選択性	描写の正確性
	非標準化係数	非標準化係数	非標準化係数
年齢	0.001	0.00003	0.002
	(0.002)	(0.002)	(0.002)
性別（女性ダミー）	0.086	0.125*	0.100*
	(0.052)	(0.051)	(0.050)
学歴（大卒以上ダミー）	−0.033	−0.130*	0.008
	(0.054)	(0.053)	(0.053)
無接触型ダミー	−1.126**	−0.846*	−0.854*
	(0.375)	(0.367)	(0.364)
伝統メディア中心型ダミー	0.332**	0.293**	0.386**
	(0.103)	(0.101)	(0.100)
伝統メディア＋ネットニュース接触型ダミー	0.284**	0.251**	0.270**
	(0.080)	(0.078)	(0.078)
インターネットメディア中心型ダミー	−0.027	−0.060	−0.073
	(0.071)	(0.070)	(0.069)
SNS中心型ダミー	−0.463**	−0.463**	−0.358**
	(0.082)	(0.080)	(0.080)
切片	3.953**	3.752**	3.526**
	(0.113)	(0.111)	(0.110)
N	1,787	1,782	1,784
Adj R^2	0.067	0.065	0.059

係数は非標準化係数

**$p<0.01$, *$p<0.05$, +$p<0.1$

出所：スマートニュース・メディア価値観全国調査 2023

接触型，伝統メディア中心型，伝統メディア＋ネットニュース接触型，SNS
中心型所属ダミーがそれぞれ5％以下の水準で有意であった。伝統メディアの
「トピックの選択性」「事実の選択性」「描写の正確性」について，無接触型，
SNS中心型では，評価が低いことが分かる。対照的に，伝統メディア中心型，
伝統メディア＋ネットニュース接触型については評価が高い。この分析結果に
ついても，各クラスの接触メディアの傾向と平仄が合う。

インターネットメディアへの評価

　インターネットメディアへの3側面の評価（6点尺度）を従属変数とした結
果は**表3-4**のとおりである。デモグラフィック変数に着目すると，全従属変
数のモデルにおいて，年齢が高いほど評価しているが，大卒以上の人の評価は
低い。クラス所属に関しては，バランス型（クラス3）所属ダミーをベースに
した結果，「トピックの選択性」を従属変数としたモデルにおいては，クラス

表 3-4　インターネットメディアに対する評価と各クラス所属ダミーの関連

従属変数：インターネットメディアに対する評価

	トピックの選択性	事実の選択性	描写の正確性
	非標準化係数	非標準化係数	非標準化係数
年齢	0.006**	0.006**	0.007**
	(0.002)	(0.002)	(0.002)
性別（女性ダミー）	− 0.057	− 0.049	− 0.077
	(0.050)	(0.049)	(0.050)
学歴（大卒以上ダミー）	− 0.117*	− 0.176**	− 0.132*
	(0.052)	(0.051)	(0.052)
無接触型ダミー	− 0.653 +	− 0.466	− 0.742*
	(0.356)	(0.350)	(0.354)
伝統メディア中心型ダミー	− 0.241*	− 0.182 +	− 0.070
	(0.107)	(0.106)	(0.107)
伝統メディア＋ネットニュース接触型ダミー	0.153*	0.139 +	0.113
	(0.077)	(0.076)	(0.076)
インターネットメディア中心型ダミー	0.161*	0.172**	0.065
	(0.067)	(0.066)	(0.067)
SNS 中心型ダミー	0.101	0.168*	0.061
	(0.078)	(0.077)	(0.078)
切片	3.357**	3.169**	2.954**
	(0.108)	(0.107)	(0.108)
N	1,721	1,721	1,721
Adj R^2	0.018	0.020	0.021

係数は非標準化係数
**$p<0.01$, *$p<0.05$, +$p<0.1$
出所：スマートニュース・メディア価値観全国調査 2023

1，2，4 所属ダミーがそれぞれ 5％ 水準で有意であった。伝統メディア中心型の所属者においてはトピックの選択性に対する評価が低い一方で，伝統メディアを軸にインターネットニュースへの接触率も高い伝統メディア＋ネットニュース接触型と，インターネットメディア中心型の所属者はトピックの選択性に対する評価が高い。10 パーセント水準で有意傾向にあった係数にも注目すると，無接触型のクラス 0 所属者は，トピックの選択性に対する評価が低い傾向にあると解釈できよう。

「事実の選択性」を従属変数としたモデルにおいては，インターネットメディア中心型，SNS 中心型所属ダミーがそれぞれ 5％ 水準で有意であった。インターネットメディア中心型および，SNS 中心型の所属者は事実の選択性を評価している。こちらも 10％ 水準で有意傾向にあった係数にも注目すると，伝統メディア中心型の所属者は，事実の選択性に対する評価が低い。一方，伝統メディア＋ネットニュース接触型は事実の選択性に対する評価が高いと解釈するのが妥当だろう。

第3章　人々はメディアをどのように利用しているのか　　　91

「描写の正確性」を従属変数としたモデルにおいては，無接触型の所属ダミーが5%水準で有意であった。従って，無接触型の所属者は描写の正確性に対する評価が低いことになる。

インターネットメディアに対する評価は，無接触型と伝統メディア中心型で低い傾向にあり，伝統メディア＋ネットニュース接触型とインターネットメディア中心型では高い傾向にあるようだ。伝統メディアへの評価をモデルとした結果では，伝統メディア中心型と伝統メディア＋ネットニュース接触型は両者とも伝統メディアのトピック・事実の選択，描写の正確性に対する評価が高かったのに対して，インターネットメディアの評価となると，新聞・テレビ系の伝統メディアに重点を置いて接触する伝統メディア中心型は評価が低く，伝統メディア＋ネットニュース接触型の評価が高い点は興味深い。この点は伝統メディアへの評価のみならず，インターネットメディアへの評価も聴取したことによって見出せた知見である。

(3) NFM 傾向

NFM傾向を測定する4つの変数を従属変数[7]，所属クラスを独立変数とした回帰モデルを確認する前に，先行研究で検討されていたNFM傾向と政治知識程度との関係について確認する。**表3-5**は，従属変数に政治知識程度（7点尺度）を，独立変数にNFM傾向の変数を投入した回帰分析の結果である。各NFM傾向を別個に投入したモデルにおいては，全てのNFM傾向の変数は政治知識程度の負の関連があり，5%以下の水準で統計的に有意である。つまり，NFM傾向が高いほど，政治知識程度は低いということである。最右列は独立変数のNFM傾向変数をすべて投入したモデルである。このモデルにおいては，NFMの変数のうち「A：何か重要なニュースがあるときには，友達が教えてくれることをあてにしている」「D：友人がソーシャルメディア上で「いいね」をしたりフォローしたりすることで入ってくる情報を頼りにしている」について，5%以下の水準で政治知識程度との負の関連が認められた。従って，AとDのNFM傾向（いずれも情報取得における仲間への依存度）が強まるほど，政治知識程度は低いということである。

---

7)　尺度に関する先行研究の議論を踏まえ，本章では4つのNFM尺度は統合せず，個別の変数として分析を行った。

第 I 部

表 3-5　NFM 傾向と政治知識程度の関連

従属変数：政治知識

| | NFM | | | | |
	A 投入モデル	B 投入モデル	C 投入モデル	D 投入モデル	全変数投入モデル
年齢	0.031**	0.034**	0.034**	0.031**	0.030**
	(0.002)	(0.002)	(0.002)	(0.003)	(0.003)
性別（女性ダミー）	−0.431**	−0.420**	−0.428**	−0.427**	−0.421**
	(0.082)	(0.083)	(0.083)	(0.082)	(0.082)
学歴	0.968**	0.973**	0.980**	0.971**	0.966**
（大卒以上ダミー）	(0.086)	(0.087)	(0.087)	(0.087)	(0.087)
NFM A：	−0.200**				−0.148**
情報取得における仲間への依存	(0.033)				(0.040)
NFM B：		−0.113**			−0.052
情報取得に対する積極性		(0.034)			(0.047)
NFM C：			−0.085*		0.025
自身の情報取得に対する自信			(0.033)		(0.046)
NFM D：				−0.193**	−0.097*
情報取得における仲間への依存（ソーシャルメディア）				(0.038)	(0.046)
切片	1.747**	1.530**	1.383**	1.684**	1.970**
	(0.178)	(0.188)	(0.178)	(0.184)	(0.207)
N	1,784	1,784	1,784	1,777	1,776
Adj R^2	0.175	0.162	0.161	0.170	0.176

() 内は標準誤差

**$p<0.01$, *$p<0.05$, +$p<0.1$

出所：スマートニュース・メディア価値観全国調査 2023

　従属変数を NFM 傾向（6 点尺度）とし，各クラス所属ダミーを独立変数として投入した回帰分析の結果は**表 3-6** のとおりである。まず，「情報を得るためにどの程度仲間に依存しているか」に関する意識である「A：何か重要なニュースがあるときには，友達が教えてくれることをあてにしている」「D：友人がソーシャルメディア上で「いいね」をしたりフォローしたりすることで入ってくる情報を頼りにしている」を従属変数としたモデルの結果を確認する。デモグラフィック変数については，A・D ともに年齢が高いほど依存度は低いと自認している。モデル A では SNS 中心型所属ダミーが，モデル D ではインターネットメディア中心型，SNS 中心型所属ダミーがそれぞれ 1% 水準で有意

第3章　人々はメディアをどのように利用しているのか　　93

表 3-6　NFM 傾向と各クラス所属ダミーの関連

従属変数：NFM

	A 情報取得における仲間への依存	B 情報取得に対する積極性	C 自身の情報取得に対する自信	D 情報取得における仲間への依存（ソーシャルメディア）
	非標準化係数	非標準化係数	非標準化係数	非標準化係数
年齢	−0.011**	−0.002	0.001	−0.013**
	(0.002)	(0.002)	(0.002)	(0.002)
性別（女性ダミー）	−0.006	0.018	−0.014	−0.016
	(0.059)	(0.058)	(0.060)	(0.051)
学歴（大卒以上ダミー）	−0.085	−0.156*	−0.077	−0.084
	(0.062)	(0.061)	(0.063)	(0.053)
無接触型ダミー	−0.040	−0.204	0.172	0.225
	(0.427)	(0.420)	(0.432)	(0.365)
伝統メディア中心型ダミー	−0.122	0.020	0.036	−0.033
	(0.118)	(0.116)	(0.119)	(0.101)
伝統メディア＋ネットニュース接触型ダミー	−0.016	−0.047	0.022	−0.012
	(0.092)	(0.090)	(0.093)	(0.079)
インターネットメディア中心型ダミー	0.057	−0.075	0.018	0.254**
	(0.081)	(0.080)	(0.082)	(0.069)
SNS 中心型ダミー	0.274**	0.155 +	0.224*	0.621**
	(0.094)	(0.093)	(0.095)	(0.080)
切片	2.882**	3.445**	2.934**	2.413**
	(0.130)	(0.128)	(0.132)	(0.112)
N	1,767	1,767	1,768	1,761
Adj R²	0.043	0.006	0.0004	0.120

係数は非標準化係数
**$p<0.01$, *$p<0.05$, +$p<0.1$
出所：スマートニュース・メディア価値観全国調査 2023

であった。SNS 中心型の所属者は情報を得るために仲間に依存している傾向があることを自認していると解釈できよう。インターネットメディア中心型所属者はソーシャルメディア上において，仲間からの情報摂取を，ある程度頼りにしているようである。

　次に，「どの程度定期的に積極的に情報を求めているか」に関する意識である「B：自分から積極的にニュースを追わなくても，十分な情報が得られる」を従属変数としたモデル（B）では，デモグラフィック変数である大卒以上の人が，「そう思わない」傾向が見られた。クラス所属については，SNS 中心型の所属ダミーが 10％ 水準で有意な傾向，つまり SNS 中心型の所属者が積極的に求めていると回答する傾向にあったが，5％ の有意水準を満たす変数はなかった。

最後に,「自分がどの程度情報を得られていると感じているか」に関する意識である「C:自分で探さなくても関心のあるニュースはいずれにせよ私のところに届くので,ニュースを見落とす心配はない」を従属変数としたモデル(C) では,バランス型(クラス3)所属ダミーをベースにした結果,SNS 中心型所属ダミーが5% 水準で有意であった。係数の符号の向きから,SNS 中心型(クラス5)の所属者において,情報取得に関して楽観的であるということになる。

NFM 傾向と政治知識程度との関連を分析した結果と合わせると,ジル ディ ズニガ(Gil de Zúñiga et al. 2017)とほぼ同様の結果──NFM 傾向が高い人は,特に SNS 中心型のような伝統メディアへの接触率が低い人々で,さらに NFM 傾向が高くなるほど政治知識程度が低い──といった点が示されたと言えるだろう[8]。

(4) ニュース回避傾向

NFM 傾向の分析と同様に,ニュース回避傾向(5点尺度)についても政治知識程度(7点尺度)との関連を確認する。結果は**表 3-7** のとおりである。ニュース回避傾向の係数を見ると,ニュース回避傾向が高くなるほど,政治知識の

表 3-7　ニュース回避傾向と政治知識程度の関連

従属変数:政治知識

	非標準化係数
年齢	0.030**
	(0.002)
性別(女性ダミー)	−0.435**
	(0.081)
学歴(大卒以上ダミー)	0.944**
	(0.086)
ニュース回避傾向	−0.238**
	(0.040)
切片	1.859**
	(0.188)
N	1,805
Adj R²	0.175

() 内は標準誤差
**$p<0.01$, *$p<0.05$, +$p<0.1$

出所:スマートニュース・メディア価値
観全国調査 2023

---

8) ただし,Gil de Zúñiga et al.(2017)はラグ付き自己回帰モデルでの分析を行っている。

第3章　人々はメディアをどのように利用しているのか　　95

表 3-8　ニュース回避傾向と各クラス所属ダミーの関連

従属変数：ニュース回避傾向

	非標準化係数
年齢	−0.012**
	(0.002)
性別（女性ダミー）	0.037
	(0.048)
学歴（大卒以上ダミー）	−0.135**
	(0.050)
無接触型ダミー	0.460
	(0.328)
伝統メディア中心型ダミー	−0.100
	(0.095)
伝統メディア＋ネットニュース接触型ダミー	−0.158*
	(0.074)
インターネットメディア中心型ダミー	−0.044
	(0.066)
SNS 中心型ダミー	0.441**
	(0.076)
切片	2.693**
	(0.105)
N	1,788
Adj R^2	0.110

（）内は標準誤差

**$p<0.01$, *$p<0.05$, +$p<0.1$

出所：スマートニュース・メディア価値観全国調査 2023

点数は有意に低い。

　従属変数をニュース回避傾向（5点尺度）とし，各クラス所属ダミーを独立変数として投入した回帰分析の結果は**表 3-8** のとおりである。デモグラフィック変数では，年齢が高いほど，大卒以上であればニュース回避傾向が有意に低い。クラス所属変数で係数が 5% 水準で統計的に有意であったのは，伝統メディア＋ネットニュース接触型と SNS 中心型の所属者である。係数の符号の向きから，伝統メディアを軸にインターネットニュースへの接触率も高い伝統メディア＋ネットニュース接触型の所属者は，ニュース回避傾向が低い。SNSへの接触率が高いが，新聞・テレビ系への接触率はかなり低いパターンを持つSNS 中心型の所属者は，ニュース回避傾向が高いことがわかる。

3.5　結論と含意

　本章では，インターネットを中心に選択肢が爆発的に増加した情報環境下に

おける有権者のメディア接触とメディア利用に関連する意識について，SMPP調査データ（2023年）を用いた分析を行った。主要な知見として，以下の2点を見出した。

第1に，有権者の新聞接触・テレビ接触・インターネットメディア接触について潜在クラス分析を行った結果，6クラス（無接触型／伝統メディア中心型／伝統メディア＋ネットニュース接触型／バランス型／インターネットメディア中心型／SNS中心型）に分類できることが分かった。それぞれのクラスには，各種メディア利用のパターンの特徴に加えて，平均年齢の低めのクラス（無接触型／SNS中心型），高めのクラス（伝統メディア中心型）や，政治知識が低めのクラス（無接触型／SNS中心型），高めのクラス（伝統メディア中心型／伝統メディア＋ネットニュース接触型）など，基本的属性に関連する特徴も見出された。

第2に，分類したクラスとメディア利用に関する意識との関連を分析したところ，メディアへの信頼については，「伝統メディア」に対する信頼や評価はあらゆる側面で利用傾向と同様，無接触型やSNS中心型の回答者の評価が低く，伝統メディア志向の回答者の評価が高かった。一方で「インターネットメディア」の評価に関しては，無接触型（クラス0）と伝統メディア中心型（クラス1）で低い傾向にあり，伝統メディア＋ネットニュース接触型（クラス2）とインターネットメディア中心型（クラス4）では高い傾向にあった。

NFM傾向・ニュース回避傾向に関しては，SNS中心型のクラス5が「ニュースを見落とす心配はない」，「重要なニュースは友人が教えてくれる」，「友人のソーシャルメディア上での行動によって入ってくる情報を当てにしている」といった考えを持ち，「できることならニュースを回避したい」と考える傾向が見られた。さらに先行研究と同様に，日本においても，NFM傾向が高い人は政治知識程度が低いことも明らかになった。

これらの結果を総合すると，析出されたメディア接触傾向のパターンについては概ね予想可能な結果であり，直感に反するものではない。郵送調査データの分析結果，最も所属者が多いクラスが「クラス4：インターネットメディア中心型」（28.9％）であること，また新聞・テレビ系の伝統メディアに重点を置いて接触する，インターネットメディア系への接触率が低い「クラス1：伝統メディア中心型」の所属者割合が10.1％であることから，人々の情報接触はインターネット中心のものになっていることは明らかである。さらに，SNSへの接触率が高い型の中でも，ニュース接触を積極的に行う型（クラス4）と

そうでない型（クラス5）が別パターンとして析出されたことも興味深い。複雑な情報環境下においては，伝統メディア中心型とインターネットメディア中心型に二分されるのではなく，さらに細分化したパターンが存在することを示せたことは本章の貢献であろう。人々の情報接触パターンについては，今後の本プロジェクトでも経年変化を辿るべきである。

　そして，メディア意識との関連ではさらに考察すべき結果が得られている。SNSへの接触率が最も高く，特に新聞・テレビといった伝統メディアへの接触がほぼないクラス5では，「自分で探さなくても関心のあるニュースはいずれにせよ私のところに届くので，ニュースを見落とす心配はない」と考えており，「何か重要なニュースがあるときには，友達が教えてくれることをあてにし」，「友人がソーシャルメディア上で「いいね」をしたりフォローしたりすることで入ってくる情報を頼りにし」，しかも「できることならニュースを回避したい」と考えている。その上，政治知識の点数平均値が低めである。クラス5と同様にSNSへの接触率が最も高いものの，ニュースサイトや伝統メディアへの接触経路もあるクラス4はソーシャルメディア上での友人の情報行動を頼りにしている側面はあるが，「ニュースを見落とすことはない」と過信しているわけではなく，ニュース回避傾向にあるわけではない。これはクラス5との大きな違いである。「クラス5：SNS中心型」の所属者は，本データでは18.7％の割合である。しかし，今後，クラス5のような情報接触パターンを行う人がより増えた場合，自らはニュース回避的であるのにもかかわらず，ニュースを見落とす可能性は低いと過信し，他人の情報行動を当てにするような人々がどのような情報行動を行い，そして社会的問題や価値観についてどのような考え方を持つようになるのか，「分断」の一つの大きな要素になる可能性はないか，憂慮すべきであろう。

　本章の前半で述べたインターネット情報環境の多様化は，言うまでもなく人々のニュース入手可能性を高めた。それにもかかわらず，本章の結果が示す通り，インターネット，特にSNSを中心的に利用する層で，NFM傾向やニュース回避傾向がはっきり見られることは，パーソナル化が進む情報環境下において，人々が触れる情報の細分化が指摘されているように（Shehata & Strömbäck 2013），日本においても，民主主義に参加する市民が目・耳にする共通の情報（基盤）が極めて少なくなりつつあることを示唆しているのではないだろうか。

本章での検討範囲はメディア接触パターンとメディア関連意識の検討に留まる。第8章では，このような「生きているメディア環境の差異」がどのように「統治の不安」や「政治参加」と関連するかについて分析している。今後は，政治知識の獲得やあらゆる政治的意識との関連と合わせてモデル化し，現在のメディア環境における情報接触がどのような分断に繋がる恐れがあるのか，検討することを課題としたい。

補遺　SMPPインターネット調査データを用いた潜在クラス分析

本章第3・4節で示した郵送調査データを用いた潜在クラス分析について，インターネット調査データを用いて同様の分析を行った結果を掲載する。

SMPP調査（2023年）におけるインターネット調査は，郵送調査と同様の質問票を用い，楽天インサイトが管理する生活意識データパネル登録者に対して行った。調査概要については，序章を参照されたい。

補遺における分析では，郵送調査データの分析と同様，(1)新聞接触，(2)テレビ接触，(3)インターネットメディア接触を問う質問について，それぞれの質問内でカテゴリーに分けた変数を作成したのち，(1)新聞接触については，接触無し・1紙接触・2紙以上の接触，(2)テレビ接触については，ハードニュース／ソフトニュース接触に分けた上で，それぞれについて接触無し，1項目接触，2項目以上接触，(3)インターネットメディア接触については，ニュースサイト・アプリ／SNS／無料動画サイト／有料配信サービス／掲示板接触に分けた上で，それぞれについて接触無し，1項目接触，2項目以上接触に区切り変数化した。

次に，これらの変数を用いて潜在クラス分析によるクラス数の推定を行った[9]。統計ソフトRの"poLCA"パッケージを用いて，BICとcAICから適切なクラス数を求めた結果，cAICの算出結果にもとづきクラス1からクラス5の5クラスを採用することにした。各クラスの所属人数は，クラス1＝470人，クラス2＝142人，クラス3＝484人，クラス4＝279人，クラス5＝260人であった。また，いずれのメディア接触質問にも「接触していない」と回答した者

---

9)　インターネット調査においては，(1)新聞接触，(2)テレビ接触，(3)インターネットメディア接触を問う質問について，いずれかが「無回答」であった回答者はいなかった。

第3章 人々はメディアをどのように利用しているのか 99

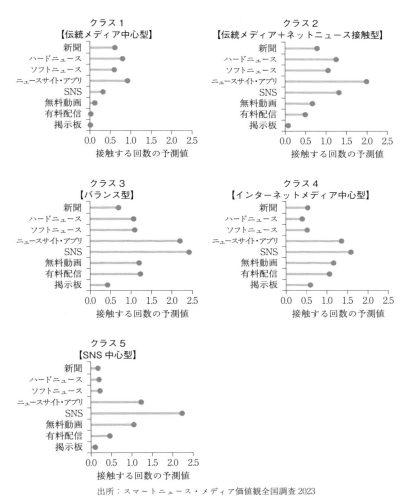

出所：スマートニュース・メディア価値観全国調査2023

図 3-2　各クラスにおける各メディア媒体の接触回数予測値（インターネット調査データ）

(65人) については，潜在クラス分析の対象とはせず，「クラス0（メディア無接触型）」としてグループ化した。

　図 3-2 はインターネット調査データの潜在クラス分析にもとづく各クラス (1〜5) のメディア接触傾向を示したものである。郵送調査の分析と同様，図3-2 は解釈を容易にするため，算出された選択確率から，各クラスにおける各

100　　　　　　　　　　　　　　　　第Ⅰ部

表 3-9　郵送・インターネット調査データにおけるクラス析出の対応表

インターネット調査データ		郵送調査データ
クラス 0：無接触型	↔	クラス 0：無接触型
クラス 1：伝統メディア中心型 （ただしニュースサイトアプリ接触高）	↔	クラス 1：伝統メディア中心型
クラス 2：伝統メディア＋ネットニュース接触型	↔	クラス 2：伝統メディア＋ 　　　　　ネットニュース接触型
クラス 3：バランス型 （ただしニュースサイトと SNS 接触大）	↔	クラス 3：バランス型
クラス 4：インターネットメディア中心型	↔	クラス 4：インターネットメディア中心型
クラス 5：SNS 中心型	↔	クラス 5：SNS 中心型

メディア媒体（新聞／ハードニュース／ソフトニュース／ニュースサイト・アプリ／
SNS／無料動画／有料動画／掲示板）の接触回数の予測値を算出したものである。
　結果をもとに各クラスの特徴をまとめると以下のようになろう。

・クラス 0【無接触型】　3.3%
　いずれのメディア接触質問にも「接触していない」と回答した者について，潜在クラス分析の対象とはせず，「クラス 0（メディア無接触型）」としてグループ化した。
・クラス 1【伝統メディア中心型（ただしニュースサイト・アプリ接触高）】
　23.5%
　最も予測値が高いのはニュースサイト・アプリであるが，ハードニュースもそう変わらない。SNS 以下のインターネットメディアへの接触は少ない。消極的な伝統メディア中心型と言えるかもしれない。
・クラス 2【伝統メディア＋ネットニュース接触型】　24.2%
　ニュースサイト・アプリが最も高い。次いで，SNS とハードニュースへの接触度が同程度である。他クラスと比較して新聞・テレビ系の伝統メディアへの接触率は比較的高い方であり，伝統メディアとネットニュース系，両者に接触している型と言えよう。
・クラス 3【バランス型（ただしニュースサイトと SNS 接触大）】　14.0%
　SNS が最も高く，次いでニュースサイト・アプリの接触率が高い。ただし，新聞・テレビ系や動画配信系などのメディアへの接触率も比較的高く，バランス型と言えそうである。
・クラス 4【インターネットメディア中心型】　7.1%

第3章　人々はメディアをどのように利用しているのか　　101

予測値は SNS, ニュースサイト・アプリの順に高い。新聞・テレビ系メディアよりもインターネット系メディアの予測値が高い。
・クラス 5【SNS 中心型】28.0%
SNS が最も高く，新聞・テレビ系の伝統メディアにはほとんど接触しない。ニュースサイト・アプリへの接触率も低くはないが，SNS との差は比較的大きく，SNS を中心に接触している型である。

　郵送調査データの分析結果を踏まえながら考察すると，郵送調査データと比較してほとんどのクラスでインターネットニュースサイトや SNS への接触率が他カテゴリーと比較して高い，などといった特徴が見られるが，郵送調査データで析出された結果と対応させるならば，概ね**表 3-9** のようになるだろう。

参考文献

Asano, Taka-aki（2023）Media choice and response patterns to questions about political knowledge. *International Journal of Public Opinion Research*, 35(2), Summer 2023, edad017. https://doi.org/10.1093/ijpor/edad017

De Benedictis-Kessner, Justin, Baum, A. Matthew, Berinsky, Adam, & Yamamoto, Teppei,（2019）Persuading the enemy: Estimating the persuasive effects of partisan media with the preference-incorporating choice and assignment design. *American Political Science Review*, 113(4): 902–916. https://doi.org/10.1017/S0003055419000418

Bertsou, Eri, & Caramani, Daniele（2022）People haven't had enough of experts: Technocratic attitudes among citizens in nine European democracies. *American Journal of Political Science*, 66(1): 5–23. https://doi.org/10.1111/ajps.12554

遠藤薫（2016）「間メディア民主主義と〈世論〉――2016 年都知事選をめぐるスキャンダル・ポリティクス」『社会情報学』5(1): 1-17.

藤原翔・伊藤理史・谷岡謙（2012）「潜在クラス分析を用いた計量社会学的アプローチ――地位の非一貫性，格差意識，権威主義的伝統主義を例に」『年報人間科学』33: 43-68.

Gil de Zúñiga, Homero, Weeks, Braian, & Ardèvol-Abreu, Alberto（2017）Effects of the News-Finds-Me perception in communication: Social media use implications for news seeking and learning about politics. *Journal of Computer-Mediated Communication*, 22(3): 105–123. https://doi.org/10.1111/jcc4.12185

Haim, Mario, Breuer, Johannes, & Stier, Sebastian（2021）Do news actually "find me"? Using digital behavioral data to study the News-Finds-Me phenomenon. *Social Media + Society*, 7(3). https://doi.org/10.1177/20563051211033820

平野浩（2011）「メディア接触・政治意識・投票行動：2009 年衆院選における実証分析」『選

挙研究』26-2, 60-72.

Kleinnijenhuis, Jan., Anita M J van Hoof, & Wouter van Atteveldt (2019) The combined effects of mass media and social media on political perceptions and preferences. *Journal of Communication*, 69(6): 650–673. https://doi.org/10.1093/joc/jqz038

Kohring, Matthias, & Matthes, Jörg (2007) Trust in news media: Development and validation of a multidimensional scale. *Communication Research*, 34(2): 231–252. https://doi.org/10.1177/0093650206298071

大森翔子 (2023)『メディア変革期の政治コミュニケーション――ネット時代は何を変えるのか』勁草書房.

Shehata, Adam, & Strömbäck, Jesper (2013) Not (yet) a new era of minimal effects: A study of agenda setting at the aggregate and individual levels. *The International Journal of Press/Politics*, 18(2): 234–255. https://doi.org/10.1177/1940161212473831

柴田厚 (2016)「既存の放送メディアを揺さぶるアメリカの OTT サービス」『放送研究と調査』2016 年 3 月号, 2-13.

新聞通信調査会 (2022)『第 15 回メディアに関する全国世論調査』https://www.chosakai.gr.jp/wp/wp-content/themes/shinbun/asset/pdf/project/notification/yoron2022houkoku.pdf (最終閲覧日：2024 年 2 月 29 日)

Skovsgaard, Morten, & Andersen, Kim (2020) Conceptualizing news avoidance: Towards a shared understanding of different causes and potential solutions. *Journalism Studies*, 21 (4): 459–476. https://doi.org/10.1080/1461670X.2019.1686410

Song, Haeyeop, Jung, Jaemiu, & Kim, Youngju (2017) Perceived news overload and its cognitive and attitudinal consequences for news usage in South Korea. *Journalism & Mass Communication Quarterly*, 94(4): 1172–1190. https://doi.org/10.1177/1077699016679975

総務省 (2022)『令和 4 年　通信利用動向調査報告書（世帯編）』https://www.soumu.go.jp/johotsusintokei/statistics/pdf/HR202200_001.pdf (最終閲覧日：2024 年 2 月 29 日)

総務省情報通信政策研究所 (2018)『平成 29 年情報通信メディアの利用時間と情報行動に関する調査報告書』(最終閲覧日：2024 年 7 月 21 日)

総務省情報通信政策研究所 (2021)『令和 3 年度情報通信メディアの利用時間と情報行動に関する調査報告書』https://www.soumu.go.jp/main_content/000708016.pdf (最終閲覧日：2024 年 7 月 21 日)

総務省情報通信政策研究所 (2024)『令和 5 年度情報通信メディアの利用時間と情報行動に関する調査報告書』https://www.soumu.go.jp/main_content/000887660.pdf (最終閲覧日：2024 年 7 月 21 日)

渡辺洋子・政木みき・河野啓 (2019)「ニュースメディアの多様化は政治的態度に違いをもたらすのか：「ニュースメディア接触と政治意識」調査から」『放送研究と調査』2019 年 6 月号, 2-31.

渡辺洋子・行木麻衣 (2023)「コロナ禍以降のメディア利用の変化と，背景にある意識〜『全国メディア意識世論調査・2022』の結果から〜」『放送研究と調査』2023 年 7 月号, 2-42.

World Values Survey (2024) Outline Data Analysis "World Values Survey Wave 7: 2017-

2022" Q201. Information Source: Daily news paper. https: //www. world values survey. org/WVSOnline.jsp（最終閲覧日：2024 年 7 月 21 日）

コラム2 「ニュース回避傾向」はなぜ生まれるのか？

　紙の新聞の購読者数は年々減少している。日本は，世界の中でも新聞購読者数が多い国として知られてきたが，2023年10月時点での新聞発行部数は2859万部。10年前（2013年）の発行部数（4700万部）から約4割減となった（一般社団法人日本新聞協会2023）。これは，人々が，ニュースを紙ではなく，オンラインで読む時代になったからなのだろうか？　話は，それほど単純ではなさそうだ。

　英オックスフォード大学ロイタージャーナリズム研究所の調査リポート（2024年）によると，日本において，テレビを通じてニュースを得ている人は53%で，2015年の73%に比べて20ポイント低下した。また，紙の新聞を通じてニュースを得ている人は21%と，2015年に比べて25ポイントも低下した。低下傾向はこうした「伝統メディア」だけではない。オンライン（ソーシャルメディア含む）を通じてニュースを取得する人も，15年時点で70%だったのが，24年には58%にまで減った（Newman et al. 2024: 141）。

　同研究所は，世界的にニュースを回避する傾向が強まっているとみており，同じリポートで「選択的ニュース回避」（Selective News Avoidance）についても分析している。「最近，ご自身があえてニュースを避けようとしていると思いますか」という質問に対して，「頻繁に」「時々」と答えた人は，世界（調査対象は47カ国）全体で39%にのぼった。17年に比べると10ポイント増加し，過去最高となった。（Newman et al. 2024: 26-27）。日本において，「頻繁に」「時々」ニュースを避けようとしている，と回答した人の割合は，世界平均よりもかなり低く，23年では11%だった（Newman et al. 2023: 22）。それでも，6%だった17年に比べると倍近くに増えている（Newman et al. 2017: 41）。

　ニュースを回避する理由としては，「ニュースメディアは繰り返しが多く退屈」「ニュース自体のネガティブな性質が，不安感と無力感を引き起こす」などの理由が挙げられている。それだけではなく，ニュースの「量」に疲れているという指摘も多い。特に，戦争，災害，政治報道の多さがニュース回避の原因になっているという。この課題について，SMPP調査ではどうか。ニュース回避については，ニュースを回避したいかどうか，という気持ちに焦点を当て，問52で聞いた。

　　問52　以下の項目について，あなたの考えに最も近いものを「あてはまる」
　　　　　～「あてはまらない」からそれぞれ選択してください。（それぞれ1つずつ
　　　　　○印）
　　1)　できることならニュースを見ずに過ごしたい
　　選択肢：あてはまる，どちらかといえばあてはまる，どちらともいえない，ど

コラム2 「ニュース回避傾向」はなぜ生まれるのか？　　　　105

　　　　ちらかといえばあてはまらない，あてはまらない
「あてはまる」もしくは「どちらかといえばあてはまる」と回答した人を，ニュース回避傾向があるとみなした場合，その割合は全体の8％だった。聞き方の違いがあるので一概には比較はできないが，ロイタージャーナリズム研究所リポートの11％よりは，やや低い割合だ。

　次に，SMPP調査で，ニュース回避傾向がある人を，年代・性別ごとに分析する（図1）。最もニュース回避傾向がある人が多かったのは，「男性・18～29歳」で16％だった。次が「女性・18～29歳」と「女性・30歳代女性」で，15％だった。

　一方で，ニュース回避傾向がない人（上記質問に，「どちらかといえばあてはま

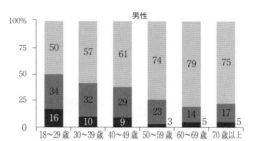

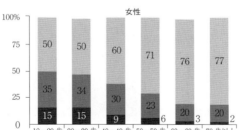

出所：スマートニュース・メディア価値観全国調査2023

図1　ニュース回避傾向（年代，性別ごと）

らない」もしくは「あてはまらない」と回答した人）の割合が最も多かったのが「60歳代・男性」（79%），次が「70歳以上・女性」（77%）だった。年齢が下がるにつれて，ニュース回避傾向がない人の割合は減り，18〜29歳では男女ともに50%となった。全体を通して，世代による差が目立つ。

　一つ注意すべきは，ニュース回避傾向がある人たちが，ニュースに接触をしていないわけではないということだ。回避傾向のある人の中で，「新聞を読まない」とした人は59%で，4割程度は何らかの新聞（デジタルを含む）を読んでいることがわかった。また，28%の人が，よく見る番組に「NHKニュース」を挙げた。

　ただ，ニュース回避傾向のある人の多くは，接触するニュースを楽しめてはいないようである。「ニュースを見ても楽しめない」（問52・E）と回答したのは，回避傾向がない人では12%にとどまったものの，回避傾向がある人では61%にのぼり，顕著な差が見られた。　もう一つSMPP調査から浮かび上がってきたのは，ニュース回避傾向がある人のマスメディアへの信頼の低さだ（図2）。問46では「ニュースを十分かつ正確，公平に報道するという点において」マスメディア（新聞・テレビ・ラジオなど）を信頼するかどうかについて聞いたが，ニュース回避傾向がある人の中で「マスメディアを信頼する」と回答したのは40%に過ぎなかった。75%が「信頼する」と答えたニュース回避傾向がない人と比べると，大きなギャップがあることがわかった。

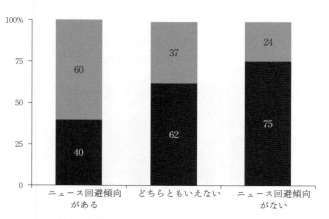

図2　ニュース回避傾向とマスメディア信頼度

今回の SMPP 調査からわかったことをまとめると，ニュース回避傾向がある人は日本全体の 8% 程度とまだ少ないが，18〜29 歳の層でみると倍ほどの割合になった。その 6 割が「ニュースを見ても楽しめない」と感じており，4 割しかマスメディアを信頼していなかった。

　若年層を中心にニュース回避傾向が強まっていることを踏まえると，ニュース回避傾向がある人が日本全体に占める割合は，今後次第に高まっていくことが予想される。この現象に歯止めをかけるには，マスメディアは人々からの信頼をさらに高めるための努力をしたり，受け手にネガティブな感情を抱かせない楽しめるニュースの量を増やしたりするといった方策が求められそうだ。

（山脇岳志）

参考文献

一般社団法人日本新聞協会（2023）「新聞の発行部数と世帯数の推移」https://www. pressnet.or.jp/data/circulation/circulation01.php（最終閲覧日：2024 年 7 月 20 日）

Newman, N., Fletcher, Richard., Robertson, Craig T., Arguedas, Amy Ross, & Nielsen, Rasmus Kleis（2024）*Reuters Institute digital news report 2024*. Reuters Institute for the study of Journalism. https://reutersinstitute.politics.ox.ac.uk/sites/default/files/2024-06/RISJ_DNR_2024_Digital_v10%20lr.pdf（最終閲覧日：2024 年 7 月 20 日）

Newman, N., Fletcher, Richard., Robertson, Craig T., Arguedas, Amy Ross, & Nielsen, Rasmus Kleis（2023）*Reuters Institute digital news report 2023*. Reuters Institute for the study of Journalism. https://reutersinstitute.politics.ox.ac.uk/sites/default/files/2023-06/Digital_News_Report_2023.pdf（最終閲覧日：2024 年 7 月 20 日）

Newman, N., Fletcher, Richard., Kalogeropoulos, Antonis., Levy, David, & Nielsen, Rasmus Kleis（2017）*Reuters Institute Digital News Report 2017*. Reuters Institute for the study of Journalism. https://reutersinstitute.politics.ox.ac.uk/sites/default/files/Digital%20News%20Report%202017%20web_0.pdf（最終閲覧日：2024 年 7 月 20 日）

第II部

5つの分断軸と日本人の政治意識・行動

第4章

政治対立は日本社会の対立を規定しているか
―― イデオロギーによる分断

遠藤晶久・田部井滉平

本章では，分断軸1「イデオロギー」と政策対立構造を基にして日本の政治対立の現状を探る。その際，イデオロギー自認の分布を確認し，探索的因子分析によって政策対立構造の析出を試みたうえで，それらと政党対立構造の関連を検討する。さらに，回答者の主観的対立認識を基に，日本においてイデオロギー対立がどの程度社会に定着をしているかを検討する。

〈本章のポイント〉

・イデオロギー対立は有権者の半分程度でしか存在しない。有権者のイデオロギー自認は，保守がリベラルの1.5倍以上の人数がいるものの，合わせても5割強しかいない。残りの回答者は「わからない」（3割弱）か「中間」（2割弱）と答えている。

・有権者の政策意見は「新型コロナ対策徹底」「安全保障」「政府介入」「ジェンダー」「環境」の5次元に分かれる構造を示している。

・自民党と立憲民主党への好感度はイデオロギー自認や政策次元とは相関があるものの，維新への好感度とはそれほど相関がない。日本の有権者の政党対立は必ずしもイデオロギー自認や政策争点態度だけに基づいているわけではないことが示唆される。

・社会対立に関する認識についての分析によれば，他の社会対立と比べてもイデオロギー対立は有権者の間でそれほど広がっているわけではない。主観的には，最も浸透している社会対立は労使対立である。

・ジェンダー対立が社会において浸透している度合いは高い。ジェンダー対立は，8割の回答者が自分の立場を特定できる対立であり，政策対立軸の「ジェンダー次元」と深く関連していると考えられ，今後も詳細な検討が必要な対立として浮かび上がった。

・多くの対立カテゴリーにおいて，「弱者」に位置づけられる立場に近いと認識している人ほど社会対立を認識する傾向がある。

はじめに

　社会における分断について検討をするとき，最初の手がかりとするのは，保守やリベラルといったイデオロギー対立が深まっているかであろう（本書第1章参照）。2010年代以降，政治エリートにおいて分極化が進んでいることはすでに先行研究で指摘されてきたが（谷口 2020；境家・依田 2022），有権者においても同様の分断が観察される可能性がある。政治エリートの分断は，有権者の分断の反映である可能性もあるし，あるいは，有権者の分断の原因ともなりえる。他方で，アメリカの分極化は党派間の感情的な対立という側面が強く，イデオロギー対立や政策対立をめぐって起こっているわけではないことが指摘されており，政治エリートレベルのイデオロギー分極化が有権者における政策やイデオロギー自認をめぐる対立と関連しない可能性もある[1]。事実，2010年代前半の日本に関する分析では有権者はイデオロギー的な自己認識も弱く，「脱イデオロギー」的な状況であることが指摘されている（竹中・遠藤・ジョウ 2015）。しかし，政治エリート間のイデオロギー対立が動員過程を経て有権者の間に広がっていくとすれば，2020年代における有権者のイデオロギー対立は2010年代とは様相が異なる可能性がある。

　本章では，第二次安倍政権を経て「再イデオロギー化」（境家・依田 2022）の時代とも評される2020年代における日本の有権者のイデオロギー対立のあり方を確認することを目的とする。その際，日本における伝統的なイデオロギー研究（蒲島・竹 1996, 2012）を踏襲しつつ，政策争点態度の構造と保守－リベラルイデオロギーとの関係を明らかにする。さらに，そのようなイデオロギー対立を有権者がどの程度，あるいはどのように認識しているのかを，他の社会対立軸と比較しながら検討し，現代日本における主観的社会対立の様相を描出する。

　第1節では日本におけるイデオロギー対立について概観し，第2節ではイデオロギー自認の分布を基に議論する。さらに，探索的因子分析によって政策対立構造の析出を試みる。そのうえで，イデオロギー自認と政策対立構造から有権者レベルにおける政党対立構造を検討する。第3節では，社会において様々

---

1)　感情的分極化については本章では検討をしない。

な対立があるかどうかを直接回答者に尋ねた主観的対立質問を用いて，日本におけるイデオロギー対立がどの程度社会に定着をしているかを検討する。その際に，他の対立も同様に分析し，日本の有権者が社会対立をどのように認識しているかを明らかにする。

4.1 日本におけるイデオロギー対立

　イデオロギーに基づく対立は多くの国で見られ，右と左，保守とリベラルのように対立する立場をラベルづけしてその対立について議論がなされる（一般的にヨーロッパは左 - 右の対立，アメリカでは保守 - リベラルの対立とされる）。欧米諸国の場合，イデオロギー対立は経済政策のあり方をめぐる対立として現れ，それが基調となってきた。冷戦が終結した後も，一般的にいえば，市場経済における政府の関与の度合いをめぐって経済的な対立が生じている。これは経済的な自由をどの程度認めているかという形で読み替えることもできるが，保守や右派は経済的な自由を大幅に認め小さな政府を志向し，リベラルや左派は市場経済が生み出す問題を政府の干渉によって是正し大きな政府を志向するというのが一般的な整理である。さらに，これに社会的な価値観をめぐる対立が結びつく傾向もある。つまり，伝統的な社会や家族のありかたを重視する保守や右派と，そのような伝統的な価値観からの自由を求めるリベラルや左派の対立である。アメリカであれば，妊娠中絶や同性婚といった争点をめぐって対立が深まっているのはすでに指摘されている通りである（第1章参照）。

　他方，日本政治においては経済対立はそれほど大きな対立軸となってこなかった。55年体制下における自民党は，保守政党であるにもかかわらず，選挙で退潮し「危機」に陥ると支持を調達するために（それが社会党が推進する政策であろうと）社会保障制度を拡充してきたという歴史がある（Calder 1988）。さらに，自民党は消費税の導入や税率の引き上げを推進し，社会党や共産党，あるいは民主党等の野党と激しい攻防を繰り広げてきた。財政均衡を目的としているとはいえ，保守政党が消費税政策を推進し増税に理解を求め，それを革新・リベラル陣営が批判するという構図は，欧米の経済的イデオロギー対立とは異なる様相を示しているといえる。一党優位政党制の下で自民党が融通無碍に経済政策を打ち出すことで経済対立は必ずしも明確になってこなかったのである。

そのかわり，日本におけるイデオロギー対立は憲法改正や日米安保体制を巡る対立を中心に展開されてきた（蒲島・竹中 1996；大嶽 1999；蒲島・竹中 2012）。占領期を通じて生じてきた体制をめぐる対立がそのままその後の政治対立の基調となったのである。改憲されてこなかったことで9条をめぐる対立も持続し，戦後80年近く経過した現在でも安全保障が保守とリベラルを分ける最大の争点となっている。なお，2011年の福島第一原発事故以来，原発に対する賛否もこの政治対立と強く結びついてきたことが知られている（池田 2016；遠藤・三村・山﨑 2017b；遠藤・ジョウ 2019）。

これにくわえて，近年では社会的争点もイデオロギーとの関連が見られる。日本においても，家族のあり方をめぐる様々な争点については，伝統的な考え方を強調する保守とそのような伝統からも自由でいようとするリベラルに分かれる。日本の場合，具体的には，選択的夫婦別姓の法制化や同性婚といった争点は政党の対立構造とも結びつきつつある（遠藤・三村・山﨑 2017b；三輪 2022；秦 2022）[2]。

このように，欧米と比べても日本のイデオロギーのあり方は大きく異なっている。それは国家の発展や民主主義の導入の経路など様々なコンテクストの中で政党政治が形成されるからであり，保守，リベラルという立場もそれぞれのコンテクストのなかで形成されてきたからである。各国の保守政党が等しく同じように政治理論的な意味での保守主義を体現する政党になるとはかぎらない。

そもそも有権者のイデオロギーには2つの側面があることが指摘される。1つは上述の議論のように，政党間の政策争点を巡る対立がどのように形成されているか，さらに複数の政策争点がどの程度強く結びついて対立しているかという側面である。いわば，「争点の束」（秦・Song 2020）としてイデオロギーを捉える見方である。もう1つは，人々が「保守」や「リベラル」のような（抽象的な）イデオロギー・ラベルを用いて自分自身の政治的な立場を特定することができるか，場合によってはそこにアイデンティティを求めているかという側面である（遠藤・三村・山﨑 2017a）。つまり，自分自身は保守である，リベラルであるという意識があるか否かを強調する見方である。このような見方に立って日本のイデオロギーを概観すると，保守あるいはリベラルを自認してい

2）遠藤・三村・山﨑（2017b）ではこの2つの政策対立軸に加えて，自国利益優先という考え方をめぐるポピュリズム軸も抽出している。

る人の割合は近年減少しており，「脱イデオロギー」的状況にあると評価されてきた（蒲島・竹中 2012；竹中・遠藤・ジョウ 2015）。

　当然，この2つの側面はお互いに関連しているが，その関連の度合は強くなったり弱くなったりする。両者の関連の度合いが強い場合には，保守と自認している人とリベラルと自認している人は多くの政策争点について意見が対立していることになる。しかし，その関連が弱いと，政策争点での意見の相違がそれほど大きいわけでもないのに，あるいは，意見の異なる政策争点が少ないのに，保守と自認している人とリベラルと自認している人に分かれることになる。または，政策対立が弱く，保守自認層もリベラル自認層もそれほどいないということになる。

　有権者のイデオロギーについて実証的に分析するときに重要なのは，このような2つの側面があることを自覚しつつ，その両者の関係を検討することである。本章では，日本における分断についてイデオロギーを糸口にその現状を明らかにしようとするが，次節ではイデオロギーの自認と政策対立（「争点の束」）の2つに分けてそれぞれ検討した後，その関連についても確認をする。

4.2 ｜ イデオロギー自認と政策対立

　本節では日本におけるイデオロギー自認と政策対立の現状を描出する。まず，保守，リベラルという自己認識を持つ有権者の分布を検討し，日本のイデオロギーがどの程度定着しているかを確認する。そのうえで有権者における政策対立の現状を描き出す。

(1) 保守とリベラルの分布

　日本の有権者のイデオロギー対立を描出するために，まずは有権者自身が自分のことを保守，リベラルのどちら側と自認しているかを確認していく。日本政治に関する世論調査では，イデオロギーを測定する質問として，保守とリベラル（あるいは革新）という一次元の対立関係を提示したうえで自分自身がどこに位置しているかを尋ねる質問が一般的に含まれている。2023年に実施された「スマートニュース・メディア価値観全国調査」（以下，SMPP調査）では，「政治的立場を表わすのに保守的やリベラルなどという言葉が使われます。0が「リベラル」，10が「保守的」だとすると，あなたの政治的立場は，どこに

あたりますか」（問 10）という質問文で，11 段階でイデオロギー位置を測っている。この際，「わからない」「こたえたくない」という選択肢も同時に提示された。

　注意が必要なのは，上述の質問文の通り，保守やリベラルという立場がどのようなものか具体的な定義を調査者側が示していないので，それぞれの回答者の理解するところの「保守」対「リベラル」について回答者は自分自身を位置づけていることである。保守やリベラルというものの中身がいずれの国でも共通というわけでもなく，また，常に一定というわけでもない。また，有権者の中で異なる理解が存在しうるし，そういった揺らぎとともに実際の政治行動においても利用されているはずである（遠藤・ジョウ 2019）。保守とリベラルはあくまでラベルであり，各国のイデオロギー対立のあり方も，政治エリートが動員過程においてそのラベルをどのように用いてメッセージを送るかに影響されることを考えると（飯田 2012），調査者側が定義を示すこと自体にそれほど意味はないだろう。むしろ，この質問では，自分自身は政治的にどのような考えの人間か，その自認を尋ねており，そういった意味ではアイディンティティに近い概念だとも考えられる（三宅 1995）[3]。

　図 4-1 は SMPP 調査における回答分布である。縦軸は回答した割合を示している（無回答を欠損値として扱った）。0（リベラル）から 10（保守）の間の分布を見ると，5 という中間回答が最も多く 16.3% を占めている。5 を頂点として両端にかけて割合は減少していくが，保守側にやや分布が傾いているのがみてとれる。0 から 4 をリベラル，6 から 10 を保守とすると，リベラルは 20.5%，保守 33.4% を占めており，保守はリベラルの 1.5 倍以上の人数がいる。

　しかし，この図で最も目立つのは，「わからない」という回答の突出した多さであろう。全体で 27.7% を占めており，リベラル層や中間層それぞれよりも多いことがわかる。「わからない」という回答は 70 歳以上では 15.4%，60 歳代では 19.8% に過ぎないが，年齢が下がるほど多くなり，30 歳代では 35.5%，18〜29 歳に至っては 42.9% を占めるようになる（40 歳代 29.7%，50 歳代 25.8%）。

　また，別の見方をすれば，全体ではリベラルと保守を合わせても 53.9% に

3）　三宅（1995）は「保守」と「革新」というラベルを使った同種の質問で測定されたものを「保革自己イメージ」と呼んでいる。

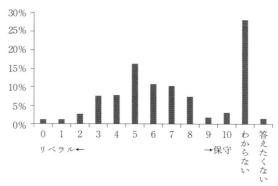

出所：スマートニュース・メディア価値観全国調査 2023
図 4-1　イデオロギー自認の回答分布

しか達せず，有権者全体のおよそ半数しかイデオロギー自認を持たないことが確認できる。中間層と「わからない」を合わせた割合は全体では 44.4％ だが（それ以外は「答えたくない」），やはり若年になるほどその割合は増え，30 歳代では 50.6％，18〜29 歳では 56.8％ に及ぶ。

　SNS や国政において激しいイデオロギー対立が垣間見られるものの，有権者全体を俯瞰してその分布を確認すると，有権者を二分するような激しいイデオロギー対立が生じているというよりは，有権者の半分のさらに半分が保守とリベラルに分かれており，前者のほうが後者よりやや多いというのが実態である。他方で，若年層を中心に半数近い有権者がイデオロギーの自認を持たず，「脱イデオロギー」的な状況の継続が確認された（蒲島・竹中 2012；竹中・遠藤・ジョウ 2015）。

(2) 政策争点態度の分布

　これまでは，有権者のイデオロギー自認の分布をみてきた。次に，個々の政策争点に対する設問を用いて，有権者の政策争点に対する態度とその対立構造について検討していく。SMPP 調査においては，イデオロギー自認質問とは別に，具体的な政策争点に関する 16 の文章に対してその賛否を尋ねた（以下，問 5）。政策争点質問の作成の際には先行研究や過去の世論調査を参考にしながら，様々な領域ごとに質問を用意し政策領域に偏りがないように留意した。選択肢としては，賛成，どちらかといえば賛成，どちらかといえば反対，反対の

4段階を用意したが，同時に，「わからない」も選択肢に含めた。

　回答の分布を示したのが図4-2である。「賛成」「どちらかといえば賛成」を合わせた割合が大きい順番に争点項目を上から並べてある。また，「どちらかといえば賛成」と「どちらかといえば反対」の間には「わからない」を挟んだ。なお，分析結果の解釈を単純化するために，「賛成」と「どちらかといえば賛成」を合わせて「賛成」，「反対」と「どちらかといえば反対」を合わせて「反対」として議論を進めていく。

　16の政策争点項目のうち，有権者の間で合意が見られる争点としては「道徳教育の充実」への賛成（80.6%，反対は8.4%）と「女性天皇反対」への反対（75.0%，賛成は12.5%）の2つが挙げられる。これら2つの項目は保守派の主張と一貫しているが，興味深いのは，世論全体は前者については賛成，後者については反対とねじれており，保守派の主張とも（それに対抗する）リベラルの主張とも一致しないという点である。

　合意争点とまではいえないまでも賛否の差が25ポイント以上あり，多数派と少数派のように色分けできる争点について概観してみると，日本の世論の全体像を描き出すことができる。たとえば，「夫婦別姓」や「同性婚」といった新しい家族のあり方についての考えではリベラル派の主張と一致するように賛成意見が多数を占めている。安全保障についての考え方についてはリベラル派の主張である「憲法9条改正反対」への賛成が過半数を占めているものの，保守派が望むような「防衛力強化」についても賛成しており，防衛政策に対して世論は多少の慎重さも見せている。また，「プライバシー・個人の権利制限」についても賛成が多数を占めており，保守派の意見とも一致する。その他，保守派とリベラル派の意見相違がそれほど明確ではない「公務員数の拡大」や「財政出動」については，前者は反対，後者は賛成という意見が一般的である。また，コロナ禍の収束が議論され始めた2023年3月の段階では「新型コロナ感染対策の徹底」や「ワクチン義務化」のような感染対策政策の強化についても反対が多数を占めるようになったようである。

　他方で，賛否が拮抗している政策争点項目も存在している。最も拮抗しているのは，「ガソリン車廃止」についてで，反対が41.0%，賛成が35.7%とその差は5ポイントほどしかない。2番目に拮抗しているのは「移民受け入れ」についてで，反対が45.4%，賛成が34.9%と10.5ポイントの差である。これに「原発再稼働」（賛成47.5%，反対33.4%，14.1ポイント差），「環境のために生活水

第 4 章 政治対立は日本社会の対立を規定しているか

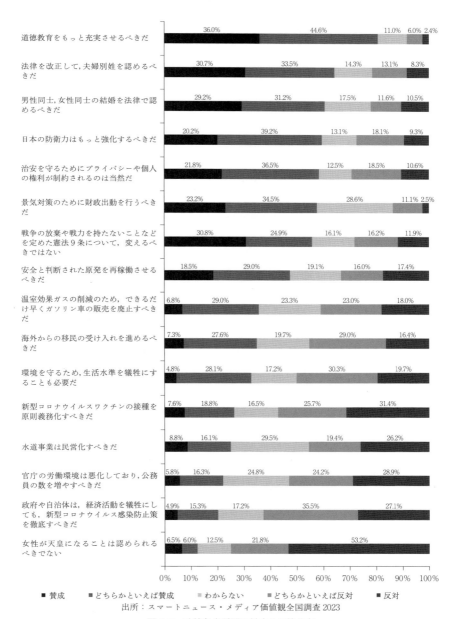

図 4-2 政策争点質問に対する回答分布

準犠牲」（反対 50.0%，賛成 32.8%，17.2 ポイント差）と続く。福島第一原発事故を契機として対立争点となってきた原発再稼働を除けば，いずれも比較的新しい政策争点で，世論の中でも多数派がまだ形成されていないようである。

図 4-2 では賛否だけではなく，「わからない（あるいは無回答）」という回答の多さにも注意が必要であろう。賛否が拮抗している「ガソリン車廃止」や「移民受け入れ」でもそれぞれ 23.3%，19.7% が「わからない」を選択している。「わからない」を選択した割合が最も高い項目は「水道事業の民営化」（29.5%）であり，次に「財政出動」（28.6%）である。前者はたしかに政策争点としてそれほど大きく報じられておらず，回答者も答えにくい質問であったと考えられるが，後者に関しては日本の経済対策における主要なトピックであることは指摘すべきであろう。日本の政策対立における経済軸の弱さがここにも表れているとも考えられる。

いずれにせよ，どの質問項目でも 1〜3 割の回答者は「わからない」を選択する。また，16 項目すべてに答えられた回答者は全体の 4 分の 1（25.7%）に過ぎず，4 分の 3（74.3%）は少なくとも 1 つは「わからない」と回答している。また，3 分の 1 近い回答者（35.1%）は 4 つ以上の項目に「わからない」と回答している。SMPP 調査では様々な領域の政策をカバーすることを企図して調査項目を設計したため，上述したように，メディア報道が少ないものや普段あまり考えないものも項目に含まれている。しかし，報道が多いものや政党間で厳しい対立がある項目においても「わからない」という回答が多く見られており，政策ベースの激しい対立が有権者の間でどの程度存在しているかについては疑問が残る。

(3) 政策対立構造

以上のように，個々の争点を一つひとつ見ていくと，有権者の政策争点に対する態度は，保守−リベラルのイデオロギー軸とは必ずしも一致していないことがわかる。それでは，有権者の政策争点態度にはどのような構造が見られるであろうか。その構造を明らかにするために，これから 16 個の質問項目に対して探索的因子分析を行う[4]。簡単にいえば，因子分析とは，複数の変数の背後にあってそれぞれに影響を与えている（と考えられる）潜在的な変数を見つけ出す手法である。ある争点に対して特定の立場を表明する有権者は，別の争点に対しても決まった立場を表明する傾向があるかもしれない。こうした傾

向は潜在的な変数（因子）によってもたらされたものと考えるのである。ここでは因子分析によってそういった因子を見つけ出すことで，有権者レベルの政策対立構造を明らかにする。

16 個の質問項目に対して探索的因子分析[5]を行い，推定された[6]結果が**表4-1**[7]である。因子負荷量の絶対値が 0.45 を超える項目には網掛け[8]を施している。

16 の項目への回答に対し 5 つの次元を抽出することができた。第Ⅰ因子では，「ワクチン義務化」，「新型コロナ感染対策の徹底」で正の因子負荷量が高くなっていることから，第Ⅰ因子は人々の「新型コロナ対策徹底」に関する態度次元を示すものと解釈できる。第Ⅱ因子では，「憲法 9 条改正反対」で正の

---

4)　16 個の質問項目は，「賛成」，「どちらかといえば賛成」，「どちらかといえば反対」，「反対」の 4 件法で測定されているが，「わからない」という回答に尺度の中間的な値を与え，5 段階の尺度とした。すなわち，「わからない」を「どちらかといえば賛成」と「どちらかといえば反対」の中間値としてコーディングした。先に見た通り，16 個すべての争点に回答できた回答者は 25.7% である。ゆえに，「わからない」という回答を分析から省いてしまうと，全回答者の 4 分の 1 を分析しているに過ぎなくなる。これでは，特定の有権者の政策争点態度の構造を明らかにしただけになってしまい，有権者全体の傾向を把握することが困難となる。よって，「わからない」を中間的な値とし，分析に含めた（N＝1822，無回答は欠損値として扱った）。ただし，「わからない」という回答を中間的な値としてとらず，分析から省いた場合（N＝489）でも，因子構造はほとんど変わらなかった。

5)　注 4 で示した通り，分析するデータは 5 段階の順序尺度である。よって，多次元項目反応理論を用いたカテゴリカル因子分析を実行した。スクリー基準と平行分析では 5 因子，最小偏相関平均（MAP）基準では 1 因子が提案されが，より広範な因子を抽出するために，この分析では 5 因子モデルを推定した。実際，1 因子モデルの場合と 5 因子モデルの場合の AIC（赤池情報量基準）や BIC（ベイズ情報量基準）を比較しても，5 因子モデルの方がより値が低く，モデル適合度が高いといえる。なお，5 段階の順序尺度ではあるが，連続変数とみなして通常の因子分析を行った場合も，5 因子の構造や，高い因子負荷を示す項目は変わらない。それぞれ「ジェンダー」（同性婚 0.825，夫婦別姓 0.708），「安全保障」（防衛力強化 0.715，憲法 9 条維持 −0.513），「治安・道徳」（プライバシー制約 0.500，道徳教育の充実 0.514），「環境」（ガソリン車廃止 0.456，生活水準犠牲 0.651），「新型コロナ対策徹底」（ワクチン義務化 0.568，新型コロナ感染対策の徹底 0.751）となる。

6)　推定には R の mirt パッケージ（Chalmers 2012）を用いた。推定方法は，最尤法である。

7)　表中に示されている数字は，オブリミン法による斜交回転後の因子負荷量である。

8)　因子の解釈を行う際，因子負荷量の値の基準をいくつに設定するかは，研究者によって異なるが，Comrey & Lee（1992）によると，0.71 以上は優れており，0.55 以上は良好，0.45 以上は適当，0.32 未満は不十分であるという。今回は，探索的因子分析であることを踏まえ，0.45 以上を基準とした。

表 4-1 政策争点態度に関する因子分析

	I コロナ対策 徹底	II 安全保障 （平和主義）	III 政府介入	IV ジェンダー	V 環境
防衛力強化	0.029	−0.713	0.079	0.058	−0.026
憲法9条改正反対	0.017	0.751	0.072	0.071	−0.034
同性婚	−0.026	−0.003	0.001	0.873	0.000
夫婦別姓	0.010	0.000	−0.021	0.846	−0.009
女性天皇反対	0.104	−0.040	−0.004	−0.355	−0.061
財政出動	−0.036	0.044	0.457	0.067	−0.157
移民受け入れ	0.045	0.091	0.102	0.317	0.300
プライバシー・個人の権利制約	0.079	−0.029	0.577	0.015	0.048
道徳教育充実	−0.049	−0.063	0.611	−0.082	0.087
ガソリン車販売廃止	0.092	0.078	0.099	0.099	0.559
環境のための生活水準犠牲	−0.046	−0.036	−0.020	−0.056	0.637
原発再稼働	−0.006	−0.427	0.276	−0.006	−0.196
公務員数の拡大	0.176	−0.184	−0.093	0.157	0.113
水道事業民営化	0.115	0.122	0.346	0.052	0.022
新型コロナワクチン義務化	0.690	−0.067	−0.006	−0.017	0.003
新型コロナ感染対策の徹底	0.710	0.053	0.003	−0.021	−0.002

出所：スマートニュース・メディア価値観全国調査 2023

因子負荷量が高く，「防衛力強化」で負の因子負荷量が高く示されている。よって，第II因子は，人々の「安全保障（平和主義）」に関する態度次元を示すものと解釈できる。なお，第II因子においては，絶対値 0.45 を超えないものの「原発再稼働」も負の値で比較的高い因子負荷量を示している。第III因子では，「財政出動」，「プライバシー・個人の権利制限」，「道徳教育の充実」で正の因子負荷量が高くなっており，第III因子は人々の「政府介入」に関する態度次元を示すものと解釈できる [9]。第IV因子では，「同性婚」，「夫婦別姓」で正の因子負荷量が高くなっていることから，第IV因子は人々の「ジェンダー」に関する態度次元を示すものと解釈できる [10]。第V因子では，「ガソリン車販売廃止」，「環境のための生活水準犠牲」で正の因子負荷量が高く，第V因子は人々の「環境」に関する態度次元を示すものと解釈できる [11]。

以上の通り，探索的因子分析の結果，有権者の政策対立構造は「新型コロナ対策徹底」，「安全保障」，「政府介入」，「ジェンダー」，「環境」の5つの次元を

---

9) この第III因子においては，「水道事業の民営化」がやや高い正の因子負荷量を示しているが，これは「政府介入」とは逆行する項目である。このような結果が導かれた理由として，「水道事業の民営化」が特異なものとして有権者に認知されている可能性，もしくは「政府介入」とは別の因子解釈ができる可能性がある。この第III因子は，さらなる解釈の余地があると考えられるが，この点は今後の課題としたい。

もった構造となっていると考えられる。これらの分析結果から，有権者の政策争点態度は，一次元の政治対立に収斂されるものではなく，より複雑な多次元の構造を持っていることが示唆される。先行研究においても安全保障次元とジェンダー次元は度々観測されてきた（遠藤・三村・山﨑 2017b）。また，「新型コロナ対策徹底」についてはコロナ禍の一時的な対立次元かもしれない。重要なのは，これまでの指摘と同様，経済的な対立次元が抽出できなかったことであり，そのかわりに「政府介入」「環境」といった対立次元が立ち現れてきたことである。特に興味深いのは，気候変動の課題に直面しグローバルにも対応を求められてきた中で「環境」が対立次元を構成するようになったことである。

(4) 政策対立とイデオロギー自認，政党対立

では，この多次元的な政策対立構造は，保守とリベラルのイデオロギー自認とどのように関連しているであろうか。その関係を探るため，5つの次元についてそれぞれ因子得点を計算し，イデオロギー自認との相関係数を算出した。**表 4-2** はその結果[12] である。

「安全保障次元」や「ジェンダー次元」はイデオロギー自認との相関が比較的強いことが見て取れる。どちらも相関係数が負の値であるため，自分を保守的とみなしている人ほど，より積極的な安全保障政策を支持し，ジェンダー平等を目指す政策を支持しない関係が読み取れる。また，イデオロギー自認と

---

10) 第Ⅳ因子においては，「女性天皇反対」がやや高い負の因子負荷量を示している。「女性天皇反対」は，皇位の安定的継承に関わる問題であり，必ずしもジェンダーの問題とはいえないかもしれない。しかし，有権者はジェンダーの問題としてもとらえている可能性があると解釈できる。

11)「移民受け入れ」，「公務員数の拡大」については，特定の因子に高い因子負荷量を示すということは見られなかった。「移民受け入れ」については賛否が拮抗している現状がある。この争点は単独で政策対立の軸を形成するほどの大きな争点ではないものの，他の争点との関連で今後重要性を帯びる可能性があると考えられる。一方で，「公務員数の拡大」については，反対派が多数を占めており，有権者の大多数が現状維持か削減を望んでいることが伺える。つまり，この争点単体では大きな政策対立軸にはなりづらいと推察される。

12) イデオロギー自認質問では 27.7％ の回答者が「わからない」を選択している。「わからない」という回答は「答えたくない」や無回答と同じく，分析から除外する場合もあるが，今回はケース数の減少を避けるため，「わからない」という回答を中間的な回答として扱った（**表 4-2，表 4-3**）。すなわち，リベラル（0）と保守（10）の中間に位置する回答（5）として扱った。なお，「わからない」を欠損値として扱っても分析結果は基本的に変わらなかった。

表4-2 イデオロギー自認と政策次元因子得点との相関分析

	イデオロギー
新型コロナ対策徹底	0.04
安全保障（平和主義）	−0.30*
政府介入	0.16*
ジェンダー	−0.27*
環境	−0.17*

*$p < 0.5$

出所：スマートニュース・メディア価値観全国調査2023

「政府介入次元」，「環境次元」の間にも，比較的弱いながらも相関関係が見られる。それぞれ相関係数が正の値と負の値であり，保守的なイデオロギーを持つ人ほど政府介入政策にやや積極的であり，また環境政策にはやや消極的である関係が読み取れる。一方で，新しい政策対立次元だと考えられる「新型コロナ対策徹底次元」は，イデオロギーとの間に統計的に意味のある相関は見られなかった。これらの結果は，伝統的な政策対立である安全保障やジェンダーにおいてはイデオロギー自認との関連が見られるものの，新たに浮上してきたような対立構造が，必ずしもイデオロギー的に理解され，対立構造として確立されているわけではないことを示唆している。

　さらに，イデオロギー自認や上述の対立次元が政党に対する見方とも関連しているか，有権者の政党に対する態度にどのように反映されているかを確認したい。具体的には，政党に対する好感度との相関関係をそれぞれ確認する。政党に対する好感度は，「政党についてご意見をお聞かせください。この中の0を「とても嫌い」，10を「とても好き」とします。あなたの好き嫌いはどこに位置しますか」として，10の国政政党それぞれについて，11件法で回答を求めている（問12）。なお，小規模政党も含まれているため，「わからない」の他に「聞いたことがない」も選択肢として提示している。

　表4-3は，イデオロギー自認，5つの政策次元に関する因子得点と政党への好感度の相関係数を算出した結果である。政党の順序はイデオロギーとの相関係数の大きさによって並び替えた。自民党好感度はイデオロギー自認と相関が高く，保守であるほど自由民主党好感度が高いことを意味している。公明党や国民民主党についてはやや弱いながらも保守と好感が結びつく形で相関している。日本維新の会，NHK党，参政党についてはイデオロギー自認と好感度が相関しておらず，日本共産党，れいわ新選組，社会民主党，立憲民主党の4党はリベラルであるほど好感度が高く，その相関の程度はだいたい同じ程度で

第4章　政治対立は日本社会の対立を規定しているか　　125

表4-3　イデオロギー自認，政策次元因子得点と政策好感度の相関分析

	イデオロギー	新型コロナ対策徹底	安全保障（平和主義）	政府介入	ジェンダー	環境
自由民主党	0.33*	0.17*	−0.37*	0.27*	−0.24*	−0.08*
公明党	0.13*	0.17*	0.03	0.12*	0.05*	0.13*
国民民主党	0.06*	0.05	0.00	0.04	0.02	0.08*
日本維新の会	0.04	0.05	−0.13*	0.19*	0.01	0.08*
NHK党	0.02	0.04	−0.07*	0.08*	−0.03	−0.07*
参政党	0.02	−0.09*	−0.03	0.04	−0.01	−0.03
日本共産党	−0.22*	0.05	0.38*	−0.16*	0.27*	0.29*
れいわ新選組	−0.22*	−0.05*	0.28*	−0.10*	0.26*	0.15*
社会民主党	−0.24*	0.03	0.44*	−0.20*	0.30*	0.32*
立憲民主党	−0.25*	0.14*	0.41*	−0.11*	0.29*	0.36*

*$p < 0.5$
出所：スマートニュース・メディア価値観全国調査2023

ある。

　さらに，**表4-3**から読み取れるのは，自民への好感度と立民への好感度，そしてれいわへの好感度は5つの対立次元のいずれともそれぞれ相関しているという点である。政策次元については，自民好感度，立民好感度，れいわ好感度，いずれも「安全保障次元」との相関が最も高く，この次元が日本政治の対立軸を形成してきたという先行研究とも整合的である（蒲島・竹中 1996, 2012）。自民好感度とは負の相関，立民好感度と共産好感度とは正の相関を示しているので，タカ派ほど自民党好感度が高く，ハト派ほど立民・れいわへの好感度が高い（安全保障次元は数値が高いほど平和主義志向であることを意味している）。自民好感度で次に相関が高いのは「政府介入次元」であり，そして「ジェンダー次元」が続く。一方，立民好感度，れいわ好感度ではともに「環境次元」，「ジェンダー次元」が次いでいる。相関係数の符号に注目すると，自民好感度と立民好感度は正負が逆転しているが，唯一，新型コロナ対策徹底次元のみはいずれも正の相関係数を示している。これは，この次元が自民と立民との対立に結びついていないことを示している。ただし，れいわ好感度は負の相関係数を示している。

　維新への好感度は，イデオロギー自認や「新型コロナ対策徹底」，「ジェンダー次元」とは相関していないのが特徴である。維新好感度との関係が最も強いのは「政府介入次元」であり，「安全保障次元」「環境次元」は比較的弱い相関を示している。維新好感度の相関係数は基本的には自民党好感度と同じ符号を示しているので，似たような政策争点態度を有している人が自民と維新に好感

を抱いていることがわかる。ただし，環境次元では正負が逆転しており，環境政策に賛成する人は維新に好感をもち自民には好感を持たないというように，維新と自民の支持基盤の分かれ目となっていることが示唆される。

公明好感度は，「安全保障次元」を除いて，イデオロギー自認といずれの政策次元とも相関をしているが，その相関関係は全体的にやや弱い。保守を自認する回答者ほど公明党に好感をいだいている。自民党の連立政権パートナーであることを考えれば自然ではあるが，しかし，政策次元において自民好感度と方向が一致するのは「新型コロナ対策徹底次元」と「政府介入次元」だけで，「ジェンダー次元」も「環境次元」も正負が逆転している。自民党とは連立パートナーではあるが，必ずしも同じような政策志向で支持をされているというわけではないことが示唆されている。

共産好感度，社民好感度については，「新型コロナ対策徹底次元」で相関がないことを除けば，立民好感度やれいわ好感度と同じパターンの相関係数が見られる。つまり，このリベラル4党への好感度はほぼ同じような政策意見を背景としていることが考えられる。

国民民主好感度，NHK党好感度，参政党好感度は，それぞれの政策次元との相関関係について統計的に有意ではないか，有意であったとしてもその関係は極めて弱い。これは国民民主党やNHK党，参政党が特定の政策次元において明確な立場を示していないか，またはその立場が有権者に認知されていないことを示唆していると考えられる。ただし，参政党好感度との相関係数が，「新型コロナ対策徹底次元」との相関関係において，負の値を見せていることは注目に値する。これは，参政党が政府の新型コロナウイルス感染症対策に対する批判的な立場の受け皿として認知されていることを示唆している。

いずれにせよ，イデオロギー自認や政策対立次元は自民対立民の政党対立と関連性があることは確認できた。現実の政治においてもこの両者の対立が激しいことを考えれば，ある程度，現実政治を反映した構造となっていることは確認できたといえよう。しかし，維新や公明，その他の政党への好感度とは相関も弱く，これらが現代日本の政党対立を大きく規定しているとまで結論づけるのは難しい。イデオロギー自認やジェンダー次元のような政策軸について明確な関連がない維新が野党第二党として支持を拡大していることを考えると，イデオロギー以外にその判断基準がある可能性が示唆される。

4.3 | 主観的社会対立

　イデオロギー対立は政治エリート言説やメディアにおいて，あるいは近年ではSNSにおいて議論がされてきているが，イデオロギー対立のみが社会における唯一の対立のあり方ではないというのも事実である。社会における対立構造が様々にある中で，イデオロギー対立は社会においてどのような位置を占めており，どのように有権者に認識されているかは必ずしも明らかにされてこなかった。本節では，社会対立に関する主観的認識を問う質問項目を用いて，イデオロギー対立がどの程度，社会に根づいているのかを検討する。

(1) 主観的社会対立の測定

　SMPP調査では社会対立認識についても測定を試みた。日本社会において対立が生じている可能性のあるカテゴリーについて8種類リストアップし，それらについてどの程度対立していると思うかを尋ねた（問30）。具体的には，「世代の対立」「都市と地方の対立」「男性と女性の対立」「経営者と労働者（勤労者）の対立」「豊かな人と貧しい人の対立」「政治的な保守とリベラルの対立」「職業による利害の対立」「日本で生まれてきた人と，外国から移住してきた人」である（質問順）。

　さらに，対立の認識のみではなく，自分自身がその対立においてどちらの側に立つと認識しているかも尋ねた。たとえば，世代の対立であれば，「どちらかといえば若い世代の立場」か「どちらかといえば年配の世代の立場」のどちらに近いかを回答してもらう。世代対立の認識について，その人の年齢という客観的な情報を用いて，その認識との関連を検討することが可能である一方で，「若者」の年齢の線引きを何歳でするかは難しい。しかし，主観的な立場を測定しておけば，様々な対立カテゴリーにおいてその回答に基づいて意見が異なるのかを直接検討することができる。

　具体的な質問文は，「世の中にはさまざまな対立があるという人がいます。次のような対立があるという意見に対して，あなたはそう思いますか。またあなたの立場はどちらに近いですか」というものである。世代の対立を例にとると，その後に「(1)-1　世代の対立がありますか」という質問が配置され，「強い対立がある」「やや対立がある」「あまり対立はない」「対立はない」「わから

ない」という 5 つの選択肢が提示されている。その後,「(1)-2 どちらの世代の立場に近いですか」という質問に対して,「どちらかといえば若い世代の立場」「どちらかといえば年配の世代の立場」「わからない」という選択肢が提示される。これが 1 セットになっており,次に,都市と地方の対立について同様に対立認識と自分の立場が尋ねられる。

それぞれの対立カテゴリーにおける「立場」については表 4-4 にまとめた。ほとんどのカテゴリーについては対立しているものが明確であるのに対して,最後の 2 つのカテゴリーは若干抽象的である。「職業による利害の対立」については,「職業による利害の,どちらの立場に近いですか」と尋ね,自分の職業の利益を大事にする人と職業的な利益にこだわりたくない人という 2 つの立場を取り上げた。もう 1 つの移民対立については,そのまま「日本で生まれてきた人」と「外国から移住してきた人」の「立場」と聞いても,日本においては帰化した外国人が非常に少ないので,後者が選択される割合がごく少数となり分析に使用できないのではないかと懸念した。そのため,「出生によるこだわりについて,どちらの立場に近いですか」と質問し,出生によるこだわりがある／出生による差にこだわりたくない,という 2 つの立場のいずれに近いかを尋ねた。

表 4-4　スマートニュース・メディア価値観全国調査における主観的な社会対立質問（問 30）

対立カテゴリー	選択肢
世代の対立	どちらかといえば若い世代の立場,どちらかといえば年配の世代の立場,わからない
都市と地方の対立	どちらかといえば都市の立場,どちらかといえば地方の立場,わからない
男性と女性の対立	どちらかといえば男性の立場,どちらかといえば女性の立場,わからない
経営者と労働者（勤労者）の対立	どちらかといえば経営者の立場,どちらかといえば労働者の立場,わからない
豊かな人と貧しい人の対立	どちらかといえば豊かな人の立場,どちらかといえば貧しい人の立場,わからない
政治的な保守とリベラルの対立	どちらかといえば保守の立場,どちらかといえばリベラルの立場,わからない
職業による利害の対立	どちらかといえば自分の職業の利益を大事とする立場,どちらかといえば職業的な利益にこだわりたくない立場,わからない
日本で生まれてきた人と,外国から移住してきた人の対立	どちらかといえば出生によるこだわりがある立場,どちらかといえば出生による差にこだわりたくない立場,わからない

(2) 主観的社会対立の分布

　主観的な社会対立質問の回答について，その分布を図4-3にまとめた。それぞれの割合は「強い対立がある」と「やや対立がある」と回答した者を足し合わせた割合である。分母には「わからない」の選択肢も含まれている。社会対立の認識割合が高い順番に並べてある[13]。

　2023年に最も多くの人が対立を認識しているのは労使対立であり，53.6%の人が多かれ少なかれ対立を認識している。次に，経済対立についてもおよそ半数の人が対立を認識しており，労使対立との差はごく僅かである。この結果は，過去に行われた同種の調査の結果とも整合的であり（ISSP調査，原 2010；小林 2020），経済面での対立は日本において多くの人に認識されていることが確認される。イデオロギーが経済的な争点によって規定されていないことをあわせて考えれば，イデオロギー的な亀裂が人々の間に深く刻み込まれていない可能性を示唆する一方で，経済対立と比べて労使対立のほうが広く認識されていることは，経営者団体と労働組合という制度化された対立に沿って人々が社会対立を認識していることを示唆する。

　興味深いのは，ジェンダー対立が3番目に多くの人に認識されているという点である。ジェンダー対立に関する質問は過去の同種の調査には含まれてこな

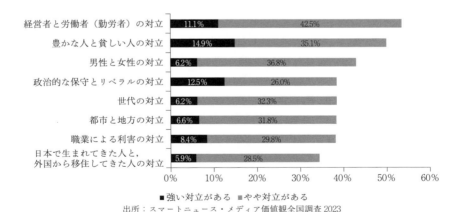

図4-3　主観的な社会対立

---

13) なお，この8つの項目における対立認識について探索的因子分析を行ったところ一次元を構成していた。

かった。日本社会におけるジェンダー平等の度合いが他国と比べて大きく遅れをとっているという認識は広がってきていると考えられるが，そのこと自体や，あるいはその是正策の動きについて対立構造として認識が広がっているとも考えられる。

4〜7番目にほとんど同程度で並んでいるのは，イデオロギー対立，世代対立，都市地方対立，職業利害対立である。いずれも4割弱の有権者から認識されている。政治的な対立であるイデオロギー対立は，その性質上，多くの社会対立を統合した上で存在するものと考えられるが，実際には，それほど多くの人から対立として認識されているわけではない。さらにいえば，「わからない」が最も多いのもイデオロギー対立である（39.0%）。なお，次に「わからない」が多いのは移民対立であり（30.8%），対立を認識している人は最も少ない。欧米諸国で見られるような移民とホスト国住民との対立については日本では現実味をもって捉えられていないことがわかる[14]。

(3) 社会対立における主観的な立場と客観的な立場

次に，それぞれの対立カテゴリーにおいて人々が自分をどの立場に位置づけるかをまとめたのが図4-4である。自分自身をいずれかに位置づけた人の割合が多い順番に並べてある。それぞれのカテゴリーで先に挙げられた選択肢（ジェンダー対立なら男性）を黒で，後に挙げられた選択肢（ジェンダー対立なら女

---

14) 過去のISSP調査では労使対立＞経済対立＞世代対立＞移民対立の順番で多くの人に認識されており，基本的な構図は変わっていない。ISSP調査では1999年から2019年にかけて徐々に対立認識が全体的に弱まっていったなか，2023年SMPP調査ではそれが反転し主観的な対立が浸透し始めたようにも見える。たとえば，労使対立でいえば，36.3%から53.8%へと大幅に上昇しており，移民対立ですら21.4%から34.7%へと上がっている。しかし，ISSPとSMPP調査では選択肢が異なることがこの結果に影響を与えていると考えられる。選択肢については，ISSPでは「とても強く対立している」「ある程度強く対立している」「あまり強く対立していない」「まったく対立していない」「わからない」であるのに対し，SMPP調査では，「強い対立がある」「やや対立がある」「あまり対立はない」「対立はない」「わからない」というものである。前者の「ある程度強く対立している」と後者の「やや対立がある」を比べれば，後者の方が選択しやすいと考えられる。なお，前者の「とても強く対立している」「ある程度強く対立している」を合わせたものと後者の「強い対立がある」が対応しているのではないかと疑問が湧くかもしれないが，後者の「強い対立がある」だけを取り出すと労使対立11.1%，経済対立14.9%，世代対立6.2%，移民対立6.0%と数値が急落し，そのような変化もまた現実的ではなく，上記の見立ても無理があるように思われる。

第4章 政治対立は日本社会の対立を規定しているか

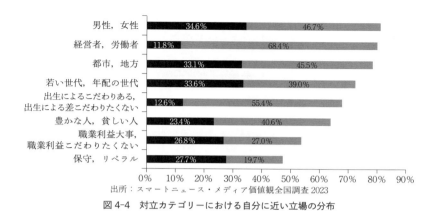

図 4-4 対立カテゴリーにおける自分に近い立場の分布

性）をグレーで示した。また，分母には「わからない」も含まれているため，100％との差分は「わからない」の回答だと考えてよい。また，社会対立を認識している人だけを取り出しているわけではないので，自分がどちらかの立場に近いと考えていることが，そのまま社会対立を認識していることを意味するわけではないことに留意する必要がある。

最も多くの人が自分の立場を認識しているのはジェンダー対立である。10ポイント以上，女性の割合が高く，社会の構成よりも女性の立場を認識している割合は高い。僅差でその次に多いのは，労使対立である。経営者に近いと考えている人は1割程度なのに対して，実に7割近い人が自分は労働者の立場に近いと考えている。他方で，主観的な社会対立では2番目に多かった経済対立については，自分自身の立場を認識している人は65％程度しかおらず，その点で労使対立とは大きく異なることがわかる。また，職業利害対立は質問がわかりにくかったためか「わからない」という回答が多い一方で，それよりも「わからない」が多いのはイデオロギー対立であり，「保守」と「リベラル」で自分自身を位置づけることができない人は半数を超える。

それでは，それぞれの立場に自分が近いと思っている人はそのカテゴリーにおける対立を認識しているだろうか。図 4-5 はそれぞれの立場に近いと自分自身を位置づけた人のうち，そのカテゴリーの対立を認識している人の割合を示したものである。たとえば，自分自身を「若い世代に近い」と考えている人のうち 50.6％ が世代間の対立を認識しているのに対し，自分自身を「年配の

132　第Ⅱ部

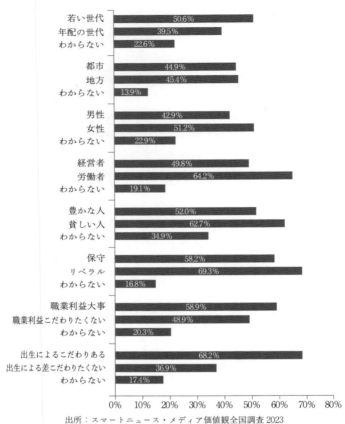

図 4-5　自分の立場と主観的な社会対立

世代に近い」と考えている人では 39.5％ が世代間の対立を認識している。また，自分自身の立場が「わからない」人だと，そのうちの 22.6％ しか世代間対立を認識していない。

　3つの点を指摘したい。第1に，自分の立場を認識している人ほど，「わからない」と答えた人よりも対立を認識している。いいかえれば，対立を認識するためには，その対立の中で自分自身がどちらに位置するかを特定して考える必要があるということであろう。第2に，自分自身の立場を認識する人が少ないカテゴリーほど，ひとたび立場を認識すると，より対立を認識する傾向があ

る。多くの人が自分の立場を「わからない」と答えたイデオロギー対立認識の割合（保守58.2%，リベラル69.3%）よりも，多くの人が自分の立場を回答できたジェンダー対立のほうが対立認識の割合は低い（男性で42.9%，女性で51.2%）。

第3に，都市地方対立を除いて，いずれの対立カテゴリーにおいても，その対立において弱い／少ない立場にあると考えられるグループで，社会対立の認識が広がっている。若い世代，女性，労働者，貧しい人，リベラルといった対立カテゴリーにおける弱者や職業利益を大事に考えている人，出生によるこだわりがある人のように社会における少数派では社会対立の認識が高いのである。弱者であれば，自らの弱い立場ゆえの意見の通らなさや，場合によっては不安や恐怖のようなものを強者から感じ，それゆえ対立を認識しやすいと推測される。また，弱者の人数が多いほど，その社会対立は社会において広く認識されるという関係性が見られるということも推測され，労使対立の認識率が高く世代対立の認識率が低いのもこのようなメカニズムで説明できるかもしれない。

図 4-5 でみてきたのは，主観的な社会対立と自分自身の主観的な立場との関係である。たとえば，自分自身を若年層であると考えている人ほど世代間対立を認識しているという関係である。他方で，これまでの研究で（客観的な）若年層は高齢層に比べて世代間対立をより認識していることは確認されてきた（遠藤 2019）。ここでは，デモグラフィック要因のような客観的な属性とも呼べるものと，主観的な社会対立，主観的な自分自身の立場について，その関係を確認していく（**表 4-5**）。ただし，対立カテゴリーと関係のある客観的な属性が特定できるカテゴリーのみを取り上げる。すなわち，世代対立と年齢，都市地方対立と都市規模，ジェンダー対立と性別，労使対立と職業，経済対立と世帯年収，イデオロギー対立とイデオロギー自認である。

表 4-5 はそれぞれの客観的な属性と主観的な社会対立，自分に近い立場との関係を示している。左から2番目の列（「対立あり認識」）は，それぞれの属性を共有する人のうちどれくらいの割合がそのカテゴリーの対立を認識しているかを表している。たとえば，18〜19歳・20代の回答者（296人）のうち，42.9%の人たちは世代対立が生じていると考えている。次に，左から3列目と4列目は，それぞれの属性の人たちが自分に近い立場としていずれを答えているかを表しているものである。たとえば，18〜19歳・20代（296人）のうち，73.3%の人たち（217人）が自分は若い世代の立場に近いと認識し，5.4%（16人）は年配の世代の立場に近いと考えている（残りの21.3%は「わからない」を

表 4-5　客観的な属性と主観的な社会対立

	対立あり認識	自分に近い立場		各立場内での対立あり認識	
世代対立		若い世代	年配の世代	若い世代	年配の世代
18・19歳・20代	42.9%	73.3%	5.4%	51.6%	43.8%
30代	44.9%	57.7%	18.3%	53.9%	54.4%
40代	40.0%	29.7%	38.5%	53.5%	35.1%
50代	39.0%	13.5%	54.0%	45.5%	44.9%
60代	36.0%	14.8%	58.6%	40.9%	39.7%
70代以上	29.1%	16.5%	58.1%	41.5%	32.6%
都市地方対立		都市	地方	都市	地方
21大都市	40.9%	54.5%	23.4%	45.5%	53.3%
15万以上の都市	35.8%	29.4%	48.0%	42.3%	42.3%
15万未満の都市	38.3%	17.4%	62.3%	43.9%	46.3%
郡部	39.4%	8.2%	76.6%	69.2%	41.2%
ジェンダー対立		男性	女性	男性	女性
男性	38.8%	70.7%	7.3%	42.5%	46.9%
女性	46.7%	3.6%	81.6%	50.0%	51.5%
労使地立		経営者	労働者	経営者	労働者
常時雇用の一般従業者	62.5%	7.4%	82.7%	71.4%	65.9%
非正規雇用	56.6%	4.4%	82.8%	38.1%	62.4%
自営業主・家族従業者	47.7%	50.9%	32.0%	37.2%	72.2%
会社経営者・役員	48.7%	53.8%	20.5%	57.1%	50.0%
主婦・主夫	38.3%	4.0%	50.8%	70.0%	59.1%
退職者	49.6%	16.5%	61.7%	52.6%	62.0%
経済対立		豊かな人	貧しい人	豊かな人	貧しい人
～400万円	46.7%	13.2%	53.5%	49.3%	57.6%
400～600万円	50.8%	20.6%	46.9%	36.4%	66.9%
600～800万円	54.1%	25.8%	41.6%	50.7%	65.3%
800万円～	55.7%	46.4%	21.9%	58.2%	68.8%
DK・NA	45.8%	14.7%	34.8%	60.8%	62.5%
イデオロギー対立		保守	リベラル	保守	リベラル
保守	48.3%	61.3%	7.4%	60.3%	54.4%
中間	34.8%	17.4%	19.7%	50.9%	63.3%
リベラル	60.9%	7.5%	63.2%	72.4%	75.8%
DK	14.6%	9.9%	3.4%	42.3%	44.4%

出所：スマートニュース・メディア価値観全国調査 2023

第 4 章　政治対立は日本社会の対立を規定しているか　　　　135

選択）。最後に，左から 5 列目と 6 列目は，それぞれの属性のうち，自分に近い立場の回答別に，社会対立を認識している割合を計算したものである。たとえば，18〜19 歳・20 代のうち，自分が若い世代の立場に近いと考えている人（3 行目の 73.3％ の人たち，217 人）だけを取り出し，その中で世代対立を認識している人は 51.6％（112 人）いる，ということを表している。

　客観的な属性と主観的な対立認識について見ると，主観的な立場と主観的な対立認識を図示した図 4-5 と同様の結果が基本的には見て取れる。すなわち，世代間対立であれば若い世代，ジェンダー対立であれば女性，労使対立であれば常時雇用の一般従業者および非正規雇用，イデオロギー対立であればリベラルの方が対立を認識している。しかし，経済対立だけは図 4-5 の結果とは異なる。図 4-5 では自分が貧しい人の立場に近いと認識しているほど対立認識が高かったが，客観的な属性との関係を確認すると世帯収入が高くなるほど対立認識が高まるという正反対の関係が見て取れる。

　その理由としては，多くの対立カテゴリーで客観的な属性と主観的な立場についてかなりの一致が見られるのに対して（たとえばジェンダー対立，イデオロギー対立，労使対立），経済対立においては高所得層の間でもある程度の人が自分を「貧しい人の立場に近い」と考えていることが挙げられる。さらに，どの年収帯においても，豊かな人の立場に近いと思っている人より，貧しい人の立場に近いと思っている人のほうが経済対立があると認識する傾向があるが，いずれの場合でも，世帯年収が上がるほど経済対立を認識している。つまり，自分自身を貧しい立場と位置づけている人のほうが経済対立があると見ているが，そのような人が絶対的な意味で貧しいかというとそういうわけではない可能性がある。相対的には高いと思われる世帯年収があったとしても，自分と同じような他者と比べて不満をもつような相対的剥奪感が強いのかもしれない。

　なお，都市地方対立については大都市在住者と群部在住者では同じくらいの対立認識がある。他方で，大都市に住んでいても，地方と立場が近いと考えている人の割合は 23.4％ もある。そのような人たちの間では，都市と立場が近いと考えている大都市在住者と比べて都市地方対立認識が広がっている。同様に，群部に住んでいるものの都市と立場が近いと考えているとより対立を認識するようである。

4.4 結論

　社会の分断が議論されるとき，あるいは政治対立の激化が懸念されるとき，ともするとイデオロギーをめぐる対立として描かれる。しかし，本章が明らかにしてきたのは，有権者の間のイデオロギー対立や政策意見の対立は，自民対立民のような政党対立構造とある程度は結びついているものの，必ずしも現状の政治対立がそれだけに基づいているわけではなさそうだということである。先行研究では第二次安倍政権以降におけるエリートレベルでのイデオロギー対立の激化が議論されているが（谷口 2020；境家・遠田 2022），有権者レベルにおいては2010年前半の研究においても「脱イデオロギー」的な状況が持続していることが指摘されてきた（竹中・遠藤・ジョウ 2015）。2020年代の日本の有権者を検討した本章でも，イデオロギー自認の観点からいっても脱イデオロギー的な状況が続いていることは確認できた。イデオロギーの対立は確かに存在はするだろうが，しかし，それは多めに見積もっても有権者の半分に見られるものにすぎない。

　イデオロギー自認だけでなく，様々な政策意見についてすべて回答できる有権者はそれほど多くなく，有権者の分断をもたらしているような明確な争点もなさそうである。他方で，有権者の政策意見は5次元に分かれる構造を示しており，伝統的な安全保障次元や近年議論になるジェンダー次元だけでなく，政府介入次元や環境次元が新たに抽出され，これらの選好はある程度，有権者のイデオロギー自認や党派性とも関連していることが明らかになった。さらに，新型コロナ対策徹底次元も抽出できたが，これはイデオロギー自認や党派性に沿って形成されてはいない。

　さらに，社会対立に関する認識についての分析から，他の対立構造と比べてイデオロギー対立は有権者の間で主観的にそれほど広がっているわけではないことが明らかになった。主観的な社会対立の観点から見て，日本において最も浸透している社会対立は労使対立である。労使交渉のように制度化され固定化された対立として，有権者の間でも広く知られていると考えられる。他方で，2番目に認識されているのは経済対立である。労使対立と重なる部分が多いと思われるが，経済対立は必ずしも制度化されてはいないので，実際には異なる種類の対立と考えることができる。世帯年収のような客観的な属性と主観的な

第4章　政治対立は日本社会の対立を規定しているか　　137

「立場」の間にもズレがあることも明らかになり，経済対立について検討する場合には主観的な立場の認識も重要であることがわかった。

　さらに，ジェンダー対立が社会において浸透している度合いが高いことが明らかになった。ジェンダー対立は，8割の回答者が自分の立場を特定できる対立であり，政策対立軸の「ジェンダー次元」と深く関連していると考えられ，今後も詳細な検討が必要な対立といえるだろう。紙幅の関係で割愛したが，「政治的な保守とリベラル」の間の対立認識だけでなく，労使対立やジェンダー対立といった他の対立認識についても安全保障とジェンダーに関する（イデオロギー的な）政策争点態度と関連していた（遠藤 2023）。日本のイデオロギー対立の基礎にはこのような社会対立が存在し根を張っている可能性もあり，この点については今後の課題としたい。

　また，主観的社会対立について重要なのは，多くの対立カテゴリーにおいて「弱者」に位置づけられる立場に近いと認識している人ほど社会対立を認識する傾向があることである。つまり，若者，女性，リベラルなどの立場に近いと認識している人は社会における対立構造に敏感である。それは，自分たちの意見の通らなさやそれに伴う不満に起因しているかもしれない。そのような不満がより積極的な政治参加をもたらすのかについては検討が必要であろう（第8章参照）。

付記
本章の一部は遠藤晶久「社会対立に関する有権者の認識と政治対立の構造」2023年度日本政治学会報告論文を基にしている。

参考文献
Calder, Kent (1988) *Crisis and Compensation: Public Policy and Political Stability in Japan, 1949-1986.* Princeton University Press.（＝1989，淑子カルダー訳『自民党長期政権の研究——危機と補助金』文藝春秋）
Chalmers, R. Phillip (2012) mirt: A multidimensional item response theory package for the R environment. *Journal of Statistical Software* 48: 1-29. https://doi.org/10.18637/jss.v048.i06
Comrey, Andrew L., & Lee, Howard B. (1992) *A First Course in Factor Analysis* (2nd. ed.). Hilsdale, NJ: Erlbaum.
遠藤晶久 (2019)「少子高齢化社会における社会保障政策選好と世代間対立」，大曽根寛・森田

慎二郎・金川めぐみ・小西啓文編『福祉社会へのアプローチ［上巻］　久塚先生古稀祝賀』成文堂，131-147.

遠藤晶久（2023）「社会対立に関する有権者の認識と政治対立の構造」2023 年度日本政治学会報告論文.

遠藤晶久／ウィリー・ジョウ（2019）『イデオロギーと日本政治 —— 世代で異なる「保守」と「革新」』新泉社.

遠藤晶久・三村憲弘・山﨑新（2017a）「イデオロギーの社会的アイデンティティ：新たな測定の提案」2017 年度日本選挙学会報告論文.

遠藤晶久・三村憲弘・山﨑新（2017b）「維新は「リベラル」，共産は「保守」：世論調査にみる世代間断絶」『中央公論』2017 年 10 月号，50-63.

原美和子（2010）「浸透する格差意識：ISSP 国際比較調査（社会的不平等）から」『放送研究と調査』2010 年 5 月号，56-73.

秦正樹（2022）「世論は野党に何を求めているのか？：2021 年総選挙を事例としたヴィネット実験による検証」『選挙研究』38(2), 20-33.

秦正樹・Song Jaehyun（2020）「争点を束ねれば「イデオロギー」になる？：サーベイ実験とテキスト分析の融合を通じて」『年報政治学』71(1), 58-81.

飯田健（2012）「なぜ経済的保守派は社会的に不寛容なのか：草の根レベルの保守主義の形成における政治的・社会的要因」『選挙研究』28(1), 55-71.

池田裕（2016）「日本における争点態度の構造：PIAS 調査のデータを用いた分析」『京都社会学年報』24, 141-161.

蒲島郁夫・竹中佳彦（1996）『現代日本人のイデオロギー』東京大学出版会.

蒲島郁夫・竹中佳彦（2012）『現代政治学叢書 8　イデオロギー』東京大学出版会.

小林利行（2020）「減少する中流意識と変わる日本人の社会観：ISSP 国際比較調査「社会的不平等」・日本の結果から」『放送研究と調査』2020 年 5 月号，2-21.

三宅一郎（1995）『日本の政治と選挙』東京大学出版会.

三輪洋文（2022）「2021 年総選挙における有権者の政策選好および争点の重要度と投票」『選挙研究』38(2), 48-62.

大嶽秀夫（1999）『日本政治の対立軸：93 年以降の政界再編の中で』中央公論新社.

境家史郎・依田浩実（2022）「ネオ 55 年体制の完成：2021 年総選挙」『選挙研究』38(2), 5-19.

竹中佳彦／遠藤晶久／ウィリー・ジョウ（2015）「有権者の脱イデオロギーと安倍政治」『レヴァイアサン』57 号，25-46.

谷口将紀（2020）『現代日本の代表制民主政治：有権者と政治家』東京大学出版会.

コラム 3　メディア利用の自己効力感

　有権者自身がどのように政治に向き合っているかを考える上で重要な指標の 1 つに，政治的有効性感覚（Political Efficacy）がある。政治的有効性感覚とは，端的には，個人が政治に働きかける自らの能力や政治からの反応について抱く感覚である。自分自身が政治に関わる能力があると考えれば，政治参加に前向きになるであろう。また，自分の働きかけに政治が応じてくれるという感覚があれば，同じく積極的になれるであろう。政治意識調査において，前者は自身についての内的有効性感覚，後者は政治の応答能力に関する外的有効性感覚として，1950 年代以降多くの調査において尋ねられ，また，質問の形式や文言の改善がなされてきた（Niemi, Craig & Mattei 1991）。

　政治とメディアの相互関係を考察することを主目的とする SMPP 調査では，メディアを利用する市民が，メディアの情報に接触あるいは回避したり，その内容を判断したりする際に，どの程度メディアや情報源を使いこなせているかの効力感についても検討することに意義があると考えた。政治に関する内的有効性感覚と同様に，自分自身がメディアを使いこなす能力があると考えれば，メディア利用に積極的になると予想したのである。ここではその指標を暫定的に「メディア利用の自己効力感」と呼ぶ。私たちは，市民によるメディア理解を研究しているマクスルたち（Maksl, Seth & Craft 2015）が作った尺度の中でも，ニュースメディアから得る情報を個人がどの程度統制できていると感じているか（Media Locus of Control）を探るための質問を参考にして，尺度を作成した。具体的には，SMPP 調査（問 51）では以下の 4 つの文章を提示した上で，

　　A　メディアからなんらかの誤った情報を得たとしても，正しい情報をすぐに探し出すことができる
　　B　メディアから得る情報を，自分自身で取捨選択できる
　　C　メディアから誤った情報を得ることは，自分自身の責任である
　　D　情報源に注意を払えば，誤った情報に遭遇するのを避けることができる

それぞれに対して，「とてもそう思う」「だいたいそう思う」「どちらかといえばそう思う」，「どちらかといえばそう思わない」「あまりそう思わない」，そして「まったくそう思わない」の 6 点法で尋ねている。

　マクスルたちのメディア利用の統制感の設問は 6 つからなっており，SMPP 調査ではそのうちの 4 つを参考にしたが，オリジナルの設問の趣旨とは異なることを承知の上で，回答者が自分自身の能力をどう感じているかを尋ねるように変更している。

140　　　　　　　　　　　　　　　　　　　第Ⅱ部

　4設問の6点尺度について「とてもそう思う」を6とし，「まったくそう思わない」を1と値を割り当て，記述統計を計算した結果を示したのが表1である。

表1　メディア利用の自己効力感記述統計

	平均	標準偏差	N
A	3.38	1.07	1,852
B	3.90	1.01	1,852
C	3.75	1.21	1,852
D	3.78	1.08	1,852
A～D の平均	3.70	0.84	1,852

出所：スマートニュース・メディア価値観全国調査2023

中間点は3.5なので，Aは「そう思わない」方が多いが，それ以外の3つについては，有権者の過半数はメディアからの情報への接し方に（程度の違いこそあれ）自信があるように見受けられる。なお，第5章注11にもあるが，信頼性係数（クロンバックのα）を計算すると0.77となり合成尺度を作るに当たり十分な値である。

表2　メディア利用の自己効力感に対する回帰分析

	A	B	C	D
性別 （女性1，男性0）	−0.125*	−0.175***	−0.127*	−0.086
	(0.052)	(0.048)	(0.058)	(0.052)
若年 （39歳以下）	0.010	−0.061	−0.079	−0.041
	(0.074)	(0.069)	(0.083)	(0.075)
シニア （50歳以上）	−0.107	−0.188**	−0.285***	−0.155*
	(0.069)	(0.063)	(0.077)	(0.069)
大学卒以上	0.112*	0.217***	0.241***	0.198***
	(0.056)	(0.052)	(0.063)	(0.056)
文化資本 （蔵書100冊以上）	0.087	0.175**	0.129	0.151*
	(0.062)	(0.057)	(0.069)	(0.062)
定数	3.436***	3.998***	3.876***	3.819***
	(0.069)	(0.064)	(0.078)	(0.070)
調整済み決定係数	0.010	0.036	0.027	0.019
N	1801	1801	1801	1801

* $p<.05$, ** $p<.01$, *** $p<.001$
出所：スマートニュース・メディア価値観全国調査2023

　次に，AからDの4つの6点尺度を従属変数とし，性別，年齢層（40歳代を基準とする2つのダミー変数），教育程度（大学卒以上のダミー変数），そして蔵書数（101冊以上を1，それ以下を0）を独立変数として回帰分析を行った。蔵書数は，教養や文化的素養がどの程度，回答者の家庭で重視されているかを表す指標である。その結果を表2に示す。

D を除く 3 つの設問で女性は男性よりも自己効力感が低い。また年齢は 40 歳代を基準として 39 歳未満は明確な違いはないが、シニア層は A を除く 3 つで自己効力感が低い傾向がある。一貫して影響が確認できるのは教育程度で大学卒以上の場合は、それ以外と比べて、0.1 から 0.24 ポイント程度自己効力感が高い。蔵書数（文化資本）の影響については B と D について自己効力感が高いことが確認できる。基本的に 4 つの設問と属性変数との関係は似通っており、女性と比べて男性が、そして相対的に若い世代で、学歴が高く、自宅に多くの書籍がある人が、メディアの利用において自信を持っていることがうかがえる。学歴や蔵書数という情報を摂取し、解釈することに繋がる指標と関連は明確なので、この設問である程度メディア利用の自己効力感を把握することはできていると考えられる。

　次に、この指標が実際に市民のメディアに関する接し方についての感覚をすくい上げているか、別の側面から裏付けてみよう。SMPP 調査の問 19 では政治参加について「以下に示す活動のうち、あなたが過去 12 カ月の間に経験したことを全て選択してください」と尋ねているが、その中にはソーシャルメディアを通じた政治活動についても選択肢が準備されている。具体的な選択肢は、以下の通りである。

　　10　ニュースサイトやソーシャルメディア（Facebook, Twitter, LINE, YouTube 等）上で、政治に関する話題や記事に対して「いいね」を押したり高評価（低評価）を与えたりした

　　11　ニュースサイトやソーシャルメディア上で、政策や社会問題についての記事や投稿にコメントをした

　　12　ニュースサイトやソーシャルメディア上で、新規に自分の意見を書き込んだり投稿したりした

　　13　ソーシャルメディアで、政治に関する話題や記事を共有（シェア）したりリツイートしたりした

　　14　ソーシャルメディアで、政策や社会問題について、「拡散希望」の文言やハッシュタグを使って多くの人に賛同を呼びかける内容の拡散に協力した

メディア利用の自己効力感の平均値を大雑把に 4 未満（57%）と 4 以上（43%）に分けた上で、上記の 5 つの活動を行った経験の違いを検討したところ、自己効力感 4 未満だと 0.15、自己効力感 4 以上だと 0.27 と差があること自体は確認できた。メディア利用の自己効力感が高いグループは、政治に関する話題や記事に「いいね」を押したり、ニュースサイト上でコメントをしたり、あるいは政治に関する話題や記事をシェアしたりすることについては、自己効力感が低いグループよりも積極的である。

（前田幸男）

参考文献

Maksl, Adam, Ashley, Seth, & Craft, Stephanie (2015) Measuring News Media Literacy. *Journal of Media Literacy Education*, 6(3): 29-45. https://doi.org/10.23860/jmle-6-3-3

Niemi, Richard G., Craig, Stephen C. & Mattei, Franco (1991) Measuring Internal Political Efficacy in the 1988 National Election Study. *American Political Science Review*, 85 (4): 1407-1413. https://doi.org/10.2307/1963953

第5章

私生活志向は何をもたらすか
—— 政治との距離による分断

小林哲郎

本章では，分断軸2「政治との距離」について分析するため，政治的領域からの退却を表す私生活志向概念に注目する。特に私生活志向の下位概念である政治非関与を用いて，政治非関与のレベルの時系列的変化を検討した上で，政治非関与者の特徴を描き出す。さらに，政治非関与者が政治システムを安定させる「政治性のない無関心層」とは異なっている可能性について論じる。

〈本章のポイント〉

・日本では政治に関与する人と関与しない人の間に分断が生じている可能性がある。

・政治に関与しない人の特徴を調べるため，私生活志向概念の下位概念である政治非関与に注目し，2000年代のデータと比較する。その結果，政治非関与傾向は長期的に上昇している可能性が示される。

・政治非関与傾向が高い人は政治参加傾向や政治的洗練性が低く，政治的情報を受け取りにくい情報環境にいる。一方で，現政権に対する評価は高く，メディア信頼やメディア利用における自己効力感も比較的高いというような楽観性をあわせ持っている。

・政治非関与傾向が高い人は公助の重要性認知が低い一方，自助努力を重視する傾向がみられる。小さい政府志向と親和性の高い自助努力志向は，日本ではイデオロギーとは相関しない一方，政治非関与傾向とは相関している。

・政治非関与傾向が高い人は，治安を重視するために個人の権利やプライバシーを制限することに賛成する傾向がある。この傾向は保守的なイデオロギーとは無関係に生じており，政治に関与しないことが結果的に権威主義的な政策への賛意を高める可能性を示している。

・政治に関与しない人々は政治システムの安定性に寄与しているという議論もあるが，本章で描かれる政治非関与者は「政治性のない無関心層」とは異なり，社会において重大な政治的帰結をもたらす可能性がある。

はじめに

　社会が政治的に「分断」しているとか「分極化」しているということは，どのような状態を指しているのだろうか。近年のアメリカを中心とした政治学では，政治家や有権者が争点態度やイデオロギーの次元でより極端な立場を取るようになることを指す「分極化」（issue/ideological polarization; e.g., Poole & Rosenthal 1984）や，党派間の敵意が高まりつつあることに注目した感情的分極化（affective polarization; Iyengar et al. 2012）に関する研究がさかんに行われている。アメリカは確かに深い政治的分断を見せており（第1章参照），そのことが民主主義の諸制度の機能不全を引き起こしているのではないかという懸念を生んでいる。共和党支持者対民主党支持者，あるいは保守対リベラルという対立が激化し，それがフェイクニュースの蔓延や民主主義的手続きの軽視につながり，ついにはトランプ大統領が2020年の大統領選挙の結果を受け入れず米連邦議会議事堂襲撃事件が起きたことは記憶に新しい。アメリカだけでなく，EU離脱をめぐって激しい対立が表面化したイギリスや，地域や世代での分断が激しい韓国，中国との関係をめぐって世論が分断している台湾や香港など，政治的な分断は世界各地で観察されている。一方，日本ではそのような激しい政治的な分断や分極化は見られていない（第1章参照）。にもかかわらず，日本でも政治的な分断に対する関心は高まっているようだ。特に，インターネットが「見たいものだけを見る」ことを可能にしたことで政治的分断を深めているのではないかという懸念は広く共有されており，日本でも田中・浜屋（2018）や辻（2021a）などが実証的にこの問題に取り組んでいる。

　日本も含めたこうした「分断論」や「分極化論」は，争点態度やイデオロギーをめぐる分断であれ党派間の敵意といった感情的な分断であれ，いずれも一定の政治的な関与が前提となっている。たとえば，保守対リベラルというイデオロギー的対立は，いずれかのイデオロギー的立場を取っている人々の間での対立である。党派間における感情的分極化は，党派的アイデンティティを持つ人々の間での対立である。安倍首相に対する感情温度の分極化についても，少なくとも安倍首相について何かを知っていて好悪の感情を形成していることが前提となっている。しかし，実はこうした政治的に分断化したり分極化したりいる人々の外側には，そもそも政治なものへのかかわりを避け，私生活のみに

関心を持ち，したがって政治的な「分断」や「分極化」という概念そのものが意味を持たない人々が大量に存在している。にもかかわらず，こうした政治へ関与しない人と，政治に関与する人の間での「分断」はこれまであまり注目を集めていない[1]。しかし，日本ではこの分断こそが特徴的な意味を持つ可能性がある。

小林らによる日本を含む9か国における実験研究では，日本では政治的にアクティブな人は社会的に避けられる傾向があることを明らかにしている（Kobayashi et al. 2021）[2]。具体的には，仮想的な人物に関する記述においてその人物が政治的なデモに参加していたことが教示されると，日本人はその人物を調和的な人間関係を乱す「危険人物」とみなし，食事をしたり一緒に働いたりすることを避ける傾向を示す。このように政治的に積極的に関与する人を避ける傾向を示したのは，日本以外では中国のみであった。権威主義体制である中国では政治的にアクティブな人と付き合うこと自体に政治的リスクが伴うため，このような傾向は理解できる。しかし，デモなどの政治参加が違法ではない民主主義国においてこのような傾向を示したのは日本だけであった。日本は投票以外の政治参加が極端に少ない「最小参加社会」（蒲島・境家 2020）であることが実証的にも示されているが，政治に関与しない人が数多くいるだけでなく，そうした人々は政治に関与する人を積極的に避ける傾向を見せるのである。デモなどの投票外政治参加を行う人々は中高年に偏っているだけでなく，若年層では政治へ関与する人々を「意識高い系」とみなして距離を取ろうとする傾向も報告されている[3]。こうした傾向は，政治に関与しないことによる政治過程のインプットの減少という問題だけでなく，政治に関与しない人による「政治参加のスティグマ化」を通して，政治参加そのものが社会的に抑圧される可能性すら示唆している。では，このような政治への関与を避ける傾向をどのように概念化して実証の俎上に載せることができるだろうか。本章では，池田（2007）が提唱した私生活志向概念を用いて，政治に関与しない人がどのよ

---

1) 浅野（2021）や辻（2021b）らも，政治的関心が高まるにつれて分極化が強くなることを示唆している。言い換えれば，分極化が観察されるのは政治的関心の高い層に限定されがちである。

2) 実験対象となったのは日本，韓国，中国，香港，インド，アメリカ，イギリス，ドイツ，フランスの9か国／地域であった。

3) 「行動する若者に向けられる「意識高い系」との視線　足かせ？それとも」『朝日新聞デジタル』2022年1月30日 https://digital.asahi.com/articles/ASQ1X5W0RQ1STIPE01R.html

うな政治的態度をもっており，それが日本政治に対してどのような含意をもたらすのかについて分析する。このことによって，政治に関与する人としない人の間での分断についての展望を得ることを目指したい。

5.1 私生活志向とは何か？

　池田（2007）は，小泉政権期に実施された Japanese Election Study Ⅲ のデータ（21 世紀初頭の投票行動の全国的・時系列的調査研究；以下，JES3 と表記）の分析を通して，R・イングルハートによる脱物質主義の議論が予想したような社会参加や政治参加を通した「自己実現」が重視されるような社会に日本は必ずしもなっていないと論じた。脱物質主義の議論は，物質的な欲求が十分に満たされて教育が広く行き渡ると，人々は政治的志向性を高めてより深く政治に関与すると予測したが，バブル期以降の日本ではむしろ公共的なものへの関与を弱めて，豊かな私生活を手に入れることが「自己実現」とされていると観察されたのである。おりしも小泉政権期は新自由主義的な改革に伴い，「勝ち組と負け組」というある種の「分断」が意識された時代でもあった。勝ち組の象徴ともいえる「IT 長者」や「ヒルズ族」はメリトクラシー的な個人主義を強く印象付け，目に見える形での富の蓄積はアンビバレントな視線を浴びつつも一種の「私的な自己実現」の形として広く認識された。すなわち，豊かさと教育が広く行き渡った社会では人々の公的な政治参加による集合的な問題解決を通して「社会における自己実現」が図られるという脱物質主義の議論に反して，日本では人々の私的で個人的な豊かさを目指すことが「自己実現」とみなされるようになったというのが池田（2007）の議論である。

　この議論の実証的な道具となったのが，私生活志向という概念である。私生活志向は政治非関与と私生活強調という 2 つの下位概念を持ち，以下の尺度で測定された。政治非関与因子は「政治という公共的なるものに対する能動性. 対. 反能動性の軸を表す」（池田 2007: 211）。以下の政治非関与因子の 5 つの項目リストで「反転」の表示がある 2 つは値が小さいほど，その他の 3 つは値が大きいほど，政治非関与傾向が強いことを表す。したがって，この因子の得点が高いほど政治という公共的なものに対する「反能動性」が強く，政治からの距離が大きいことになる。一方の私生活強調因子は，3 項目のいずれも値が高い方が私生活を充実させようとする傾向が強いことを示している。

政治非関与因子

　政治とは自分から積極的に働きかけるもの（反転）

　政治とは監視していくもの（反転）

　政治とは，なるようにしかならないもの

　政治的なことにはできればかかわりたくない

　私と政治との間に何の関係もない

政私生活強調因子

　政治に関心を持つより，自分の生活を充実させたい

　快適で豊かな消費生活こそ重要だ

　私にとって友人や家族と過ごす時間が何より重要だ

　この2つの下位概念を用いて，池田（2007）はいくつかの重要な知見を得ている。まず，私生活志向が高い有権者は低い有権者より，政治的認知・態度，政治志向の間の相互制約性が低い。つまり，政治的な考え方や態度の一貫性が低く，争点ごとにバラバラの判断をしている。このことは，私生活志向が高い有権者は低い有権者より，政治判断に関してイデオロギーの持つ効果が弱いことにも表れている。つまり，私生活志向の低い人は個々の争点に関してイデオロギーを用いたトップダウン的な判断ができるが，私生活志向が高い場合にはこうしたトップダウン的な判断が難しくなる。一方，政治非関与と私生活強調の間では重要な差異も見られた。すなわち，政治非関与は投票やその他の政治参加，ネット上での政治的議論への参加などと一貫して負の関連を見せたのに対して，私生活強調はむしろこれらの変数と正の関連を見せた。すなわち，豊かな私的消費生活を重視する私生活強調が強い人は，その実現のために公共的な回路を通した政治へのインプットを重視する傾向が見られたのである。このことはIT長者でヒルズ族であった堀江貴文が衆院選に立候補したことに象徴されるように，私的なメリトクラシーと公共性の関連が（まだ）観察可能であったことを意味する。池田（2007: 225）によれば，「私生活志向は社会関係資本の蓄積に負の効果を与えるか，という問いへの答えは，半分イエスで，半分はノーに近いと言えるだろう。2つの下位尺度の示している方向性は逆で，政治非関与に関してのみ明確にイエスであったが，私生活強調については概ねノーといってよいと思われる。ここに私生活志向の抱える複合的な様相が浮かび上

がった。後者には公共性に関わる「芽」が見える」（傍点は筆者による追加）。し
かし，こうした公共性との回路が残存しつつも，総じて日本における私生活志
向はイングルハートの脱物質主義の議論では十分に扱われていない，近代化と
同時に進む政治からの退却を示していたと言えよう。

　私生活志向は「政治との距離」と関連する概念であるが，政治学では政治的
疎外や政治不信（あるいは政治的信頼の不在）といった類似の概念で研究の蓄積
がある。政治的疎外は単なる政治家に対する不支持ではなく（Citrin, McClosky,
Shanks, & Sniderman 1975），政治的領域からの撤退から政治的暴力にまで及ぶ
多次元の概念であることが示されている（Nachmias 1974）。本章における私生
活志向は，政治的疎外概念においても政治的領域からの撤退，もしくは公的な
ことがらに対する関心が欠如している状態としてのアパシー（無関心）に相当
している。

　一方，政治不信の研究は政治的疎外研究から発展したものである。政治信頼
とは，政府の運営と有効性に対する市民の規範的期待に基づく，政府に対する
一般的な評価傾向として定義される（Stokes 1962; Miller 1974; Levi & Stoker
2000）。政府の運営と有効性とは，政治システムやそれを運用する人々（議会や
大統領など）が望ましい政策を公正かつ定期的に実現できているかを表し，「こ
うあるべき」という期待通りにできていると認識される場合に政治信頼が高ま
るとされる。したがって，たとえば汚職やスキャンダルがあれば，政治家や政
党が有権者のために働かずに私的な利益を追求していると認識されることで，
政治システムが望ましい結果を生み出すという期待値が低下し，政治信頼が低
下（政治不信が増大）することになる。日本の政治不信は国際的にも高いことが
指摘されており（Pharr 1997），また政治不信の増大は代議制システム全体の正
統性の低下につながるため（Crozier, Huntington, & Watanuki 1975; Gamson, 1968;
Newton 2007），望ましくない傾向とみなされる。一方，善教（2013）は日本に
おける政治信頼を認知的信頼（特定の政治家や政党に対する信頼）と感情的信頼
（代議制のシステム全体に向けられる信頼）とに区別し，後者は政党支持の有無や
選挙における棄権と相関しているが，時系列的にあまり低下していないことを
示している。

　しかし，そもそも政治システムを信頼するかどうかはどのように決まるのだ
ろうか。政治的アクターやシステムの信頼性を評価するにはそのための手掛か
りが必要である。しかし，たとえば汚職やスキャンダルの報道は広く社会に行

き渡っているだろうか。そもそも政治的な領域から完全に退却してしまった人々は政治システムを信頼するかしないかの情報すら手にしていないかもしれない。シャドソン（Schudson 1998）は，現代の民主制では私的生活に忙しい有権者が常に政治システムを監視し続けることは難しいことを指摘し，政治的アクターやシステムに重大な問題が発生した場合にメディアが「警報」（burglar alarm）を鳴らし，有権者はこの警報が鳴った場合には問題に目を向けることが必要条件であると指摘した。すなわち，「よき市民」であるためのハードルを下げ，メディアによる「警報」に依存して政治を監視する "monitorial citizen" を現代民主制の市民像として描いた（Zaller 2003）。しかし，報道機関が「警報」を適切に鳴らし，それに呼応して市民が政治に注意を向けているかどうかは定かではない。政府や政治システムを無批判に信頼しないためにも一定の政治不信は必要ですらあるが，政治を信頼するかしないかを判断するための手がかりを得るにあたって政治関心が必要となる。しかし，上述の政治非関与因子の項目にあるように「私と政治との間に何の関係もない」と考えるような私生活志向の高い人に対しては，そもそも「警報」は届かない可能性がある。言い換えれば，政治不信は「監視する市民性」モデル（monitorial citizenship model）における「警報」に注意を向けることができる程度の政治関心を前提とした概念である。一方，私生活志向，特にその下位概念である政治非関与は，政治的領域からの退却を意味するため，政治を信頼するかしないかを決定するレベルよりもさらに基底的な概念であるといえよう。

5.2 ｜ 2000 年代からの私生活志向の変化

さて，池田（2007）は 2000 年代の小泉政権期における私生活志向とその含意を描き出したが，それから約 20 年が経った現在，日本の私生活志向はどのような様相を見せているのだろうか。以下では，私生活志向の下位概念のうち，とくに政治非関与に焦点を絞って分析を進めていく。池田（2007）が示したように，もう 1 つの下位因子である私生活強調は公共的なものに対する関心とつながっており，政治参加や社会参加とも正の関連を示していた。民主制にとってより問題含みとなりえるのは，政治参加を抑制し，政治システムの正統性を揺るがしかねない政治非関与であろう。

小泉政権期の日本は，長期の経済的低迷に苦しみつつもまだ世界第 2 位の経

済大国であった。また，賛否はあるものの，「小泉劇場」と呼ばれたようなメディアポリティクスによって人々が一定の関心を政治に向ける契機が存在していた（大嶽 2006）。しかし，約20年が経過した今，日本をめぐる環境は大きく変化した。物価高や円安，上がらない賃金などに加えて中国の発展などが伝えられ，「沈みゆく日本」という認識と統治の不安が広がっている（第8章参照）。非婚化や少子化も有効に食い止められてはおらず，もはや「快適で豊かな消費生活」や「家族と過ごす時間」さえ望めない層は増加しつつある。一方，野党の分裂によって政権交代の可能性は低く，政治関心を高める契機が乏しいことから投票率も低迷している。さらに，20年間でマスメディアに代わってソーシャルメディアが人々の主要な情報源として定着しつつあり（第3章参照），政治情報を政治無関心層も含めた広い層に届ける機制は弱まっている可能性もある。このような日本を取り巻く状況の変化を踏まえて，私生活志向が2000年代からどのように推移してきたのかを確認する。

　まず，2023年3月に実施された「スマートニュース・メディア価値観全国調査」（以下，SMPP調査）の郵送調査における回答分布を確認した上で，小泉政権期からの推移についても見てみよう。

　図5-1はSMPP郵送調査における政治非関与の項目（問22A〜E）の回答分布を示している[4]。約45%の回答者は「政治とは自分から積極的に働きかけるもの」という項目に対して否定的な回答（「まったくそう思わない」または「あまりそうは思わない」）をしている。同様に，「政治とは監視していくもの」という項目に対しても約35%は否定的である。一方，「政治とは，なるようにしかならないもの」という項目には半数以上の約55%が賛成，「政治的なことにはできればかかわりたくない」という項目にも約45%が賛成，「私と政治の間に何の関係もない」という項目には約40%が賛成している。政治とのかかわりを積極的に回避する人が約半数を占めているのは少ないとみるべきだろうか。厳密にいえば「政治との間に何の関係もない」人は存在しないが，4割程度の人がそう思っているのは現代の民主主義国家における政治非関与のレベルとして許容可能なレベルだろうか。記述統計そのものからその値が規範的に見て「正常」であるかどうかを判断することは難しいが，政治への関与を忌避する傾向が現在の日本でかなり広く行き渡っていることは確認できるだろう[5]。

---

4)　無回答は欠損値として扱い，ウェイトによって加重している。

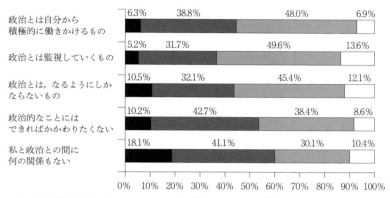

図 5-1　私生活志向（政治非関与）の回答分布

　次に，過去の調査結果と比較するため，池田（2007）にならって政治非関与の尺度を作成する。政治非関与は前述の5つの測定項目を値が大きいほど政治非関与の度合いが強くなるように合計し，値が0から1の間を取るように変換した。尺度の信頼性を表すクロンバックα係数は0.65であった。比較対象とする過去の調査データは，ランダムサンプリングを用いた全国調査でSMPP調査と同一の政治非関与尺度が測定されているものを用いる。この条件に合致するのは，2003年〜2005年に実施されたJES3の面接データ，2007年に実施されたアジアンバロメータ調査（Asian Barometer Survey，略称：ABS）面接データ，2022年参院選調査（面接と留置）である。SMPP調査と同一の方法で尺度を作成し，95%信頼区間のエラーバーとともに示したのが図5-2である。

　政治非関与は小泉政権後期の2005年に向けてやや低下する傾向を見せているが，2007年には上昇に転じている。その後10年以上にわたって私生活志向尺度が測定されなかったため，この間の変化についてはわからない[6]。2022年のデータでは2007年と比較してやや上昇しており，2023年のSMPP調査

---

5)　なお，本章の分析の焦点ではないが，私生活重視傾向のレベルはさらに高く，「政治に関心を持つより，自分の生活を充実させたい」という項目に肯定的に回答する人は7割を超える。同様に，「快適で豊かな消費生活こそ重要だ」に対する賛成の割合は8割近く，「私にとって友人や家族と過ごす時間が何より重要だ」に対する賛成率も9割を超えている。私生活の充実を重視する人が多数派であるのは間違いない。

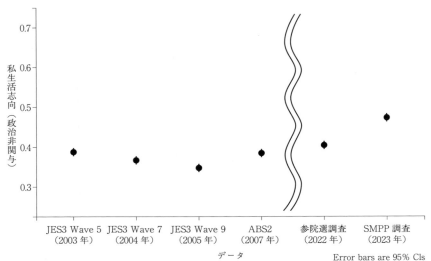

図 5-2　私生活志向（政治非関与）の推移

出所：JES3（Wave5・7・9），ABS（Wave2），2022 参院選調査，スマートニュース・メディア価値観全国調査 2023

注：2007 年と 2022 年の間の間の二重破線は，この間に大きなインターバルがあることを表している

では過去最高の値を示している。ただし，2022 年から 2023 年にかけての大幅な上昇は調査モードの違いによる可能性があるため，注意が必要である。2022 年参院選調査は面接法と留置法の組み合わせでおこなわれたが，私生活志向尺度は留置法の部分に含まれた。一方，2023 年の SMPP 調査は郵送調査である。どちらも私生活志向については調査員と顔を合わすことのない状況で回答されているが，2022 年は面接パートが含まれているため，政治に関する調査への回答中に調査員に面と向かって「政治にかかわりたくない」といった質問項目に肯定的回答をしづらかった可能性が残る。しかし，こうした社会的望ましさバイアスによって面接あるいは留置調査の政治非関与が低めに現れているとす

6）　ISSP 国際比較調査の 2004 年データと 2014 年データの比較を行った小林利行（2015）は，「良い市民として重要なこと」として「法律・規則を守る」が増加する一方で「政府の行動に目を光らせること」が低下し，特に若年層で能動的な参加よりも受動的な行動を重視するようになっていることを指摘している。また，「社会，政治的活動のための寄付や募金活動」「請願書に署名」「政治家や公務員に意見表明」などの政治的関与について「今までしたことがないし，今後もするつもりがない」という回答が増加していることも報告している。このデータから見る限り，2010 年代にも政治非関与傾向は上昇していた可能性が高い。

第 5 章　私生活志向は何をもたらすか　　　　153

れば，むしろ郵送調査で実施された SMPP 調査の方が母集団全体の値に近い
可能性がある。いずれにせよ，ランダムサンプリングを用いた調査全体の推移
から見る限り，政治非関与は上昇傾向にある可能性が示されている。

5.3 ｜ 誰が政治への関与を避けているのか

　政治への非関与が何をもたらすのかを分析する前に，どのような人が政治へ
の関与を避けているのかを確認しよう。**表 5-1** では，政治非関与を従属変数
とし，性別（女性），年齢，学歴，主観的階層，文化資本を独立変数とした回
帰モデルを最小二乗法（OLS）で推定した [7]。ここではなるべく基底的で，政
治的態度に対して外生的な変数を用いて政治非関与を説明することを目指す。
したがって，イデオロギーや政党支持など政治に直接関連する変数は独立変数
には含めない。回帰係数が正で有意である場合には，その独立変数の値が大き

表 5-1　私生活志向（政治非関与）を予測する回帰モデル

従属変数：私生活志向（政治非関与）	非標準化係数（B）
性別（女性）	0.051**
	(0.008)
年齢	−0.002**
	(0.000)
学歴	−0.066**
	(0.021)
主観的階層	−0.043*
	(0.020)
文化資本	−0.098**
	(0.016)
切片	0.599**
	(0.020)
ケース数	1,726
決定係数	0.099

カッコ内は標準誤差
**$p<0.01$, *$p<0.05$, +$p<0.1$
出所：スマートニュース・メディア価値観全国調査 2023

---

7)　年齢以外の変数は最小値が 0，最大値が 1 となるように線形一次変換されている。年齢は
最小値が 18，最大値が 81 の実数である。性別は女性の場合に 1，男性の場合に 0 の値を取
る。主観的階層は上から下までの 5 段階で測定された。文化資本は自宅にある本の数（雑誌，
新聞，教科書，漫画，コミックは含めない）を「10 冊以下」から「500 冊以上」の 6 段階で
測定された。なお，世帯年収は欠損値が多いことに加えて主観的階層との相関が高いため分
析には含めなかったが（r＝.52），含めた場合に有意な効果は示さなかった。

いほど政治非関与の度合いが強いことを示す。

　推定の結果，デモグラフィック変数では女性ほど，若いほど，学歴が低いほど政治非関与の度合いが強いことが示された。さらに，主観的階層が低いほど，文化資本が乏しいほど政治非関与の度合いが高いという結果となった。これらの結果は先行研究と一貫している（例えば，蒲島・境家 2020）。女性や若年層，低学歴，主観的低階層の人々が政治への関与を避ける傾向が強いことは，これらの人々が政治的に代表されにくくなる可能性を示唆している。主観的階層の効果は世帯年収など経済的な要因の効果を多く含んでいると考えられるが，こうした階層の効果を統制してもなお，文化資本の効果が有意となっているのは興味深い。学歴や年収に現れる社会経済的な地位の効果に加えて，読書習慣や家庭での知識の得やすさなどの文化的な要因によっても，政治への距離は規定されている。

　次に，政治非関与者の政治的特徴を分析する。この分析では政治非関与を独立変数として加え，**表 5-1** の独立変数の効果を統制したうえで政治非関与がその他の政治行動や政治態度に関する変数とどのように関連しているのかを探る。従属変数となるのは，投票，政治参加，政治知識，「政権や投票で違いはない」という認知，イデオロギー（保守），イデオロギー欠損ダミー，岸田内閣業績評価，統治の不安（第 8 章参照）である[8]。統治の不安は，日本の統治システムの将来的なパフォーマンスに対する広範な不安を測定している（第 8 章参照）。回帰モデルはすべて最小二乗法で推定された[9]。

　まず，政治非関与は投票（モデル 1）や政治参加（モデル 2），政治知識（モデ

---

[8]　投票は国政選挙と地方選挙での投票頻度（4 件法）2 項目の平均，政治参加は請願書への署名や市民運動や住民運動への参加，デモへの参加など，過去 12 か月での 14 種類の政治参加の経験数（0〜14），政治知識は三審制や参議院議員の任期など 6 つの質問に対する正答数によって測定された（0〜6）。イデオロギーはリベラルから保守までの 11 点尺度で測定され，イデオロギー欠損ダミーはイデオロギー尺度に「わからない」と回答したり無回答のため欠損している場合に 1，それ以外の場合に 0 の値を取る（約 31％ の回答者がイデオロギー尺度が欠損していた）。岸田内閣業績評価は岸田内閣の全体的な実績を 5 件法で，統治の不安は「日本の政治は，何か誤った方向に進むのではないかと心配である」などの 5 項目で測定された（第 8 章参照）。政治参加と政治知識以外の従属変数は 0 から 1 の値を取るように変換された。

[9]　カウント変数である政治参加と政治知識について，負二項回帰やポワソン回帰で推定しても結果は変わらなかった。同様に，二値変数であるイデオロギー欠損について，ロジスティック回帰分析で推定しても結果は変わらなかった。

ル3）とは明確に負の関係を示した。これは政治非関与が政治的なものの忌避，政治的な領域からの退却を測定する概念であることを考えれば自然であり，政治非関与尺度の妥当性を確認する結果でもある。一方，政治非関与は「誰が政権を担うかでそんなに違いはない」や「選挙で誰に投票するかで結果に違いはない」といった政治的無力感（問24）とは正の関係を示している（モデル4）[10]。こうした無力感を感じた人々が政治とのかかわりを避けるようになるという効果と，政治とのかかわりが薄いがゆえに政権や選挙結果による違いが実感しづらいという効果の両方が考えうる。イデオロギーについては，イデオロギー尺度に回答した人々の間ではリベラル－保守イデオロギーと政治非関与の間に有意な関連は見られなかった（モデル5）。しかし，イデオロギー欠損ダミーと政治非関与の間には明確な正の関連が見られ（モデル6），政治非関与の度合いが高い人ほどイデオロギー尺度上に自身を位置づけることができない（あるいは位置づけることをしない）という関係が見られた。このことは，私生活志向が強い人ほど政治的認知・態度，政治志向の間の相互制約性が低く，イデオロギーに基づいたトップダウン的な政治的認知をしにくいという池田（2007）の結果とも一貫している。

　このように，私生活志向の下位概念である政治非関与の度合いが強い人は，政治参加や政治知識のレベルが低く，イデオロギーも弱い。さらに，現状の政治制度に対してある種のあきらめや無力感も感じている。にもかかわらず，政治非関与と岸田政権の業績評価は正の相関を示し（モデル7），日本の統治能力に対する不安の度合いも低い（モデル8）。政治についてのかかわりを避け，政治についてよく知らないにもかかわらず，現政権に対する評価は高く，将来不安も少ないというある種の楽観性が示唆される。現政権に対する評価が高く，将来的な統治の不安も低ければ，現状に対する異議申し立ても生じにくいだろう。政治から切り離されているがゆえに政治に対する不満を抱きにくく，したがって統治の不安も感じにくいという可能性も考えられる。

10）ここで政治的無力感の尺度として用いている項目は，選挙制度に関する国際比較調査である Comparative Study of Electoral Systems において「意味ある選択」（meaningfulness of choice）という尺度として用いられたのがオリジナルである。ここでは政権や選挙結果で違いはない，すなわち「誰がやっても同じ」という認識をとらえているものとして扱う。

5.4 政治非関与者の情報環境

　マイケル・シャドソンの「監視する市民性」（monitorial citizenship）の議論に
よれば，現代民主制において有権者は常にニュースに注意を向けて多くの争点
について知識を得て態度を形成している必要はなく，重大な政治的イベントが
起こった場合にメディアが集中的に報道することで「警報」を鳴らし，普段は
無関心な有権者も「警報」が鳴った場合にはニュースに目を向けることができ
れば最低限の市民的能力を満たすことができるとされる（Schudson 1998; Zaller
2003）。この議論に基づけば，私生活志向が強く政治への関与度が低い人であ
っても，何らかのきっかけで政治的情報に目を向ける環境さえあれば，普段か
ら政治情報に目を向けている必要はないということになる。では，政治非関与
の度合いが強い人は，こうした政治的情報を得るための回路を確保できている
のだろうか。ここでは，政治非関与者の情報環境の特徴をとらえるため，ハー
ドニュース接触，ソフトニュース接触，バラエティ番組視聴，ネットニュース

表 5-2　政治行動や政治的態度を予測する回帰モデル

従属変数：	投票	政治参加	政治知識	政権や投票で違いはない	イデオロギー（保守）	イデオロギー欠損	岸田内閣業績評価	統治の不安
	モデル1	モデル2	モデル3	モデル4	モデル5	モデル6	モデル7	モデル8
				非標準化係数（B）				
性別（女性）	−0.032+	0.002	−0.379**	−0.018	−0.022+	0.133**	0.010	−0.006
	(0.017)	(0.062)	(0.082)	(0.012)	(0.013)	(0.022)	(0.011)	(0.010)
年齢	0.006**	0.006**	0.027**	−0.001*	−0.000	−0.004**	0.001*	−0.001**
	(0.001)	(0.002)	(0.003)	(0.000)	(0.000)	(0.001)	(0.000)	(0.000)
学歴	0.037	0.015	1.657**	−0.077**	0.003	−0.220**	0.002	0.015
	(0.038)	(0.148)	(0.200)	(0.029)	(0.032)	(0.049)	(0.028)	(0.022)
主観的階層	0.143**	−0.132	0.479*	−0.031	0.032	−0.147**	0.098**	−0.094**
	(0.039)	(0.136)	(0.192)	(0.029)	(0.032)	(0.049)	(0.026)	(0.022)
文化資本	0.099**	0.381**	0.904**	−0.051*	−0.022	−0.189**	−0.027	0.028
	(0.031)	(0.118)	(0.152)	(0.024)	(0.026)	(0.037)	(0.021)	(0.018)
私生活志向	−0.529**	−2.032**	−2.258**	0.616**	0.066	0.459**	0.093**	−0.134**
（政治非関与）	(0.048)	(0.208)	(0.239)	(0.036)	(0.045)	(0.062)	(0.034)	(0.029)
切片	0.544**	1.347**	1.659**	0.221**	0.533**	0.431**	0.183**	0.820**
	(0.048)	(0.181)	(0.243)	(0.036)	(0.041)	(0.060)	(0.034)	(0.029)
ケース数	1,712	1,699	1,726	1,723	1,215	1,726	1,712	1,715
決定係数	0.199	0.113	0.245	0.196	0.007	0.154	0.017	0.033

カッコ内は標準誤差
**$p<0.01$, *$p<0.05$, +$p<0.1$
出所：スマートニュース・メディア価値観全国調査 2023

第5章　私生活志向は何をもたらすか　　　　157

接触，ニュース回避，副産物的接触，NFM（News Finds Me）傾向（Gil de
Zúñiga et al. 2017），メディア信頼，メディア利用における自己効力感の9つの
従属変数に対して，**表5-2**と同じ独立変数を用いた回帰モデルを推定する[11]。
推定結果を**表5-3**に示した。

　政治非関与の度合いが様々な情報行動とどのように関連しているのかを見て
いこう。まずハードニュースと政治非関与は明確に負の相関を示しており（モ
デル1），政治に関与しない人ほどニュース番組は見ない傾向がある。ソフトニ

---

11) ハードニュースは「ふだんよく見るテレビ番組」として「NHKのニュース」と「民放の
　　ニュース」の選択数（0〜2），ソフトニュースはNHKのニュースショー（キャスターやゲ
　　スト出演者によるコメントを含む番組），民放のニュースショー（キャスターやゲスト出演
　　者によるコメントを含む番組），ワイドショー（話題のニュースや，芸能人の動向などにつ
　　いての情報を提供する番組），討論番組（NHK「日曜討論」・テレビ朝日「朝まで生テレビ」
　　など）の選択数（レンジ：0〜4），ネットニュースは放送局や新聞社・雑誌社が提供するニ
　　ュースサイト，Yahoo!ニュース，LINE NEWS，SmartNews，Gunosy，Googleニュース
　　ショーケース，NewsPicksの選択数（レンジ：0〜7）で測定された。バラエティー番組は
　　バラエティ番組（クイズや視聴者の笑いを誘う番組）が「ふだんよく見るテレビ番組」とし
　　て選択されたかどうか（0：非選択，1：選択）で測定された。ニュース回避は「できること
　　ならニュースを見ずに過ごしたい」というリッカート尺度1項目で測定された（レンジ：0
　　〜1）。副産物的接触は「インターネット上では，自分が探したり期待したりしていない政治
　　的意見やニュースに，偶然出会うことがある」というリッカート尺度1項目（5件法）で測
　　定された（レンジ：0〜1）。NFM（News Finds Me）傾向は自分が能動的にニュースに接触
　　しなくてもソーシャルメディア上でのつながりを通して関心のあるニュースは流れてくるの
　　で，それを消費していれば知りたい情報が得られるという受動的な情報接触スタイルを測定
　　しており，「自分から積極的にニュースを追わなくても，十分な情報が得られる」など4項
　　目が6件法のリッカート尺度で測定され，合算された（レンジ：0〜1，クロンバック α ＝
　　0.73）。メディア信頼は，「ニュースを十分かつ正確，公平に報道するという点において，あ
　　なたは新聞，テレビ，ラジオといったマスメディアを信頼していますか」という1項目（4
　　点尺度）で測定された（レンジ：0〜1）。メディア利用における自己効力感は，Maksl et al.
　　(2015) によるニュースメディアリテラシー尺度のメディア統制感下位尺度を参考に，ワー
　　ディングの変更を加えた上で「メディアからなんらかの誤った情報を得たとしても，正しい
　　情報をすぐに探し出すことができる」など5項目が6件法で測定され，合算された（レン
　　ジ：0〜1，クロンバック α ＝0.77）。Maksl et al. (2015) のメディア統制感下位尺度は，"If I
　　am misinformed by the news media, it is my own behavior that determines how soon I
　　will learn credible information," "I am in control of the information I get from the news
　　media," "When I am misinformed by the news media, I am to blame," "The main thing that
　　affects my knowledge about the world is what I myself do," "If I pay attention to different
　　sources of news, I can avoid being misinformed," "If I take the right actions, I can stay
　　informed" の6項目で測定された。

表 5-3　情報行動を予測する回帰モデル

従属変数:	ハードニュース	ソフトニュース	バラエティ	ネットニュース	ニュース回避	副産物的接触	NFM	メディア信頼	メディア利用の自己効力感
	モデル1	モデル2	モデル3	モデル4	モデル5	モデル6	モデル7	モデル8	モデル9
				非標準化係数 (B)					
性別(女性)	-0.016	0.138*	0.095**	-0.027	0.004	0.021	0.007	0.019+	0.025**
	(0.038)	(0.064)	(0.025)	(0.055)	(0.012)	(0.014)	(0.009)	(0.011)	(0.008)
年齢	0.019**	0.023**	-0.001+	-0.003+	-0.004**	-0.004**	0.001**	0.003**	0.001**
	(0.001)	(0.002)	(0.001)	(0.002)	(0.000)	(0.000)	(0.000)	(0.000)	(0.000)
学歴	0.198*	-0.251	-0.172**	0.210	0.005	0.076*	0.010	-0.020	-0.056**
	(0.088)	(0.153)	(0.059)	(0.133)	(0.029)	(0.035)	(0.022)	(0.027)	(0.020)
主観的階層	0.110	0.391**	0.096+	0.420**	-0.105**	0.006	-0.008	0.070*	-0.063**
	(0.086)	(0.149)	(0.055)	(0.119)	(0.029)	(0.033)	(0.020)	(0.027)	(0.020)
文化資本	0.236**	0.202	-0.070	0.146	-0.053*	0.075**	0.052**	-0.048*	-0.037*
	(0.072)	(0.123)	(0.047)	(0.106)	(0.023)	(0.027)	(0.018)	(0.022)	(0.017)
私生活志向(政治非関与)	-0.389**	-0.332+	0.154*	-0.379*	0.241**	-0.210**	-0.165**	0.072*	0.097**
	(0.117)	(0.191)	(0.072)	(0.159)	(0.038)	(0.043)	(0.027)	(0.036)	(0.029)
切片	0.076	0.200	0.631**	1.402**	0.408**	0.931**	0.654**	0.359**	0.403**
	(0.113)	(0.189)	(0.072)	(0.154)	(0.039)	(0.042)	(0.026)	(0.036)	(0.026)
ケース数	1,720	1,720	1,726	1,694	1,717	1,523	1,687	1,704	1,685
決定係数	0.186	0.106	0.031	0.023	0.123	0.066	0.067	0.066	0.062

カッコ内は標準誤差

**$p<0.01$, *$p<0.05$, +$p<0.1$

出所:スマートニュース・メディア価値観全国調査 2023

ュースのゲートウェイ仮説によれば，ワイドショーや討論番組などには政治関心の低い層の政治関心や政治知識を高める効果があるとされる（Baum 2003）。しかし，**表 5-3** のモデル 2 では，政治非関与はソフトニュースとも負の連関をもつ傾向を示している（10% 水準で有意）。つまり，政治非関与者はハードニュースを見ない傾向をソフトニュースを見ることで補っているわけではない。一方，バラエティ番組の視聴と政治非関与は正の関連を示しており（モデル 3），政治への関与を避ける人はエンターテイメント志向が強いことがうかがえる。だが，テレビなどのマスメディアではニュースに接触していなくてもネットニュースには接触しているかもしれない。しかし，政治非関与はネットニュース利用とも明確に負の相関を示している（モデル 4）。こうしたニュースへの接触レベルの低さは政治非関与者自身の選択によるものである可能性が高い。なぜなら，ニュース回避と政治非関与は正の関連を見せており（モデル 5），政治非関与者はニュースを意図的・積極的に避けていることが示唆されているためである。すなわち，政治への関与を避ける人は政治に関する情報も積極的に避けている。

政治非関与者がニュースを積極的に避けていたとしても，様々なメディア利用を通して偶然に，あるいは他の情報行動の副産物として，ニュースに接触しているかもしれない。しかし，政治非関与と副産物的接触は負の相関をしているため（モデル 6），すくなくとも政治非関与の度合いの高い人は偶然にもニュースに接触しているという認識を持っていない。また，ソーシャルメディア上のつながりを通して知りたい情報が自分に流れてくるという NFM（News Finds Me）傾向も政治非関与者ほど低い（モデル 7）。つまり，政治にかかわりたくない人々は積極的にニュースを避けているだけでなく，副産物的あるいは受動的な情報接触の機会にも乏しい。こうした人々に「監視する市民性」の議論が想定するように「警報」が届くと想定することは難しいだろう。つまり，政治的に重要なイベントが発生した場合でも政治への関与を避けている人に情報を届けることは困難であり，その意味において政治非関与者が「監視する市民」としての条件を満たすことは難しい。

このように，政治への関与を避けている人々は，政治に参加しないだけでなく政治情報からも積極的に距離を取っている。にもかかわらず，政治非関与変数はメディア信頼と正の相関を示し（モデル 8），さらにメディア利用における自己効力感とも正の関連を示している（モデル 9）。これは一見するとかなり説

明の難しい結果である。なぜ，ニュースに接触していないのにマスメディアを信頼できるのだろうか。なぜ，ニュースに接触していないのに，メディア報道の正確性を見極め，取捨選択しながら正しい情報を得ることができると思えるのだろうか。もちろん，回帰分析で検討しているのは変数間の関連であり，政治非関与者が全くマスメディアやニュースに接触していないわけではない。しかし，小林哲郎（2016）は世界価値観調査のデータを分析し，日本人はテレビや新聞といったマスメディアに対する信頼が世界的に見ても高いことを報告しているが，その理由の1つとしてマスメディアを利用していない人であってもメディア信頼が高いことを挙げている。たとえば，「新聞を全くよまない人ですら7割近い人が新聞・雑誌を信頼している」（小林 2016: 225）。なぜ，ニュースを避けている人がニュースメディアを信頼できるのかこの分析からは明らかではないが，政治非関与者は政治やメディアは制度的に「うまく回るようになっている」から，特に注意や関心を払っていなくても基本的にうまくいくだろうという楽観性を持っているのかもしれない。このことは，**表5-2** において，政治非関与の度合いが高いほど岸田内閣の業績評価が高く，統治の不安が低かったこととも通底しているように思われる。政治への関与度が低い人ほど，政治はうまくいっているし（高い内閣業績評価）これからもうまくいく（低い統治の不安），そしてニュースは見ないがマスメディアは信頼できるし（高いメディア信頼），自分にはメディアからの情報を見極める力がある（メディア利用における高い自己効力感）と考える傾向にある。このある種の楽観性それ自体は個人の適応という観点から見れば望ましいものかもしれないが，そうした楽観的な判断をすることができる根拠は乏しいように思われる。政治に関与せずニュースに接触しないのに「基本的に世の中はうまく回っている」と考えることは無批判な現状肯定に陥る危険性を秘めているだろう。あるいは，何らかの理由によって「基本的に世の中はうまく回っている」と考えるがゆえに政治へ関与する必要性も感じないしニュースに注意を払う必要性も感じていないということなのかもしれない。政治への関与を避ける人々の奇妙な楽観性は，監視やチェックを欠いたまま政治の現状を肯定することにつながり，政府のアカウンタビリティを低下させかねない。

5.5 政治非関与と自助努力志向の親和性

政治への関与を避ける人々にとっては，政治は遠い存在である。政治非関与尺度に「私と政治との間に何の関係もない」という項目が含まれていることからわかるように，政治非関与者の視点に立てば，政治は生活や人生とは無関係なものとして認識されがちである。しかし，このことは政治非関与傾向が何ら政治的なインプリケーションを持っていないことを意味しているわけではない。政治に関与しないことそのものがある種の政治性を帯び，政治非関与者に特定の政治的傾向をもたらすことがあり得る。ここでは自助努力志向との関連から，私生活志向としての政治非関与の政治的含意について検討する。

そもそも自助は公助に対置され，イデオロギー的には小さな政府を目指す保守主義と親和的な概念である。自民党の菅義偉元首相は 2020 年の国会における所信表明演説で，「私が目指す社会像は，「自助・共助・公助」そして「絆」です。自分でできることは，まず，自分でやってみる。そして，家族，地域で互いに助け合う。その上で，政府がセーフティネットでお守りする。そうした国民から信頼される政府を目指します」[12] と述べ，自助重視姿勢をにじませた。これに対してリベラル系の野党は公助の軽視として批判した。社会保障費が増大する中で，できるだけ公助の支出を圧縮し，子育てや介護などの問題を自助によって解決することになれば，小さな政府を目指す保守的なイデオロギーにとっては望ましい結果となるだろう。したがって，イデオロギー的な観点からは保守的なイデオロギーであるほど自助努力志向は強くなることが予測される。

一方，政治非関与を含む私生活志向は政治を中心とする公的な領域からの退却を意味する。したがって，公的な領域への関心の低下は，人々の生活において国や自治体が果たす役割，特に公助の重要性認知が低下する可能性がある。私生活志向は政治知識と明確に負の相関を示していた（**表 5-2** のモデル 3）。ニュースを回避し（**表 5-3** のモデル 5），政治について知ろうとしなければ，享受するにふさわしい公助についての認識も形成されにくいだろう。公助の必要性

---

12) https://www.kantei.go.jp/jp/99_suga/statement/2020/1026shoshinhyomei.html
（2024/4/5 閲覧）

や重要性が認識されにくいとすれば，豊かな私生活を実現するものは自助ということになる。ここに，政治非関与とある種の自己責任論の奇妙な結合が生まれる可能性がある。政治への関与を避けることは同時に自らを公助からも遠ざけ，代わりに自己実現の手段として自助が重視されるようになるのではないか。

このように，保守的イデオロギーと私生活志向，特に政治非関与はともに自助努力志向に対してプラスの効果を持つことが予測される。では，SMPP調査のデータでこのような傾向は確認されるだろうか。自助努力志向は，「自分の世代にプラスにならない年金保険料を払う必要はない」「税金を負担しても，行政サービスとして十分な見返りを得ていない」「自分の将来の生活は自分や家族だけが頼りで，政府や制度に頼れない」「全ては自助努力，政府に頼るな，と思う」の4項目（問8A，C〜E）を5件法のリッカート尺度で測定したものを合計した（レンジ：0〜1，$a = 0.63$）[13]。この自助努力志向を従属変数とし，イデオロギー（保守）と私生活志向（政治非関与）に**表5-2**と**表5-3**の統制変数を加えた回帰モデルを推定した結果が**表5-4**である。統制変数では年齢のみが負の効果を示しており，自助努力志向は若年ほど高いことがわかる。注目するイデオロギーと政治非関与については，イデオロギーの効果がほぼゼロである一方で，政治非関与は自助努力志向と正の関連を示した。イデオロギーは政治非関与を投入しないモデルを推定しても有意な効果を示さなかった。

前述のように，公助ではなく自助を重視することはイデオロギー的には保守主義の考え方に近い。にもかかわらず，日本における自助努力志向はイデオロギーとは関連していない。むしろ，日本における自助‐公助の軸は政治へ関与するか否かという軸に沿った対立軸となっているのである。すなわち，政治へ関与する人ほど年金など公的な社会保障の重要性を認識する一方で，政治への関与を避ける人は公助を諦め，自助によってなんとかしていこうという志向が

---

13) 自助努力志向を測定する設問にはもう1つ「子どもを育てても，社会的な補助や支援が少なすぎる」という項目があったが，この項目への賛否は子どもがいるかどうか，子育て世代であるかどうかによって回答が大きく変わると予想されるため，自助努力志向尺度の構成には含めなかった。

14) 政治非関与者は政治知識が少ないがゆえに公助の重要性を過小評価する可能性を考慮して，**表5-4**のモデルに政治知識を独立変数として加えたモデルを推定したが政治非関与の正の効果は変わらなかった。イデオロギーは効果を示さず，政治知識は10％水準で負の効果を示した。すなわち，政治知識が豊富であるほど自助努力志向が弱い傾向があるが，政治非関与の効果は政治知識が少ないことによって生じているわけではない。

第 5 章　私生活志向は何をもたらすか　　　163

表 5-4　自助努力志向を予測する回帰モデル

従属変数：自助努力志向	非標準化係数（B）
性別（女性）	−0.009
	(0.009)
年齢	−0.003**
	(0.000)
学歴	−0.029
	(0.022)
主観的階層	−0.011
	(0.023)
文化資本	−0.021
	(0.017)
イデオロギー（保守）	−0.000
	(0.023)
私生活志向（政治非関与）	0.145**
	(0.030)
切片	0.709**
	(0.031)
ケース数	1,206
決定係数	0.138

カッコ内は標準誤差
**$p<0.01$, *$p<0.05$, +$p<0.1$
出所：スマートニュース・メディア価値観全国調査 2023

　強い[14]。日本のイデオロギーが「大きな政府」対「小さな政府」という軸と相関が弱いことは知られているが（第 1 章参照），ここでもその結果は確認されたと言えよう。しかし，日本における「大きな政府＝公助志向」対「小さな政府＝自助志向」という軸はイデオロギーでは説明できないが，政治との距離によって説明できる可能性がある。ここに，日本ではイデオロギーでは説明できない分断があることが示唆されるといえるかもしれない。

　政治非関与者は公的な領域への関心が低いため，公（おおやけ）が果たすべき役割についても遠景に退いてしまう。このことは前述の菅義偉元首相の発言に見られるように自助を奨励したい政府や政治家にとっては都合の良い傾向である。政治非関与者は政治の現状に対して肯定的であるだけでなく，「全ては自助努力，政府に頼るな」と考えるように，自助によって私生活を豊かにしていこうと考える傾向にある。池田（2007）は 2000 年代の私生活志向，とくにその下位概念である私生活強調には「公共性に関わる「芽」が見える」（池田 2007: 225）と論じたが，2023 年の日本では私生活志向はむしろ公助への諦めと，私的な生活における諸問題を自助努力でなんとかしていこうという個人的な解決への志向が色濃く見える[15]。政治非関与者は政治との距離を取ろうとする

が，このことは彼ら自身が政治性を帯びていないということではなく，自助努力志向という本来は保守主義的な傾向を（イデオロギーとは関係なく）示すのである。

5.6 | 私生活を重視するがゆえの権威主義的志向

池田（2007）は，私生活志向が高い有権者は低い有権者より政治的認知・態度，政治志向の間の相互関連が弱く，政治判断に関してイデオロギーの持つ効果が弱いことを見出している。つまり，政治への関与を避ける人々は，イデオロギー的に一貫した争点態度を持ちづらく，争点ごとにばらばらの判断をしがちである。しかし，このことは様々な争点に対してでたらめに賛否の態度を決めていることを意味してはいない。政治非関与者は政治的なものを忌避する一方，私的な消費生活を充実させることを重視している。したがって，個々の政策の判断は自らの私生活に資するかどうかに基づいて判断していると考えられる。ここでは，そのような私生活本位の争点態度形成が，イデオロギー的な判断とは違うメカニズムで権威主義的な政策の支持に結びつく可能性について検討する。これによって，前節の自助努力志向と同様に，政治非関与者自身は政治から意識的に距離を取っているが，彼らは政治的傾向を示さないわけではなく，私生活を重視するがゆえに（イデオロギーとは関係なく）権威主義的な政策を支持する傾向を持つことを示す。

一口に権威主義的な政策といっても様々なものがあり得るが，SMPP 調査で測定されている項目の中からは「道徳教育をもっと充実させるべきだ」（問5I）と「治安を守るためにプライバシーや個人の権利が制約されるのは当然だ」（問5H）の2項目が利用可能である。両者ともに以下の分析で示すように，保守的なイデオロギーを持つ人々に支持される意見である。日本の保守主義は伝統主義と相関しており，特に権威に対する尊敬を重視する人々が道徳教育を重視している。また，プライバシーや個人の権利の制限についても，個人の自由を重視するリベラル派よりも「法と秩序」を重視する保守派からの支持が強

15）実際，**表 5-4** のモデルに私生活志向（私生活強調）を加えると，政治非関与と私生活強調の両方が自助努力志向と有意な正の関連を示した。政治非関与は自助努力志向と正の相関を示すが私生活強調の方は負の相関を示すということは無く，私生活志向は全体として自助努力を志向する傾向と正の相関を示している。

いことが予想できる。したがって，保守的なイデオロギーは2つの権威主義的な政策に対する賛成と相関していることが予想される。

しかし，政治非関与の度合いが高い人々は，池田（2007）が示したようにイデオロギー的な判断が弱い。彼らが重視するのは私生活に対する影響であり，その点から見れば2つの政策は同じではない。すなわち，道徳教育の充実はほとんどの人にとって自分の私生活に対する直接的インパクトが希薄であるのに対し，治安を守るためのプライバシーや個人の権利の制限という問題については，治安という私生活の安心・安全に直結するものであるため，政治非関与者にとっても重要な問題である。したがって，イデオロギーとは異なり，政治非関与は道徳教育の充実とは関連しないが，治安維持のためのプライバシーや権利の制限とは関連することが予想される。具体的には，政治非関与の度合いが高いほど，プライバシーや権利の制限に賛成する傾向が強いだろう。さらに，政治非関与者はイデオロギーを使ったトップダウン的な争点態度形成を行わない傾向があるため，プライバシーや権利の制限に対してはイデオロギーとは関係なく賛成する傾向を示すだろう。

道徳教育の充実は「道徳教育をもっと充実させるべきだ」の1項目（問5I），プライバシーや権利の制限は「治安を守るためにプライバシーや個人の権利が制約されるのは当然だ」の1項目（問5H）で，それぞれ4件法のリッカート尺度で測定された（値が大きいほど賛成，レンジ：0〜1）。**表5-5**のモデル1では，道徳教育の充実を従属変数とした回帰モデルをOLSで推定した。予想通り保守的なイデオロギーを持つ人ほど道徳教育の充実に賛成する傾向を示したが，政治非関与は有意な効果を示さなかった。コントロール変数では学歴と文化資本が負の関連を示した。次に，モデル2では従属変数をプライバシーや権利の制限に入れ替えて同様の推定を行った。その結果，保守的なイデオロギーはプライバシーや権利の制限への賛成と正の関連を示した。保守的なイデオロギーを持つ人はこれら2つの権威主義的な政策に対して一貫して賛成する傾向を示している。一方，道徳教育の充実とは関連を示さなかった政治非関与はモデル2では正の関連を示した。つまり，イデオロギーの効果に加えて，政治への関与を避ける人ほど治安を守るためにプライバシーや個人の権利が制約されることに賛成する傾向がある。道徳教育の充実は政治非関与者が重視する私生活へ大きなインパクトをもたらさないのに対して，治安は私生活のクオリティに直結する問題だからであろう。しかし，ここでプライバシーや個人の権利が制限

表 5-5　権威主義的政策への賛成を予測する回帰モデル

従属変数：	道徳教育の充実 モデル1	プライバシーや権利の制限 モデル2	モデル3
	非標準化係数（B）		
性別（女性）	−0.006	0.014	0.017
	(0.015)	(0.019)	(0.019)
年齢	−0.000	−0.001*	−0.001*
	(0.001)	(0.001)	(0.001)
学歴	−0.129**	−0.123**	−0.116*
	(0.035)	(0.047)	(0.046)
主観的階層	−0.014	0.005	0.000
	(0.034)	(0.045)	(0.045)
文化資本	−0.093**	−0.173**	−0.171**
	(0.028)	(0.036)	(0.035)
イデオロギー（保守）	0.129**	0.205**	0.459**
	(0.041)	(0.047)	(0.119)
私生活志向（政治非関与）	0.016	0.169**	0.512**
	(0.051)	(0.062)	(0.159)
イデオロギー（保守）×私生活志向（政治非関与）			−0.620*
			(0.264)
切片	0.779**	0.571**	0.427**
	(0.050)	(0.064)	(0.088)
ケース数	1,110	1,098	1,098
決定係数	0.046	0.086	0.093

カッコ内は標準誤差
**$p<0.01$, *$p<0.05$, +$p<0.1$
出所：スマートニュース・メディア価値観全国調査 2023

されることの重要性が政治非関与者によってどこまで考慮されたかは明らかではない。プライバシーや個人の権利の制限は国家による個人の統制を強化する政策であり，政治的自由度の低下と権威主義化につながりかねない。たとえば中国では検閲や監視によってプライバシーが守られにくく，さらにコロナ禍における厳しいロックダウンに見られたように個人の権利が制限されやすい。もちろん，プライバシーや個人の権利の制限に賛成することが直ちに社会の権威主義化を招くわけではないが，政策のインプリケーションとしては権威主義化と方向性を同じくするものであろう。しかし，政治非関与者はこうした政策のイデオロギー的含意を十分に考慮することなく，治安＝私生活の安全・安心という側面のみをみて賛成している可能性がある。

　このことを検討するために，モデル3ではイデオロギーと政治非関与の交互作用項を追加的に独立変数として投入し，イデオロギーと政治非関与がどのように関連しながらプライバシーや個人の権利の制限への賛成に結びついているのかを分析する。表5-5のモデル3では，イデオロギーと政治非関与の交互

第 5 章　私生活志向は何をもたらすか　　　167

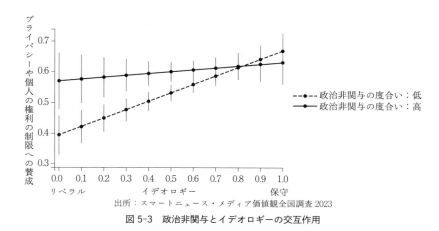

出所：スマートニュース・メディア価値観全国調査 2023

図 5-3　政治非関与とイデオロギーの交互作用

作用項は負の有意な効果を示している。この交互作用をより直感的に理解するため，政治非関与の度合いが高い人（平均+1標準偏差）と低い人（平均−1標準偏差）のそれぞれについて，イデオロギーがプライバシーや権利の制限への賛成とどのように結びついているのかを示したのが図 5-3 である。

　まず，政治非関与度の低い層（破線のグラフ）では，グラフの傾きが大きく，イデオロギーとプライバシーや権利の制限の関連が強いことが示されている。つまり，比較的政治へ関与する人々は，この質問に対してイデオロギー的な判断をしている。Y 軸の中点は 0.5 であるため，イデオロギー的にリベラル寄りの人（X 軸上で左側に位置する人）の賛成度は 0.5 より低く，プライバシーや権利の制約には反対であることがわかる。一方，保守的なイデオロギーを持つ人（X 軸上で右側に位置する人）の賛成度は 0.5 よりも大きく，治安のためのプライバシーや権利の制約に賛成する傾向がある。

　では，本章が注目する政治非関与度の高い人はどのような傾向を示すだろうか。まず，図 5-3 より，政治非関与度の高い人（実線のグラフ）は傾きが小さく，ほぼフラットになっている。これは，政治非関与度の高い人の間ではイデオロギーとプライバシーや権利の制約との関連がほとんど見られないことを意味している。表 5-2 より，そもそも政治非関与度の高い人はイデオロギー的傾向が弱く，イデオロギーを尋ねる質問への回答が欠損する傾向があることが示されていた。図 5-3 は，政治非関与度の高い人は自身のイデオロギー的位置について回答したとしても，その回答は個別の政策争点態度とは結び付いて

いないことを意味している。つまり，政治非関与者はイデオロギー的な政策判断をしない傾向がある。このことは池田（2007）の結果とも一貫している。より重要な結果は，政治非関与度の高い人の賛成度は総じて0.5よりも上にあり，イデオロギーとは無関係にプライバシーや権利の制約に賛成する傾向があることである。このことは，政治非関与者はイデオロギー的な判断で「法と秩序」を重視するがゆえにプライバシーや権利の制限に賛成しているのではなく，彼らが重視する私生活における治安の重要性ゆえに賛成しているという解釈と矛盾しない。

　「法と秩序」を重視するためにプライバシーや個人の権利が一定程度制限されるのはやむを得ないという考え方は，保守主義的なイデオロギーの1つの表れとして考えうる。そもそも生活の安全や安心が保証されなければ政治参加や自己実現など脱物質主義的な価値観も成り立たないわけであるから，プライバシーや個人の権利よりもまずは治安が優先されるべきという考え方そのものが間違っているわけではない。しかし，政治非関与者はそうしたトレードオフやイデオロギー的な判断をしてプライバシーや権利の制約に賛成しているかどうか疑わしい。これまでの分析で明らかなように，政治非関与者の政治知識やニュースに対する注意のレベルは低く，政治は監視していく対象であるという意識も薄い。一方では，現政権に対する業績評価が高く，統治の不安も低い。このように政治的洗練性や熟考を欠いた状態で政治非関与者が政権を追従的に支持し，権威主義的な政策に対して私生活に対する重要性という視点のみから賛成することは，世論のレベルでの「民主主義の後退」を引き起こしかねない。自助努力志向と同様，政治非関与者が政治的領域から退却することは，彼らが政治に対してインパクトをもたらさなくなるということではない。むしろ，「イデオロギーなき保守主義」あるいは「イデオロギーなき権威主義」といった固有の政治的インプリケーションをもたらしうるのである [16]。

さいごに——「私生活志向のゆくえ」再考

　本章の結果をまとめよう。まず，私生活志向の下位概念である政治非関与傾

---

16) これらの主張は，池田（2007）が主張したように，1980年代の保守復調の背景として指摘される「保身化」・「脱政治化」（広岡 1988）や「生活保守主義」（村上 1984）との共通点を持っている。1980年代と2020年代の違いについては稿を改めて論じたい。

向は日本社会に広く行き渡っており，時系列的には上昇傾向を見せていた。政治非関与傾向は性別，年齢，学歴，主観的階層，文化資本などによって部分的に説明され，政治非関与傾向の強い人は，政治参加や政治知識のレベルが低く，自身のイデオロギーを認識しない傾向があった。一方では，現政権の業績評価が比較的高く，統治の不安も低い傾向がある。また，政治非関与傾向の強い人はニュースを避け，偶然に政治的情報に接触する機会も少ない。にもかかわらず，メディアへの信頼感は高く，メディア利用における自己効力感も高い傾向があった。さらに，政治非関与傾向の強い人はイデオロギー的判断をしにくいが，自助努力志向が強く権威主義的政策への賛成が高いなど，結果的に保守的な傾向を示した。

　2000 年代に「私生活志向のゆくえ」について考察した池田（2007）は，豊かな消費生活を目指す志向性の中に社会参加の芽を見出しつつも，総体としては私生活志向がネガティブなマクロ的帰結をもたらすと論じている。個々人が私生活の充実に勤しむことは自然であるが，誰もがそのようになれば政治過程への入力はやせ細り，社会関係資本も蝕まれるというのだ。参加民主主義理論（e.g., Pateman 1970）の立場から見れば，この懸念は重大である。参加民主主義は，市民が政治に参加していく過程において民主的な市民性（citizenship）を身につけ，それによって政治的な意思決定の質が上がり，社会が安定すると考える。ここでは，利己的な個人は政治参加を通して「教育」され，公共心に富む市民に成長するという過程が想定されており，だからこそ参加の重要性が強く認識されている。ロバート・パットナムによる社会関係資本論も政治参加や社会参加が「民主主義の学校」として機能すると考える点において，共通している。この立場から見れば私生活志向は極めて問題含みである。政治に参加せず私生活を充実させることに専心することは，利己的な個人から公共心に富む市民へ転換できないことを意味する。また，表 5-1 で見たように，政治非関与傾向は女性や若年層，低学歴層など政治的に代表されにくい層で特に強くみられるため，政治的代表の観点からも格差の拡大が懸念される。特に，学歴に回収されない文化資本の効果（表 5-1 参照）は，こうした参加の格差が家庭における文化の問題に起因している可能性を示唆しているため，参加の格差の再生産という観点から懸念が抱かれる。

　一方，参加よりも政治システムの安定を重視する立場から見れば，私生活志向が強く政治に関与しない人々が一定程度いることは民主主義を安定させると

いうポジティブな面も見いだせる。政治的洗練性の低い層が大量に政治参加すると政治システムが不安定化する可能性があるため、むしろそうした層が政治に関与しないことは民主主義にとって望ましいという見方もあり得る（Almond & Verba 1963; Berelson 1952）。しかし、本章で見てきたような政治非関与傾向の強い人々は本当に政治システムを安定させるのだろうか。政治非関与のポジティブな側面に焦点を当てた議論は、政治非関与者は政治システムに何も入力しないからこそ安定に寄与すると考えている。実際、本章の分析で明らかになったように、政治非関与傾向の強い人は投票やその他の政治参加のレベルは低いだけでなく、現政権の業績評価も高い。したがって、彼らが「満足」しつつ関与しないのであれば、実際にシステムの安定には寄与しているかもしれない。

　しかし、政治に関与しない人々は政治的な判断を行っていないわけではない。彼らは私生活を重視しているがゆえに、何らかの政治的傾向を持たざるを得ない。政治に関与しないがゆえに公的な制度の役割や重要性が認識されづらく、私生活の充実には自助努力しかないと、あたかも「小さな政府」を支持する保守主義者のような政策的態度を持つ。治安という私生活の基盤を重視するがゆえに、プライバシーや個人の権利が多少犠牲になっても仕方がないと、あたかも権威主義者のような政策態度を示す。私生活志向の高い人から見れば政治は遠いものかもしれないが、私生活志向そのものは明確な政治的含意を持っているのである。このような人々がもたらす「安定」とは何か。それは政治システム全体の安定ではなく、保守的あるいは権威主義的なイデオロギーをもつ政権にとっての「安定」なのではないか。また、ニュースを回避しつつも現政権の業績評価を高く評価する政治非関与者は、「監視する市民」として、重大な政治的イベントが発生したときに鳴らされる「警報」に反応できるのだろうか。「警報」に反応する人がいなければ、異議申し立てや改革への機運も高まらず、「安定」が持続するかもしれないが、それは民主主義にとって望ましいことなのだろうか。本章の分析が明らかにした政治非関与者の特徴は、政治システムの安定を重視する民主主義理論が想定したような「政治性のない無関心層」とは異なる可能性を示している。

　本章の冒頭では、「分断」や「分極化」に関する既存の議論が政治への関与を前提としていることを指摘し、政治から退却してしまった人々を視野に入れた議論の必要性を論じた。たとえばイデオロギー的な分断は、自身のイデオロギー的立場を認識している人々の中での分断である。しかし、イデオロギーは

自助努力志向と関連を示さない一方で，政治非関与は明確な関連を示した。つまり，日本における自助 vs. 公助という対立は，イデオロギーに沿った分断ではなく，政治に関与するかしないかという軸に沿った分断となっている。権威主義的政策に対する賛否ではイデオロギーも関連を示したが，イデオロギーの効果を統制してもなお政治非関与が賛否に対する有意な効果を示した。これらの結果は，いまだ探索的な知見の域を出ていないものの，日本における分断は，少なくとも部分的には政治との距離による分断である可能性を示唆している。この，政治に関与する人としない人の分断は，日本に特徴的な現象であるのかどうかも含めて，今後さらなる分析が必要となる。

参考文献

Almond, Gabriel A., & Verba, Sidney (1963) *The Civic Culture*. Princeton University Press.

浅野智彦 (2021)「デジタルネイティブ世代は分極化しているか」，辻大介編『ネット社会と民主主義——「分断」問題を調査データから検証する』有斐閣，113-135.

Baum, Matthew A. (2003) Soft news and political knowledge: Evidence of absence or absence of evidence? *Political Communication*, 20(2): 173-190. https://doi.org/10.1080/10584600390211181

Berelson, Bernard (1952) Democratic theory and public opinion. *Public Opinion Quarterly*, 16: 313-330. https://doi.org/10.1086/266397

Citrin, Jack, McClosky, Herbert, Shanks, J. Merrill, & Sniderman, Paul M. (1975) Personal and political sources of political alienation. *British Journal of Political Science*, 5(1): 1-31.

Crozier, Michel, Huntington, Samuel P., & Watanuki, Joji (1975) *The Crisis of Democracy*. New York University Press.

Gamson, William A. (1968) *Power and Discontent*. Dorsey Press.

Gil de Zúñiga, Homero, Weeks, Brian, & Ardèvol-Abreu, Alberto (2017) Effects of the news-finds-me perception in communication: Social media use implications for news seeking and learning about politics. *Journal of Computer-Mediated Communication*, 22(3): 105-123. https://doi.org/10.1111/jcc4.12185

広岡守穂 (1988)『ポストモダン保守主義——業績がものをいう社会の陥穽』有信堂.

池田謙一 (2007)「私生活志向のゆくえ——狭められる政治のアリーナ」，池田謙一編『政治のリアリティと社会心理——平成小泉政治のダイナミクス』木鐸社，201-228.

Iyengar, Shanto, Sood, Gaurav, & Lelkes, Yphtach (2012) Affect, not ideology: A social identity perspective on polarization. *Public Opinion Quarterly*, 76(3): 405-431. https://doi.org/10.1093/poq/nfs038

蒲島郁夫・境家史郎 (2020)『政治参加論』東京大学出版会.

小林哲郎 (2016)「情報に関する意識」，池田謙一編著『日本人の考え方 世界の人の考え方——世界価値観調査から見えるもの』勁草書房，224-244.

小林利行（2015）「低下する日本人の政治的・社会的活動意欲とその背景——ISSP 国際比較調査「市民意識」・日本の結果から」『放送と調査』65: 22-41.

Kobayashi, Tetsuro, Miura, Asako, Madrid-Morales, Dani, & Shimizu, Hiroshi（2021）Why are politically active people avoided in countries with collectivistic culture? A cross-cultural experiment. *Journal of Cross-Cultural Psychology*, 52(4): 388-405. https://doi.org/10.1177/00220221211008653

Levi, Margaret, & Stoker, Laura（2000）Political trust and trustworthiness. *Annual Review of Political Science*, 3(1): 475-507. https://doi.org/10.1146/annurev.polisci.3.1.475

Maksl, Adam, Ashley, Seth, & Craft, Stephanie（2015）Measuring news media literacy. *Journal of Media Literacy Education*, 6(3): 29-45. https://doi.org/10.23860/jmle-6-3-3

Miller, Arthur H.（1974）Political issues and trust in government, 1964-1970. *American Political Science Review*, 68: 951-972. https://doi.org/10.2307/1959140

村上泰亮（1984）『新中間大衆の時代』中央公論社.

Nachmias, David（1974）Modes and types of political alienation. *British Journal of Sociology*, 25: 478-493. https://psycnet.apa.org/doi/10.2307/590156

Newton, Kenneth（2007）Social and political trust. In Dalton Russell J, Klingemann Hans-Dieter（eds）. *Oxford Handbook of Political Behavior*. Oxford University Press, 342-361.

大嶽秀夫（2006）『小泉純一郎 ポピュリズムの研究——その戦略と手法』東洋経済新報社.

Pateman, Carole（1970）*Participation and Democratic Theory*. Cambridge University Press. （＝1977, 寄本勝美訳『参加と民主主義理論』早稲田大学出版部）

Pharr, Susan J.（1997）Public trust and democracy in Japan. In J. S. Nye, P. D. Zelikow, & D. C. King（eds.）, *Why People Don't Trust Government*. Harvard University Press, 237-252.

Poole, Keith T., & Rosenthal, Howard（1984）The polarization of American politics. *Journal of Politics*, 46(4): 1061-1079. https://doi.org/10.2307/2131242

Schudson, Michael（1998）*The Good Citizen: A History of American Civic Life*. Free Press.

Stokes, Donald E.（1962）Popular evaluations of government: An empirical assessment. In H. Cleveland & H.D. Lasswell（eds）, *Ethics and Bigness: Scientific, Academic, Religious, Political and Military*. Harper, 61-72.

田中辰雄・浜屋敏（2018）『ネットは社会を分断しない』KADOKAWA.

辻大介編著（2021a）『ネット社会と民主主義——「分断」問題を調査データから検証する』有斐閣.

辻大介（2021b）「ネットは世論を分極化するか——政権支持と改憲賛否を中心に検証する」, 辻大介編著『ネット社会と民主主義——「分断」問題を調査データから検証する』有斐閣, 181-200.

Zaller, John（2003）A new standard of news quality: Burglar alarms for the monitorial citizen. *Political Communication*, 20(2): 109-130. https://doi.org/10.1080/10584600390211136

善教将大（2013）『日本における政治への信頼と不信』木鐸社.

第6章

日本人の道徳的な傾向は分断に結びついているのか
—— 道徳的価値観による分断

笹原和俊・松尾朗子

本章では，米国を中心に社会的・政治的分断の背後にあると論じられている道徳基盤理論を日本の文脈において適用し，日本人の道徳的価値観と社会的分断の関係性を探る。特に，個人志向と連帯志向がイデオロギーや政策争点に対する態度，諸外国の選好や嫌悪とどう関係するか，さらに日本固有の神聖観が社会的態度や行動に及ぼす影響の可能性を考察する。これらの分析を通じて，分断軸3「道徳的価値観」を理解し，より包摂的な社会を構築するための洞察を提供する。

〈本章のポイント〉

・日本人の道徳的価値観である個人志向，連帯志向，穢れ観が社会の分断軸の1つとして機能し，これを検討することの有効性が示された。
・個人志向と連帯志向は保守－リベラルのイデオロギーと密接に関わり，リベラルと保守的な価値観の間に複雑な関係が存在することが明らかになった。
・個人志向は同性婚や移民受け入れに対する肯定的な態度と関連し，連帯志向はこれらに対して否定的な態度と関連することが示された。
・個人志向はロシアや北朝鮮に対する否定的な態度と関連し，連帯志向はこれらの国に対して，ある程度肯定的な態度に傾斜させる傾向がある。
・日本人固有の神聖基盤である穢れ観が社会的分断に関係する可能性や，異なる文化や宗教観に基づいた社会的包摂への道筋を提供する可能性が示された。
・日本人の穢れ観とワクチン陰謀論や保守－リベラルのイデオロギー，SDGs行動との関連性が示された。

はじめに

(1) 道徳的分断の顕在化

　世界各地で，社会の「分断」が深刻化していると言われている。この分断とは，政治，経済，文化などの要因によって引き起こされる人々の間の隔たりや断絶，共通理解の欠如を意味する。とりわけ，アメリカで2016年にトランプ大統領が誕生し，その後に生じた社会の混乱は分断を強く印象付けた（Levitsky & Ziblatt 2018）。

　同様の状態を指し示す言葉として，「分極化」が用いられることもある。これは，特定の問題において異なる集団が相反する極端な立場を取ることを指す。例えば，アメリカにおける富裕層と貧困層の格差（経済的分極化），リベラルと保守の間の価値観の乖離（イデオロギー的分極化），そして，相互の深い嫌悪感に基づく激しい対立（感情的分極化）があげられる。分断と分極化は厳密には区別される概念だが，これらは互いに関連し合う構造をもっている。

　実際に，社会の分断や分極化は深刻化しているのだろうか。本書第1章で示したように，アメリカの場合，ピュー・リサーチセンターが1994年から継続的に行っている調査の結果は，約20年の間に保守‐リベラルのイデオロギーをはじめ，さまざまな価値観において，リベラルと保守の間の差が急激に開き，共通基盤が失われていっていることを示している（本書図1-1を参照）。

　では，もっと長い時間スケールではどうだろうか。その問いに関して，図6-1は，分断や分極化が進行していることをビッグデータで間接的に裏付けるものである。この図は，グーグル・ブックス[1]における，1900年から2019年までの「社会的分断」「経済的分極化」「イデオロギー的分極化」「感情的分極化」「道徳的分断」という5つの用語の出現頻度の時間的推移を示している[2]。これを見ると，5つの関連用語の中でも感情的分極化は，近年になって

---

1) Google Books Ngram Viewer は，Googleが提供するツールで，公開されている1800年から2000年代までの書籍の大規模なデジタルコレクションを分析し，特定の単語やフレーズが過去の書籍に登場した頻度を調べることができる。言語の使用の変化，文化的トレンド，社会的な関心の変遷を探索するのに用いられる（Michel et al. 2011）。

2) 検索に用いた英単語は，social divide（社会的分断），economic polarization（経済的分極化），ideological polarization（イデオロギー的分極化），affective polarization（感情的分極化），moral divide（道徳的分断）である。

第6章 日本人の道徳的な傾向は分断に結びついているのか　　175

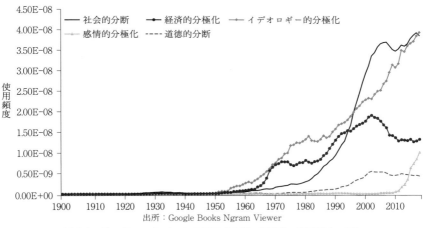

図6-1　グーグル・ブックスにおける「分断」関連語の使用頻度の変化

使用されるようになったが，それ以外の4つは，1930年頃から頻繁に出現していたことがわかる（いずれも，初出は1800年代に遡る）。特に，社会的分断とイデオロギー的分極化の頻度が他の類似概念に比べて急峻に増加している。出版された書籍は「時代を映す鏡」である。これら5つの用語の使用頻度が足並みを揃えて増大しているということは，これらが社会問題として言及される機会が増え，歴史を通じて，社会における分断と分極化が深刻化していることの傍証である。

　ここで注目したいのは，道徳的分断という概念である。図6-1において，道徳的分断の使用頻度は他の4つと比べて小さく，あまり聞き慣れない用語かもしれない。しかし，1930年頃に出現してから使用頻度が増加し，2000年以降は一定の水準で見られるようになっている。これはつまり，歴史を通じて，宗教や人種，階級や性別などのさまざまな要因で対立が社会に存在していたが，これらの対立が道徳の観点から問題視されるようになったことを示唆している。1980年代からリベラルと保守の文化戦争が激化し，アメリカを中心に，中絶の権利，同性婚，移民の受け入れ，環境保護など，多くの社会問題が道徳的な議論の対象となった。実際にグーグル・ブックスにおいて，「道徳的分断」という用語を含む英語資料の該当箇所の記述から，このことを確認することができる。

では，道徳は社会の分断をどのように説明できるのだろうか。また，日本でも社会の分断が深刻化していると報じられているが，道徳は，日本でも分断の軸として有効で，欧米と同様の議論が行えるのだろうか。「スマートニュース・メディア価値観全国調査」（以下，SMPP調査）を通じてこれらの問いに答えるのが，本章の目的である。

(2) 規範としての道徳，直感としての道徳

道徳には「規範」としての側面と，「直感」としての側面の2つがある（Gert & Gert 2000）。規範としての道徳は，社会や文化によって定められた行動規範や倫理の枠組みを指す。法律や宗教，社会的慣習などが含まれ，個人が社会の一員として守るべき行動のガイドラインを提供する。これらの規範は，社会的な秩序の維持と集団内での協力を促し，個人が集団の期待に応えることによって社会に適応し，認められることを可能にする。このような，規範としての道徳を考える背後には，人は理性に基づいて，何を「善」または「正しい」，「悪」または「間違い」なのかを判断するという仮定がある。これは，伝統的な社会科学に登場する，人間を「合理的な意思決定者」とみなすモデルに相当する。

一方，近年盛んになっているのが，人間の「直感的な意思決定者」としての側面を扱う社会科学である。社会心理学，認知心理学，行動経済学などの分野では，直感的な判断の背後にあるメカニズムに関する実証研究が進展している。具体的には，意思決定過程における「感情」や「認知バイアス」の影響，思考プロセスが直感と論理の2つの異なるシステムによって行われるとする「デュアルプロセス理論」，そしてこれらの人間の特性を活かして行動変化を促す「ナッジ」が活発に研究されている（Tversky & Kahneman 1974; Thaler & Sunstein 2008）。

この文脈で，直感としての道徳は，特に注目される概念である。これは，個人が直感的に，つまり感情や無意識の判断に基づいて，何が正しく何が間違っているかを瞬時に感じ取る能力を指す。この能力は，道徳的なジレンマや選択に直面した際に迅速な判断を下す基礎となり，個人が日常的に直面する多様な状況で「正しい行動」を選択するのに役立つ。

規範としての道徳と直感としての道徳は，相互に影響を与え合いながら，社会的分断にも影響を及ぼす動的な関係にある。異なる社会や文化，集団が持つ

道徳観は，しばしば自己や内集団の規範を正しいものと捉え，他者や外集団の規範を誤りであると見なす。このような観点の違いは，集団間の理解不足や不信感を引き起こし，結果として社会的分断を深める可能性がある。特に政治的，宗教的，文化的，経済的な価値観が異なる集団間では，道徳的解釈の違いが深刻な対立を引き起こすことがある。

この道徳的解釈の基盤となるのが，直感としての道徳である。これは生まれながらに持つ能力と，個人が育った環境，そして文化，宗教，社会的経験によって形成される側面がある。直感的な道徳感覚は，日常の意思決定から政治的投票行動に至るまで，幅広い影響を及ぼす。これらの直感的な道徳感覚と，集団によって異なる規範としての道徳観が相互作用し，社会的な分断や争いの原因となることが多い。ここでは，このような直感的な道徳感覚を「道徳的価値観」とよぶ。

異なる環境で生まれ育った人々が，異なる道徳的価値観をもつことは自然なことだが，それは時として相互の理解や共感の欠如を引き起こし，異なる価値観を有する集団間の対話を困難にする可能性がある。基本的な価値観の相違は，集団間の分断をさらに深める原因となる。日本において，人々の道徳的価値観の相違が社会的分断にどのように関わっているのかを，先行研究とSMPP調査の結果を総合して見ていく。

(3) 道徳基盤理論と保守 – リベラルのイデオロギー

社会の分断や分極化を理解するためには，表面的な違いを見るのではなく，その背後にある人々の道徳的価値観を理解することが重要になる。そのことを調査するにあたり参考にするのが，道徳心理学者のジョナサン・ハイトによる「道徳基盤理論」（Moral Foundations Theory）である（Graham et al. 2009; Haidt et al. 2008; Haidt 2012）。ハイトは道徳的価値観という観点から，アメリカ社会の分断に対する1つの説明を与えた。

この理論によれば，人間は生まれながらにして5つの道徳基盤を持っており [3]，これらの基盤に対する感受性は，個人の経験や発達，その人が置かれた環境や文化によって変化するとされる。そして，道徳的な判断や意思決定は，

---

3) これらに加え，「自由／抑圧からの解放」を6番目の道徳基盤として含める場合もあるが，ここでは5つの道徳基盤に基づいて調査を行った。

これらの道徳基盤の組み合わせに基づいて行われるとされる。

- ・ケア／危害：弱者を保護し，人を傷つけないという価値観
- ・公正／欺瞞：正義を重んじ，不平等は認めないという価値観
- ・忠誠／背信：仲間を裏切らず，集団への義務を重んじる価値観
- ・権威／転覆：伝統や社会秩序を尊重する価値観
- ・神聖／堕落：汚染や病気を避け，自然の秩序を乱さないという価値観

　ケアと公正の基盤は，個人が他者や社会から傷つけられたり，不公平な扱いを受けたりすることを避けるべきであるということに焦点が当てられている価値観である。一方，忠誠，権威，神聖の基盤は，個人の尊厳よりも集団における役割や社会の秩序に焦点が当てられている価値観である。そのため，ケアと公正の基盤をまとめて「個人志向」，忠誠，権威，神聖の基盤をまとめて「連帯志向」として扱うことがある。個人志向とは，個人の権利や福祉に重きを置く価値観のことで，連帯志向とは集団の福祉と結束を重視する価値観のことである。

　ハイトたちは，道徳的な善悪を判断する際に，人々が5つの基盤をどの程度重視しているのかを測定するために，道徳基盤尺度（Moral Foundations Questionnaire; MFQ）を作成した（Graham et al. 2009）。道徳基盤尺度の最初のバージョンは，道徳基盤ごとに3つの質問項目からなる，計15の項目で構成されている。例えば，「その行為が残酷かどうか」（ケア），「権威者に対する敬意があるかどうか」（権威）に関して，「全く関係ない（0）」から「非常に重要（5）」まで，それぞれの基盤を重視する程度を6件法でたずねている。

　ハイトたちは道徳基盤尺度を用いて，アメリカにおける保守－リベラルのイデオロギーと道徳基盤との関係を調査した。その結果，リベラルと保守の間で，どの道徳基盤を重視するかに関して顕著な違いがあることが明らかになった。図6-2を見ると，リベラルはケアと公正の基盤を特に重要視しており，リベラルが弱者の保護や社会的公正に強い関心を持っていることを示している。一方，保守は，忠誠，権威，神聖の基盤により大きな価値を置いており，これは保守が社会秩序，伝統，共同体への忠誠をより重視していることを示唆している。この結果は，道徳基盤と保守－リベラルのイデオロギーの関係性を捉えた最初の証拠である。ハイトの研究グループによって道徳基盤尺度はさらに改良

第6章 日本人の道徳的な傾向は分断に結びついているのか　　179

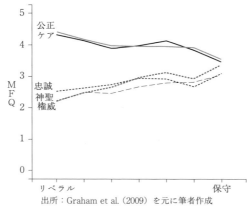

出所：Graham et al.（2009）を元に筆者作成

図 6-2　米国における道徳基盤と政治的イデオロギーの関係

され，追試も行われているが，基本的には同様の結果が得られている。この研究結果は，アメリカにおける保守−リベラルのイデオロギーの分断が，単に表面的な意見の相違にとどまらず，より深い道徳的価値観の違いに根ざしていることを示唆している。このような定量的な知見に基づく洞察は，イデオロギー的分極化や感情的分極化の実態の解明と国際比較をする上で重要な意味を持つ。

(4) 日本人の道徳的価値観の測定

　ハイトたちによって改良された道徳基盤尺度は，道徳的な善悪判断の場面において，各基盤を重要視する程度を問う 15 問（判断部）に加えて，各基盤に対応する主張や意見に同意できる程度を問う 15 問（関連部）の計 30 問からなる（実際には，ダミー項目の 2 つが追加された 32 問が使われる）。道徳基盤尺度の判断部の質問については前項(3)で例をあげた。道徳基盤尺度の関連部の質問は，例えば，「苦しんでいる人や困っている人への思いやりの念は最大の美徳である」などの文章を読んでもらい，「まったく同意しない（0）」から「非常に同意する（5）」までの 6 件法で回答をしてもらう。現在は，関連部と判断部からなるこのバージョンの道徳基盤尺度が，広く調査に使われている（MFQ30 ともよばれる）[4]。道徳基盤尺度は多数の個別言語に翻訳され（2024 年 2 月時点で 39 言語），日本語版（金井 2013）を含め，MoralFoundations.org のサイトで公開されている[5]。

　ハイトたちが提唱する 5 つの道徳基盤は，欧米人を対象とした調査の結果を

因子分析して特定されたものである。したがって，異なる国や文化，政治や宗教の文脈で，これらが道徳基盤たりうるのかを確認する作業が必要である。実際，アジアの文脈においても道徳基盤尺度を用いた検討も始まっており，原子力，死刑，安楽死などの問題に対する態度と人々の道徳的価値観が関連することが報告されている（Hsieh & Chen 2021）。

　日本においては，村山・三浦（2019）が，道徳基盤尺度日本語版の妥当性と信頼性を詳細に検証し，道徳基盤と保守－リベラルのイデオロギーとの関連を探求している。この研究はSMPP調査とも関わるため，ここでは主要な研究結果を概観する。

　研究1では，クラウドソーシングサービスを通じて募集した日本人成人から，全ての設問に回答した855名のデータを分析対象とした。道徳基盤尺度日本語版を用いて，道徳基盤に基づく個人の価値観を測定し，ケア，公正，忠誠，権威，神聖の5つの基盤からなる5因子モデルの適合性が示された。さらに，リベラルな政治的立場はケアと公正の基盤と正の相関があり，保守的な政治的立場は忠誠，権威，神聖の基盤と正の相関があることが明らかになった。しかし，一部の道徳基盤で内的一貫性の低さや，理論と異なる相関のパターンが指摘された。

　さらに研究2では，研究1の参加者のうち553名を対象に，再検査信頼性と保守－リベラルのイデオロギーとの関連性について詳細な分析を行った。特定の社会的シナリオに対する反応と道徳基盤との関連を検討し，再検査信頼性が確認されたものの，特定の道徳基盤と保守－リベラルのイデオロギーとの関連性には複雑な結果が示された。在留資格や国歌斉唱に対する意見はイデオロギーとの関連が示されたが，労働格差シナリオでは明確な関連が見られなかった。

　この研究を通じて，道徳基盤尺度が日本の文化的背景下での道徳基盤を評価するのに効果的であることが明らかになった。しかし，特定の道徳的基盤の解釈，文化や宗教の違いが与える影響には注意が必要であり，これらの点につい

---

4)　ハイトたちはMFQの他に，テキストから5つの道徳基盤を測定するための道徳基盤辞書（Moral Foundations Dictionary; MFD）を作成し，公開している。MFDは英語で記述されたテキストから，自然言語処理の手法で道徳基盤を計測するための有効なツールである。著者たちはMFDの日本語版（J-MFD）を作成し，日本語のテキストデータで評価した（Matsuo et al. 2019）。J-MFDはMITライセンスで公開されている（https://github.com/soramame0518/j-mfd/）。

5)　https://moralfoundations.org/questionnaires/

第6章　日本人の道徳的な傾向は分断に結びついているのか　　181

てはさらに調査する必要があるとされている。そのような研究の1つとして，
日本人独特の神聖観を探索する試みがあり（Kitamura & Matsuo 2021），それに
ついては本章2節で詳細に述べる。

6.1 日本人の道徳的価値観——個人志向と連帯志向

(1) SMPP調査における道徳的価値観の測定

　SMPP調査では，全体の質問数との兼ね合いから，20項目からなる道徳基
盤尺度短縮版（MFQ20ともよばれる）の日本語訳を用いている。道徳基盤尺度
短縮版は，ケア，公正，忠誠，権威，神聖のそれぞれの基盤に対して，道徳的
判断をたずねる質問が各2つずつ（問39），道徳的関連をたずねる質問が各2
つずつ（問40）の計20問からなり，ダミー質問はない（表6-1を参照）。道徳
基盤尺度短縮版を用いている点は，完全版を用いた先行研究とは異なるため，

表6-1　スマートニュース・メディア価値観全国調査における道徳基盤尺度（短縮版）の質問項目と
　　　　関係する道徳基盤

問39	次の文章を読んで，あなたがどの程度同意するかについて，あてはまるところを1つずつお選びください（1. まったく同意しない～6. 非常に同意する）	道徳基盤
1	苦しんでいる人や困っている人への思いやりの念とは最大の美徳である	ケア
2	政府が法律を作る際，一番重要視されるべきことは，すべての人が公平な扱いをうけることだ	公正
3	私は自分の国の歴史を誇りに思う	忠誠
4	子供たちはみな，権威を尊敬することの大切さを教わるべきだ	権威
5	たとえ誰も傷つかないとしても，不快極まるような行動をとるべきではない	神聖
6	無防備な動物を傷つけることは，人間として最低な行動だ	ケア
7	正義とは社会にとって，必要とされる大切なものだ	公正
8	たとえ家族の誰かが間違いを犯したとしても，家族を大切にする気持ちを持ち続けるべきだ	忠誠
9	男性と女性には，それぞれ社会の中で異なる役割がある	権威
10	自然の摂理に反するような行動は間違っている	神聖
問40	ある人の行為が倫理的に正しいか間違っているかを判断するときに，次のような判断材料はあなたの考え方にどの程度関係しますか（1. 全く関係がない～6. 極めて関係がある）	道徳基盤
1	誰かが精神的に傷ついたかどうか	ケア
2	一部の人々が他とは違う扱いを受けていたかどうか	公正
3	行動に自国への愛があったかどうか	忠誠
4	権威に対する敬意が欠落していたかどうか	権威
5	純粋さや礼儀正しさの一般的基準に違反しているかどうか	神聖
6	弱い人や傷つきやすい人に対する配慮があったかどうか	ケア
7	不公平な行動をとっていたかどうか	公正
8	自分の所属するグループに対する裏切り行為があったかどうか	忠誠
9	社会の伝統的なしきたりに従っていたかどうか	権威
10	気持ちの悪くなるようなことをしたかどうか	神聖

分析結果の比較には注意を要する。また，道徳基盤尺度に含まれる神聖基盤に関する項目は，キリスト教の価値観に基づくものであるため，日本人固有の神聖観を捉えるための質問（問41）を道徳基盤尺度とは別に設けた（2節で後述）。

　他章では，SMPP調査における郵送調査の回答データを分析対象としているが，本章では，道徳基盤と楽天インサイトのパネル登録者の生活意識データとを紐付けた分析を行うために，インターネット調査の回答データを分析対象とした（回答数は2000）。ただし，道徳基盤の因子構造は，郵送調査でもインターネット調査でも違いがないことを確認している。本章では，インターネット調査の回答の分析結果に基づいて議論を進める。

　以降では，道徳を分断軸の1つとして理解するために，SMPP調査における日本人の道徳基盤の構造が，先行研究と同様の特徴を示すかどうかを議論する。次に，日本人の道徳的価値観と政策争点に対する態度や海外諸国への選好性の関係について分析し，社会的分断との関わりについて考察する。

(2) 日本人の道徳基盤の再検討

　SMPP調査における，道徳基盤尺度短縮版（日本語版）に対する回答の記述統計を示したものが表6-2と表6-3である。道徳基盤尺度短縮版には各道徳基盤に関する質問が4つずつあるが，表6-2は，基盤ごとの4つの回答の平均値（重視の度合い）と標準偏差，信頼性係数（クロンバックのα）を示したものである。この表によると，日本人の各道徳基盤の平均値としては，ケア，公正，神聖の値が相対的に大きく，忠誠と権威はそれらより低いという結果になった。同じく表6-2で，信頼性係数を見てみると，忠誠基盤の内的一貫性が低く，それ以外の4つの道徳基盤についてもそれぞれ弱い信頼性を示した。

　表6-3は，MFQ短縮版の判断部（問40）と関連部（問39）で，各基盤どうしの相関を示したものである。ケアの判断部と関連部のように，同じ基盤どうしの相関が他の基盤との相関よりも高くなる全体的な傾向は確認できた。しかし例外として，忠誠基盤の判断部と関連部の相関は，ケアの関連部と同程度の相関を示したり，神聖（判断部）については，神聖（関連部）よりもケア（関連部）との方が相関が高いという結果になった。

　SMPP調査における，保守－リベラルのイデオロギーと重視する道徳基盤の関係を示したものが図6-3である。これは，図6-2のアメリカの場合と対比されるものである。これらの図の数値の大小を直接比較することはできない

第6章 日本人の道徳的な傾向は分断に結びついているのか　　183

表 6-2　道徳基盤尺度（短縮版）の回答の記述統計

	平均値	標準偏差	α 係数
ケア	4.22	0.84	0.69
公正	4.04	0.83	0.68
忠誠	3.60	0.76	0.49
権威	3.40	0.82	0.58
神聖	4.10	0.82	0.66

出所：スマートニュース・メディア価値観全国調査 2023

表 6-3　道徳基盤尺度（短縮版）における関連部（表頭）と判断部（表側）の相関

判断部／関連部	ケア	公正	忠誠	権威	神聖
ケア	**0.33**	0.29	0.09	0.05	0.25
公正	0.32	**0.33**	0.13	0.05	0.28
忠誠	**0.19**	0.18	**0.19**	0.17	0.18
権威	0.06	0.08	0.25	**0.32**	0.15
神聖	**0.32**	0.28	0.11	0.05	0.30

注：太字は相関係数の最大値
出所：スマートニュース・メディア価値観全国調査 2023

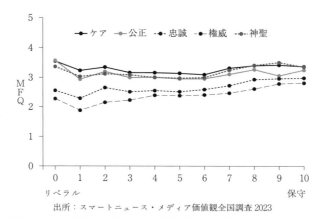

出所：スマートニュース・メディア価値観全国調査 2023
図 6-3　SMPP 調査における日本の道徳基盤と政治的イデオロギーの関係

が，全体的な傾向としては，日本においても保守はケアや公正以外（ここでは，忠誠と権威）の基盤も重視するという傾向が認められた。一方で，ケア，公正，神聖の 3 つの道徳基盤は，保守 - リベラルのイデオロギーにはほとんど依存せず，リベラルにも保守にも重視される傾向が確認された。神聖基盤が，保守 - リベラルのイデオロギー軸上において，ケアや公正の基盤と同様の変化をしているということは，道徳基盤理論が想定する状況とは大きく異なる。

次に，SMPP 調査における道徳基盤の構造を調べた。道徳基盤尺度短縮版のすべての項目を投入した因子分析の結果，5 因子モデルは適応度指標的には良好な当てはまりを示したが（RMSEA＝0.029, 90% 信頼区間 [0.025, 0.034], Tucker-Lewis 指数＝0.978），道徳基盤理論の想定とは異なる因子のまとまりを示すなど，オリジナルの道徳基盤尺度日本語版を使用した村山・三浦（2019）と同様の結果となった。そのため村山・三浦（2019）の結果に準拠し，この先行研究の探索的因子分析において因子寄与率が低く，削除項目（同論文の電子付録の表 S2）以外の項目を対象として道徳基盤尺度短縮版の判断部（問 40）と関連部（問 39）に分けて因子分析を行った。

その結果が**表 6-4** で，表内の数値は因子負荷量を示している。この結果によると，ケアと公正で 1 つのまとまりを，忠誠と権威でもう 1 つのまとまりを形成していることがわかった。まとまった道徳基盤の組み合わせから，前者は「個人志向」，後者は「連帯志向」だと解釈できる。ただし，道徳基盤尺度短縮版に含まれる神聖基盤の質問項目が 4 つとも同先行研究の削除項目に含まれていたため，この因子分析には神聖性に関する項目が含まれていないことに注意する必要がある。これは道徳基盤の文化依存性からある程度予想された結果で

表 6-4　道徳基盤尺度（短縮版）の因子分析の結果

質問の種類	質問	道徳基盤	個人志向 （因子 1）	連帯志向 （因子 2）
関連	弱い人や傷つきやすい人に対する配慮があったかどうか	ケア	0.82	0.01
関連	誰かが精神的に傷ついたかどうか	ケア	0.79	−0.01
関連	不公平な行動をとっていたかどうか	公正	0.77	0.01
関連	行動に自国への愛があったかどうか	忠誠	−0.06	0.76
関連	社会の伝統的なしきたりに従っていたかどうか	権威	0.03	0.71
関連	権威に対する敬意が欠落していたかどうか	権威	0.04	0.64

質問の種類	質問	道徳基盤	個人志向 （因子 1）	連帯志向 （因子 2）
判断	政府が法律を作る際，一番重要視されるべきことは，すべての人が公平な扱いをうけることだ	公正	0.76	−0.11
判断	無防備な動物を傷つけることは，人間として最低な行動だ	ケア	0.66	0.02
判断	苦しんでいる人や困っている人への思いやりの念とは最大の美徳である	ケア	0.57	0.15
判断	子供たちはみな，権威を尊敬することの大切さを教わるべきだ	権威	−0.03	0.42
判断	私は自分の国の歴史を誇りに思う	忠誠	0.05	0.60

注：因子分析は関連部と判断部でそれぞれで行った
出所：スマートニュース・メディア価値観全国調査 2023

はあるが，SMPP調査においては，2節で詳述する日本人固有の神聖観を別に質問することで（問41），道徳基盤尺度短縮版では日本人の神聖基盤が測れない問題点を克服している。

村山・三浦（2019）では，オリジナルの道徳基盤尺度日本語版を用いているため，短縮版を用いたSMPP調査の結果とは，数値を直接比較はできないが，道徳基盤の全体的傾向及び基盤ごとの傾向は比べられる。先行研究と同様，本研究は，各基盤の信頼性係数や基盤どうしの相関係数の小ささから，5つの道徳基盤はハイトたちが想定していたよりも，国や文化や環境に依存する可能性を再度示唆した。一方で，連帯志向の1つであるはずの神聖基盤が，ケアや公正（つまり，個人志向）と同程度に重要視され，神聖基盤が公正と強く相関する点は先行研究とは異なる結果となった。道徳基盤の中でも神聖基盤は，特に文化や宗教の影響を大きくうける可能性がある。繰り返しになるが，日本人固有の神聖観については本章2節で詳しく検討する。

(3) 個人・連帯志向と政策争点に対する態度

ここまでの知見に基づき，個人志向と連帯志向という2つの道徳的価値観に着目して，日本人の保守−リベラルのイデオロギーと政策争点に対する態度との関連を分析する。

まず，個人志向と連帯志向と保守−リベラルのイデオロギーの関係性を調べた。分析に用いた保守−リベラルのイデオロギーとは，0を「リベラル」，10を「保守的」とした場合の，政治的立場に関する自己評価である（問10）。このイデオロギー傾向を従属変数，性別と年齢，個人志向と連帯志向を独立変数として，重回帰分析を行った結果が**表6-5**である。この表を見ると，個人志向はイデオロギーと負の相関が，逆に連帯志向はイデオロギーと正の相関があり，

表6-5　保守−リベラルのイデオロギーに対する重回帰分析の結果（n＝1742）

	β	p		Lower CI	Upper CI
個人志向	−0.186	0.007	**	−0.321	−0.051
連帯志向	0.518	0.000	***	0.388	0.647
性別（女性）	−0.029	0.775		−0.232	0.173
年齢	0.012	0.000	***	0.005	0.018
自由度調整済み決定係数	0.037	***			

Note. CI, confidence interval. ***$p<.001$, **$p<.01$.
出所：スマートニュース・メディア価値観全国調査 2023

表 6-6　原発再稼働，同性婚，移民受け入れに対する重回帰分析の結果

a) 原発再稼働（n = 1459）

	β	p		Lower CI	Upper CI
個人志向	− 0.074	0.039	*	− 0.144	− 0.004
連帯志向	0.164	0.000	***	0.097	0.232
性別（女性）	− 0.314	0.000	***	− 0.420	− 0.208
年齢	− 0.008	0.000	***	− 0.012	− 0.005
イデオロギー	0.103	0.000	***	0.079	0.127
自由度調整済み決定係数	0.117 ***				

b) 同性婚（n = 1409）

	β	p		Lower CI	Upper CI
個人志向	0.304	0.000	***	0.240	0.369
連帯志向	− 0.214	0.000	***	− 0.275	− 0.152
性別（女性）	0.332	0.000	*	0.234	0.430
年齢	− 0.012	0.000	***	− 0.015	− 0.009
イデオロギー	− 0.086	0.000	***	− 0.108	− 0.064
自由度調整済み決定係数	0.173 ***				

c) 移民受け入れ（n = 1419）

	β	p		Lower CI	Upper CI
個人志向	0.153	0.000	***	0.090	0.215
連帯志向	− 0.117	0.000	***	− 0.177	− 0.057
性別（女性）	− 0.118	0.014	*	− 0.212	− 0.023
年齢	0.000	0.813		− 0.003	0.002
イデオロギー	− 0.069	0.000	***	− 0.090	− 0.048
自由度調整済み決定係数	0.054 ***				

Note. CI, confidence interval. ***$p < .001$, *$p < .05$
出所：スマートニュース・メディア価値観全国調査 2023

絶対値で見ると，連帯志向の方が個人志向の倍以上相関が強いことがわかる。
　次に，個人志向と連帯志向と，政策争点（問 5）に対する容認態度との関連性を調べた。表 6-6 の，原発再稼働（「安全と判断された原発を再稼働させるべきだ」），同性婚（「男性同士，女性同士の結婚を法律で認めるべきだ」），移民受け入れ（「海外からの移民の受け入れを進めるべきだ」）は，いずれも賛否が分かれる政策争点であり，かつ道徳的問題でもある。それぞれ政策に対する容認態度を従属変数として重回帰分析を行った [6]。その結果を見ると，個人志向が高いと原発再稼働には反対だが，同性婚や移民受け入れには賛成する傾向があることがわかる。一方で，連帯志向が高いと原発再稼働には賛成だが，同性婚や移民受け入れには反対するという，個人志向とは真逆の傾向があることもわかる。保守－リベラルのイデオロギーを統制しても，これらの政策争点に対する一貫した

第6章　日本人の道徳的な傾向は分断に結びついているのか　　187

表 6-7　政策争点に対する重回帰分析のまとめ（回帰係数が正で統計的有意な場合は＋，負で有意な場合は－と表記）

政策争点	個人志向	連帯志向	イデオロギー	自由度 調整済み 決定係数	サンプルサイズ
日本の防衛力はもっと強化するべきだ		＋	＋	0.101 ***	1463
女性が天皇になることは認められるべきでない	－	＋	＋	0.046 ***	1489
治安を守るためにプライバシーや個人の権利が制約されるのは当然だ	－	＋	＋	0.062 ***	1489
道徳教育をもっと充実させるべきだ	＋	＋	＋	0.076 ***	1474
安全と判断された原発を再稼働させるべきだ	－	＋	＋	0.117 ***	1459
官庁の労働環境は悪化しており，公務員の数を増やすべきだ	－	＋	＋	0.015 ***	1392
水道事業は民営化すべきだ		＋	－	0.012 ***	1294
新型コロナウイルスワクチンの接種を原則義務化すべきだ		＋	＋	0.067 ***	1437
政府や自治体は，経済活動を犠牲にしても，新型コロナウイルス感染防止策を徹底すべきだ	－	＋		0.022 ***	1435
戦争の放棄や戦力を持たないことなどを定めた憲法9条について，変えるべきではない	＋	－	－	0.140 ***	1448
男性同士，女性同士の結婚を法律で認めるべきだ	＋	－	－	0.173 ***	1409
法律を改正して，夫婦別姓を認めるべきだ	＋	－	－	0.138 ***	1454
海外からの移民の受け入れを進めるべきだ	＋	－	－	0.054***	1419
温室効果ガスの削減のため，できるだけ早くガソリン車の販売を廃止すべきだ	＋	－	－	0.093 ***	1395
環境を守るため，生活水準を犠牲にすることも必要だ	＋	－	－	0.021 ***	1440
景気対策のために財政出動を行うべきだ	＋	＋	－	0.014 ***	1372

***$p<.001$, **$p<.01$, *$p<.05$
出所：スマートニュース・メディア価値観全国調査 2023

肯定や否定の態度が残った。
　同様の重回帰分析を全ての政策争点（問5）に対して行い，統計的有意差が

---

6)　問5の選択肢は元々，1が「賛成」，2が「どちらかといえば賛成」，3が「どちらかといえば反対」，4が「反対」，5は「わからない」だったが，5は分析から外し，わかりやすさのために，1が反対で，4が賛成になるように逆転してから分析を行った。

確認された回帰係数の符号だけを整理したものが**表6-7**である。個人志向が強い場合，社会課題や環境問題に関連する議題（同性婚と移民受け入れに加え，夫婦別姓やガソリン車販売の廃止）に対して肯定的な態度が示されることが多いことがわかる。一方で，連帯志向が強い場合，コミュニティや集団の利益を重視する議題（女性天皇の反対，治安強化，公務員数の増加など）に対して肯定的な態度が示されることが多い。そして，これらの政策争点に対する容認態度は，個人志向を重視する人たちと連帯志向を重視する人たちで，ほとんどの場合で符号が逆になっていた。ただし，顕著な例外が2つあり，道徳教育の充実と景気対策の財政出動に関しては，個人志向と連帯志向のどちらも肯定する傾向が高い。

もう1つ見られる顕著な傾向は，多くの政策議題で，連帯志向と保守‐リベラルのイデオロギーが同符号（つまり，両方ともに肯定的または否定的）であることで，これは，少なくともここで取り上げた政策争点に関しては，集団の利益や伝統的な価値観を重視する傾向が，保守的な態度と強く関連していることを示唆している。ただし，連帯志向と保守的なイデオロギーをもつ人々には相関があるが，全ての政策議題でそうだというわけではないことに注意が必要である。水道事業の民営化，新型コロナの対策強化やワクチンの義務化に関しては，イデオロギーは相関せず，連帯志向のみが肯定する傾向があった。

いずれの分析結果も係数の絶対値が小さいことから解釈に注意を要するが，取り上げた政策争点の多くに対して，個人志向と連帯志向で肯定と否定が逆向きの態度が見られ，「分断の萌芽」と解釈できるような様子が確認された。これらの結果から，日本人の個人志向と連帯志向は，特定の政策争点的な議題に対する意見形成において異なる役割を果たし，保守‐リベラルのイデオロギーはこれらとは少し異なる傾向をもつことが示された。

(4) 個人・連帯志向と諸外国の選好傾向

日本人が諸外国に対して抱く好き嫌いの感情は，ステレオタイプ的な国家イメージやナショナリズムなどの直感的な道徳意識と密接に関連している。このことは，特定の国や文化に対する否定的な態度や国際的対立にも関わる。日本人の個人志向と連帯志向という道徳的価値観が，異なる国や文化に対する選好傾向としてどのように現れるかを分析することは，この問題の理解に不可欠である。

そこで，SMPP調査の外国に対する態度（問38；0. とても嫌い〜10. とても好

表 6-8　隣国三国への選好に対する重回帰分析の結果

a) 中国 （n＝1634）

	β	p		Lower CI	Upper CI
個人志向	− 0.318	0.000 ***		− 0.465	− 0.172
連帯志向	0.048	0.502		− 0.093	0.190
性別 （女性）	0.076	0.493		− 0.142	0.295
年齢	− 0.030	0.000 ***		− 0.036	− 0.023
イデオロギー	− 0.087	0.001 ***		− 0.137	− 0.037
決定係数	0.078 ***				

b) 北朝鮮 （n＝1640）

	β	p		Lower CI	Upper CI
個人志向	− 0.547	0.000 ***		− 0.669	− 0.424
連帯志向	0.211	0.000 ***		0.093	0.330
性別 （女性）	− 0.023	0.809		− 0.206	0.160
年齢	− 0.028	0.000 ***		− 0.034	− 0.023
イデオロギー	− 0.056	0.009 **		− 0.098	− 0.014
決定係数	0.133 ***				

c) 韓国 （n＝1628）

	β	p		Lower CI	Upper CI
個人志向	0.155	0.074		− 0.015	0.326
連帯志向	− 0.022	0.792		− 0.187	0.142
性別 （女性）	0.811	0.000 ***		0.556	1.065
年齢	− 0.029	0.000 ***		− 0.036	− 0.021
イデオロギー	− 0.104	0.001 ***		− 0.162	− 0.045
決定係数	0.063 ***				

Note. CI, confidence interval. ***$p<.001$, **$p<.01$
出所：スマートニュース・メディア価値観全国調査 2023

き）を従属変数として，日本人の道徳的価値観と諸外国の選好傾向を重回帰分析によって調べた。**表 6-8** は，日本にとっての隣国である中国，北朝鮮，韓国に対する好き嫌いを従属変数として，個人志向と連帯志向，保守－リベラルのイデオロギー等を独立変数とする分析結果である。ここから，個人志向が強いほど，そして年齢が高いほど，中国と北朝鮮に対しては否定的な感情を示す傾向が見られることが明らかになった。個人志向が強い人たちが示す北朝鮮と中国に対する嫌悪感は，これらの国の自由への制限に根ざしていると解釈できる。中国と北朝鮮に対する嫌悪傾向は，イデオロギーの保守傾向が高い場合でも同様だった。連帯志向の強さは北朝鮮に対する肯定的な方向に引っ張る効果を持っていたが，中国に対してはそれが見られなかった。

　韓国の好き嫌いに関しては，個人志向と連帯志向とは相関がみられず，保守－リベラルのイデオロギーのみ，負の相関が確認された。このことは，Kポップなどの韓国文化がもつ自由や自己表現の価値が，リベラル傾向が強い人々

表 6-9　諸外国に対する選好の重回帰分析の結果

国	個人志向	連帯志向	イデオロギー	自由度調整済み決定係数	サンプルサイズ
アメリカ	＋	＋	＋	0.112 ***	1619
ドイツ	＋		＋	0.096 ***	1598
イギリス	＋	＋	＋	0.107 ***	1604
フランス	＋	＋	＋	0.086 ***	1586
スウェーデン	＋		＋	0.109 ***	1586
インド	＋		＋	0.021 ***	1604
台湾	＋		＋	0.113 ***	1610
中国	－		－	0.078 ***	1634
北朝鮮	－	＋	－	0.133 ***	1640
韓国				0.063 ***	1628
ウクライナ	＋			0.055 ***	1601
ロシア	－	＋		0.124 ***	1625

***p＜.001

出所：スマートニュース・メディア価値観全国調査 2023

に魅力的であることを示唆している。そして，性別（女性）とは正の相関，年齢とは負の相関がみられた。つまり，女性や若者，リベラル傾向が強い人々は韓国文化に高い選好性を示した。

　別の国（問 38）についても同様の分析を行い，統計的有意差が確認された回帰係数の符号だけを整理したものが**表 6-9** である。先進国の代表ともいえるイギリス，アメリカ，フランスの 3 か国については，個人志向，連帯志向，保守－リベラルのイデオロギーのいずれも相関を示し，道徳意識やイデオロギーに関わらず好意的な印象をもたれていることがわかった。これらの国が，個人の自由と共同体の価値をバランス良く保持しているというステレオタイプ的な国家イメージがあることが，その理由の 1 つとして考えられる。

　また，個人志向とイデオロギーの符号の一致が，連帯志向とイデオロギーのそれよりも多いことも特徴的であり，前項の政策争点の場合と大きく異なる。個人志向と保守傾向の強さは，ドイツ，スウェーデン，インド，台湾を好む傾向，および中国と北朝鮮を嫌う傾向と関係していた。これらの国々が矛盾を孕みつつも，個人の自由と共同体の価値をバランス良く保持しているという国家イメージと関連している可能性がある。個人志向と連帯志向の選好性が逆になったのは，他の国に比べて極端に好感度が低い北朝鮮とロシアだった。北朝鮮とロシアに好意的な回答数は少なかったものの，連帯志向が強いほど両国を好む傾向があった。連帯志向の強い人々は，国際的に孤立した両国の「国際的な圧力に屈せず自国の利益を追求する姿勢」にある種の共感を覚えるのかもしれ

第 6 章　日本人の道徳的な傾向は分断に結びついているのか　　191

ない。

　これらの結果は，日本人の道徳的価値観と社会の分断の一面を浮き彫りにする。個人の自由を重視する文化と，社会全体の調和を求める文化との間で，日本人の価値観がどのように分かれているかを示している。イギリス，アメリカ，フランスが個人志向からも連帯志向からも好かれる現象は，多様性と共存の価値を重視する現代日本の社会におけるポジティブな傾向だとも思える。しかし，北朝鮮とロシアに対する個人志向と連帯志向の国家感情の相違は，道徳的価値観は国家主義や愛国心の強化に寄与し，これが他国や文化に対する敵意を生む危険性を示唆している。

6.2 ｜ 日本人の神聖基盤の特異性

(1) 神聖基盤の文化依存性

　ここからは，SMPP 調査において，道徳基盤尺度では正確に計測できなかった日本人の神聖基盤の議論に移る。研究においては，同一の理論的枠組みや測定方法を用いることで文化間の比較を行うことが多い。しかし，そのような比較には，しばしば文化の影響がついて回る。例えば上述のような，西洋圏での研究参加者と日本人を対象とした場合の道徳基盤尺度の因子構造の違いである（野波ら 2022; Zakharin & Bates 2021）。この違いの背後には，各道徳基盤への文化的解釈の違いが表れていると考えられる。それは，オリジナルの尺度作成および日本語への翻訳が失敗したということではなく，日本特有のまとまり方として捉え，分析することが重要だということである。実際，SMPP 調査においては，想定される 5 基盤（5 因子）にまとまるには程遠く，先行研究で提案されていた個人志向と連帯志向という 2 因子の方が妥当であると考え，分析を行った。そうすることで，道徳基盤理論の解釈が可能なかたちで，日本人特有の道徳観を推測することが可能になった（松尾 2024）。

　しかし，翻訳をはじめその基盤の定義自体が大きな議論になっているのは，神聖基盤である（Crone & Laham 2023; Gray et al. 2023）。1 節(2)項で述べた通り，オリジナルの道徳基盤尺度を使用した村山・三浦（2019）で提案された因子パターンを採用した結果，SMPP 調査で使用した短縮版に含まれる神聖基盤の質問項目は，4 つとも全て抜け落ちてしまった（同先行研究の探索的因子分析の結果における削除項目だった）。この神聖基盤とは，自然の摂理に従い人間のもつ

尊厳を冒瀆しないという考え方に基づいて，清浄性・神聖性を志向し，不浄性・卑俗を忌避する道徳観の一側面である。この「自然の摂理」という部分の解釈は幅広いと考えられるが，超自然的な何か（多くの場合は神）が定めた世界の秩序のようなものが西洋圏ではイメージされるようである。この基盤については，その宗教的性質から，文化間はもとより同一（と想定される）文化内でもその志向性に大きなばらつきがあると言われている（Davis et al. 2017; Graham & Haidt 2010）。重要な点として，西洋圏で確立された理論的枠組みにはしばしばその片鱗が見られるが，神聖基盤は一神教（特にキリスト教）を想定している。実際の項目に「神が許さない行為をしたか」という文言が含まれているが，これは一神教的な信仰をもつ回答者でないとピンとこないだろう。翻訳という意味ではこの項目は成立しているが，文化的解釈を考慮に入れると，日本においてこの項目の回答から得られた結果が何を意味するのかは不明である。つまり，日本のような，信仰が異なる文化においては適切にこの道徳的価値観を測定できていない可能性が高い。

　宗教的側面について，日本人には馴染みのないニュアンスで語られる神聖基盤だが，この基盤には清浄性に関する側面も含まれている（Zhong & Liljenquist 2006; Zhong et al. 2010）。一方では，進化的に，自分自身の生存の脅威となるような腐ったものや毒が含まれているものを避けることは重要である。身体的機能を阻害するようなおそれがある何かを体内に摂取することは危険であり，それらを回避することは生存戦略として適応的である。したがって，このような物理的な「不浄」（腐ったものや毒）を遠ざけ「清浄」（新鮮なものや毒ではないもの）に接近することに象徴された清浄性は，1つの道徳的側面としてある程度普遍的だと考えられる。他方で，神聖基盤が重きを置いている清浄性は，宗教的前提から生起することもある。しかし，宗教に準拠する清浄性の解釈は様々であるのが現状である。このように，神聖基盤は，複数の側面を内包した複雑な概念である。先行研究においては，神聖基盤を単一の基盤として扱ってしまうのは乱暴ではないかという批判もある（Gray et al. 2023）。

　同一の尺度を翻訳し文化間で比較することは研究において重要である。しかし，翻訳という意味では問題なくとも，文化的解釈が困難な尺度を使用し続けることは，当該文化における概念体系の奥深さを切り捨てることにつながりかねない。文化特有の概念やその解釈（意味）を考察することも重要である。このような，ある文化における現象や概念の文化的意味を検討することは，日本

第6章　日本人の道徳的な傾向は分断に結びついているのか　　193

人の道徳的価値観と社会的分断を正確に測定する上で不可欠である。そこで登場するのが，日本人特有の神聖基盤という概念である（松尾・田中 2021）。

(2) 日本人特有の神聖基盤

　ここでは，日本人特有の神聖基盤を測定する筆者らの試みに焦点を当て，尺度の開発や適用事例について説明する。まずは予備的調査として，日本人大学生とアメリカ人大学生に対して神聖基盤について説明し，それに違反するような状況を各自で自由に記述してもらった（その他の基盤についても調べたが[7]，本章では割愛）（松尾ら 2016）。差異が明確になりやすく比較しやすいという点と，先行研究の傾向から判断し，特に違反について注目している。その結果，合計で1,000を超える神聖基盤の違反状況が収集された。もともとの理論的枠組みやアメリカ人の記述との比較から考えると，日本人特有の神聖基盤に付与される文化的意味の存在を示唆する結果であった。

　具体的には，（西洋圏における）理論的枠組みから見た「ケア・公正」という概念と「神聖さ」が互いに独立していない可能性である。これは，前項で言及した結果が示唆することでもある。この「日本人特有の神聖基盤に付与される文化的意味」というワードを，非研究者にも馴染みのある言葉で表現するとしたら，「穢れ」があげられるだろう。穢れという概念自体は，洋の東西を問わず古くから見られるが（例えば死や血にまつわる穢れなど），ここでは特に，日本での穢れ概念について考える（北村 2021）。

　日本人の（意識・無意識を問わない）素朴な宗教心や超自然的信念を「穢れ観」と位置づけ，筆者らは予備的検討を拡張させた。具体的には，予備的検討によって得られた状況記述を参考に，日本人にとっての神聖基盤への敏感さ（志向性）の個人差を測定する尺度を開発した（Kitamura & Matsuo 2021）。予備的検討において浮かび上がった要素を組み込み，清浄志向－穢れ忌避尺度（Purity-orientation / Pollution-avoidance scale〔POPA〕; 以下，日本的穢れ尺度）が作成された。計27項目からなる日本的穢れ尺度により測定される穢れ観は，4つの因子をもつ。精神の浄化に関連する「精神清浄」，神社仏閣への伝統的信念に

---

[7]　この研究では道徳基盤理論の前身である Shweder の Big 3 という理論をもとにしている（Shweder et al. 1997）。Big 3 では，道徳基盤理論のケア基盤と公正基盤をまとめて「自立の倫理」，忠誠基盤と権威基盤をまとめて「共同体の倫理」，そして神聖基盤を「神性の倫理」として扱っている。

関連する「信心尊重」，身体的接触行動の清浄性・欲望のタブー視に関連する「身体清浄」，そして有害な食べ物や病気に関連する「感染忌避」である。項目例としては，「滝に打たれたりする修行を行えば精神が浄化されると思う」（精神清浄），「昨年のお札やお守りなどをゴミ箱に捨てるのには抵抗がある」（信心尊重），「浮気や不倫をすることは心身がけがれることだと思う」（身体清浄），「他人が常用している湯飲みを使うのは消毒したとしてもいやだと思う」（感染忌避）である。

　日本的穢れ尺度は，日本における神聖基盤の測定において道徳基盤尺度の代替として有望視されている。日本人を対象として道徳基盤尺度と日本的穢れ尺度の両方を用いた研究が存在し，それらの結果から，道徳基盤尺度と比較した時，日本的穢れ尺度は道徳基盤尺度と比べて日本特有の神聖観を区別できる可能性が報告されている（Matsuo et al. 2023; 松尾ら 2023）。日本的穢れ尺度のさらなる利点として，因子に応じた詳細な考察ができることがあげられる。例えば，福島第一原発から処理水を放出することへの賛意を検討した際，日本的穢れ尺度の精神清浄と信心尊重が逆の方向性で賛意と関連していることが明らかになった（Matsuo et al. 2024）。このように日本的穢れ尺度を用いることで，日本における神聖基盤の理解が深まり，より概念を立体的に理解できると考えられる。

(3) 神聖基盤と排斥

　日本人特有の神聖基盤といえる穢れ観について論じてきたが，ここからはSMPP 調査における日本的穢れ尺度に関連した結果を示していく。他項目とのバランスを考え，日本的穢れ尺度は全 27 項目のうち，特徴的かつ統計分析的に妥当な 1 項目を各因子項目から選択して用いた。具体的には，SMPP 調査で用いたのは，次の 4 つの項目である（問 41）[8]。

- 精神清浄：「山や川や岩にも神様につながる神聖さが宿るものだと思う」
- 信心尊重：「神社や寺の境内にごみを捨てるとばちがあたると思う」
- 身体清浄：「よこしまなことばかり考えていると，こころがけがれて幸せにならないと思う」

---

8) ただし，今回用いた精神清浄の項目は，理論的には精神清浄にまとまるが，文言だけから考えると自然信仰のみに着目したように見えることには注意が必要。身体清浄の項目についても同様で，文言だけから考えると精神清浄を想起させる部分もある。

第6章　日本人の道徳的な傾向は分断に結びついているのか　　　195

表 6-10　ワクチン陰謀論への信念を目的変数とした重回帰分析の結果（n＝742）

	β	p		Lower CI	Upper CI
個人志向	−0.11	0.014 *		−0.190	−0.020
連帯志向	0.11	0.007 **		0.030	0.190
POPA 精神清浄	0.06	0.221		−0.030	0.150
POPA 信心尊重	−0.05	0.276		−0.150	0.040
POPA 身体清浄	0.09	0.042 *		0.003	0.180
POPA 感染忌避	0.01	0.765		−0.060	0.090
イデオロギー	−0.03	0.385		−0.110	0.040
性別（女性）	0.02	0.599		−0.050	0.090
年齢	−0.01	0.739		−0.090	0.060
自由度調整済み 決定係数	0.026 *				

Note. CI, confidence interval. ** $p<$ .01, * $p<$ .05
出所：スマートニュース・メディア価値観全国調査 2023

・感染忌避：「人と一緒に大皿や鍋をはしでつつくような食べ方は苦手である」

　後述するが，日本的穢れ尺度で測定される穢れ観は，容易に排斥に結びつくので，排斥の兆しが見て取れるような項目として，SMPP 調査のワクチン陰謀論についての項目（問 31）と保守 − リベラルのイデオロギーについての項目（問 10）に注目した。ワクチン陰謀論については 10 項目で構成され，信じる度合いが測定された。項目例は「接種は人体実験だ」「接種すると，体が磁力を帯びて金属が張り付く」である。保守 − リベラルのイデオロギーについては先述した通りである（0 リベラル～10 保守的）。

　日本的穢れ尺度を含む道徳関連の項目と性別，年齢とワクチン陰謀論についての項目（平均値）の関連については，身体清浄のみ統計的に意味のある関連が見られた（日本的穢れ尺度以外の項目との関連については割愛；表 6-10）。身体清浄への敏感さがワクチン陰謀論を信じる程度に影響を及ぼす可能性が示唆されたのである。日本的穢れ尺度における身体清浄は，もともと物理的な身体の清浄性に関する道徳的価値観である。例えば，奔放な性的接触による身体の不浄感などである。したがって，身体清浄に関して敏感であれば，ワクチンという「異物」が体内に侵入することについて抵抗を示すので陰謀論を信じるという形でそれを拒否している可能性がある。ワクチン接種と陰謀論の関係については昨今多くの研究が行われているので，それらも踏まえて日本での現状を今後更に検討する必要がある（van Prooijen & Böhm 2023）。

表 6-11　保守 – リベラルイデオロギーを目的変数とした重回帰分析の結果（n＝1742）

	β	p	Lower CI	Upper CI
個人志向	−0.100	0.000 ***	−0.152 .	−0.047
連帯志向	0.170	0.000 ***	0.121 .	0.222
POPA 精神清浄	0.010	0.628	−0.042 .	0.069
POPA 信心尊重	0.110	0.000 ***	0.05 .	0.164
POPA 身体清浄	0.010	0.695	−0.045 .	0.067
POPA 感染忌避	−0.030	0.259	−0.075 .	0.02
性別（女性）	−0.020	0.525	−0.062 .	0.032
年齢	0.100	0.000 ***	0.048 .	0.145
自由度調整済み 決定係数	0.051 ***			

Note. CI, confidence interval. ***p<.001.
出所：スマートニュース・メディア価値観全国調査 2023

　日本的穢れ尺度の因子の中でも信心尊重と保守 – リベラルのイデオロギーの関連が見られた（表 6-11）。他の分析においても，信心尊重項目のスコアとイデオロギー項目のスコアは似たような動きをすることが確認された。日本的穢れ尺度における信心尊重は，日本の伝統的な神仏への軽侮を嫌うことや神仏の威力を信じていることを想定している。したがって，西洋圏におけるリベラルと保守の考え方は，日本の伝統的価値観に基づいた潜在的宗教心のようなものへの態度なのかもしれない。海外の先行研究では保守性と神聖基盤の関連は多数報告されているので（Leota et al. 2023），SMPP 調査で得られた日本におけるイデオロギーと神聖基盤との関連は示唆に富む結果である。

　道徳基盤理論によると，道徳判断は個人内で完結する過程ではなく，その判断基準を他の集団成員と共有することで文化の生存に影響するという社会的機能も有している（Haidt 2001）。このように，道徳を社会的側面から見てみると，共有できていない場合は当該文化から排斥されることが推測できる。道徳による社会の分断は，排斥の帰結としても理解できよう。道徳と排斥については以前から議論されており，神聖基盤は特に内集団と外集団を区別する規定要因となる可能性が示唆されている（Koleva et al. 2012; Monroe & Plant 2019; Vezzali et al. 2017; Dehghani et al. 2016）。そもそも日本のような「個」よりも「集団」を重視する文化においては，ケアと公正のような個人的権利の尊重に関する道徳基盤よりも，集団における役割や調和・秩序に関する道徳（忠誠，権威，神聖）が尊重されることがわかっている（Shweder et al. 1997）。その点も考慮して日本における神聖基盤（穢れ観）と排斥について考えると，日本人は個々人の正義の実現というよりは，「自己が定義する範囲の内集団を穢れたものから守る」

という道徳的傾向をもつ可能性がある。内集団の清浄性を保つための「正しい行い」として，穢れに関連する行為や人物は排斥されるというプロセスが働いている可能性がある。

(4) 神聖基盤と包摂

ここまで，SMPP調査の結果を排斥に注目して述べてきたが，排斥や分断の一途しか今後進むべき可能性がないのかと言えば，それは早計である。本項では，包摂のための手がかりになるかもしれない結果を紹介する。注目した項目は，SDGs意識・行動に関する10項目である[9]。SDGsとは，2015年国連サミットで採択された「持続可能な開発目標（Sustainable Development Goals）」のことである。例えば，SDGsの項目には，「環境のためにシャンプーや洗剤は天然素材で化学物質の入っていないものを選んでいる」「社会的格差の解消を助ける，フェアトレード商品を選んでいる」「家庭内の子育て，家事や介護などは男女平等に役割分担すべきだと思う」とあり，どちらかというと意識よりも実際の行動に重点が置かれている。

これらのSDGs項目について，日本的穢れ尺度の因子の中でも，特に精神清浄と身体清浄が強く関連していた（表6-12）。SDGsという理念自体は，持続可能な社会を実現するための全世界的課題に対する目標である。設定された目

表6-12　SDGs項目を目的変数とした重回帰分析の結果（n = 1742）

	β	p	Lower CI	Upper CI
個人志向	0.030	0.275	− 0.024 ,	0.083
連帯志向	0.100	0.000 **	0.049 ,	0.152
POPA 精神清浄	0.080	0.005 **	0.024 ,	0.135
POPA 信心尊重	− 0.070	0.020 *	− 0.126 ,	− 0.011
POPA 身体清浄	0.060	0.031 *	0.006 ,	0.118
POPA 感染忌避	0.010	0.674	− 0.038 ,	0.058
イデオロギー	− 0.070	0.005 **	− 0.116 ,	− 0.021
性別（女性）	0.080	0.001 **	0.033 ,	0.128
年齢	0.060	0.018 *	0.01 ,	0.108
自由度調整済み決定係数	0.041 **			

Note. CI, confidence interval. **$p<.01$, *$p<.05$
出所：スマートニュース・メディア価値観全国調査 2023

---

9)　これはSMPP調査の質問項目ではなく，楽天インサイトのパネル登録者の生活意識データとして提供されたもの。

表 6-13 「環境などに配慮した生活を実施している」項目を目的変数とした重回帰分析の結果(n＝1742)

	β	p		Lower CI	Upper CI
個人志向	0.060	0.023	*	0.008 ,	0.113
連帯志向	0.030	0.216		− 0.019 ,	0.083
POPA 精神清浄	0.060	0.044	*	0.002 ,	0.112
POPA 信心尊重	− 0.020	0.488		− 0.077 ,	0.037
POPA 身体清浄	0.060	0.046	*	0.001 ,	0.112
POPA 感染忌避	0.020	0.393		− 0.027 ,	0.068
イデオロギー	− 0.060	0.007	**	− 0.111 ,	− 0.018
性別（女性）	0.050	0.036	*	0.003 ,	0.097
年齢	0.180	0.000	**	0.131 ,	0.228
自由度調整済み 決定係数	0.065	**			

Note. CI, confidence interval. $^{**}p<.01$, $^{*}p<.05$
出所：スマートニュース・メディア価値観全国調査 2023

標は 17 個あり，その内容は多岐にわたる。例えば，貧困をなくすことや個人の健康問題，ジェンダー平等，環境問題などである。これら全体を比較的広くカバーした SDGs 項目に関して，精神清浄・身体清浄との関連が見られた。さらに補足として，生活意識項目のうちの 1 つである「環境などに配慮した生活を実施している」という項目についても同様の結果であった（表 6-13）。これらの結果は，日本における自然信仰や神道的枠組みに基づいた精神的きれいさ，および物理的な身体のきれいさは，SDGs 行動を予測することを示唆する。具体的に考えてみると，例えば SDGs のうち，環境問題は比較的わかりやすく精神清浄の価値観と結びつくであろう。実際，道徳基盤理論における神聖基盤が，環境関連行動の促進と関連するという海外の知見も存在する（Sachdeva et al. 2019）。日本の文脈においても，地球が汚れることと精神的・身体的に汚染される感覚が関連することはあり得る。質の高い教育は精神的な豊かさと繋がるという考えや，福祉や健康を普及させることは身体的にきれいな状態を保つことと理解される部分もあるだろう。さらに俯瞰的に見て，そのような高潔な目標達成に取り組むことは心の清浄さの表出であるかのように捉えられることもあるかも知れない。日本独自の伝統的自然観や身体性の知覚をもつことで，SDGs に関して単なる意識だけではなく実際に行動する可能性があるということは包摂性への嚆矢となるだろう。

　因果的説明の心的プロセスなどの解明は未だ待たれるところであるが，上記の結果から，日本文化に焦点を当てて構築された穢れ観という枠組みは，人々を繋げ世界的なアクションを起こすまでのインパクトに通じる可能性が示され

た。特にヒントとなるのは、精神清浄と身体清浄である。前項では神聖基盤と排斥の関係について説明したが、裏を返せばそれは包摂性への第一歩として機能する。道徳的価値観の社会的側面から考えれば、日本文化における精神清浄と身体清浄のような考え方を醸成し共有することは、共生のために有益かもしれない。実際、環境についての知識や興味・関心を高める環境教育は学校をはじめ様々な機関で実施されている。しかし、環境教育を通して自然との一体感や自然への畏敬の念のような感性を獲得することで環境の改善に向けた行動が促進されるという知見はあるものの（能條ら 2022）、日本の穢れ観という枠組みが言及された先行研究は管見の限り存在しない。

今回の SMPP 調査で得られた結果は、新たな見地からの発見と言える。身体清浄については、体を清潔に保つという意味で医学（個人水準）や公衆衛生（社会水準）的な方策が思い浮かぶであろうが、これらの分野を日本的文脈で捉え直すことで、よりわかりやすく日本人に届くかも知れない。例えば、医療に関しては、身体の清浄性と健康のつながりについて医師が患者に説明したり、日本の伝統的な「社会」の捉え方を活かして、地域コミュニティでの健康状態に関する声掛けや子育ての場作りをしたりすることなどが可能かもしれない。西洋からの対策の単なる輸入と適用ではなく、日本独自の価値観を尊重した介入により、日本人の理解が深まり、包摂的な社会を構築する上で効果的に機能するのではないだろうか。

おわりに

(1) 日本人の道徳基盤価値観から見えた分断の萌芽

本章では、日本の文化や社会的文脈を考慮しつつ道徳基盤理論を適用し、SMPP 調査の結果に基づいて、日本人の道徳的価値観が社会的分断にどのように影響しうるのかについて議論した。

個人志向と連帯志向は、保守－リベラルのイデオロギーと密接に関連していることが明らかになり、これは先行研究と一致する結果となった。さらに、個人志向は、個人の自由や権利を重視するリベラルな価値観と、連帯志向は、伝統や集団の調和を尊重する保守的な価値観と関連しているものの、これらの志向が完全に一致するわけではなく、より複雑な関係性にあることを明らかにした。このことは、個人志向、連帯志向、イデオロギーを別軸として扱うことの

意義を示唆している。政策争点に対する態度では，個人志向が高いと，同性婚や移民受け入れに対して肯定的であり，連帯志向が高いと，これらの議題に対して否定的な立場を取ることが示された。諸外国に対する選好傾向については，個人志向と保守‐リベラルのイデオロギーが一致する傾向が多く，道徳的価値観とイデオロギーの関係の複雑を浮き彫りにした。さらに，道徳的価値観の違いが，国際関係における感情や態度にも影響を及ぼす可能性が示唆された。

　SMPP調査では，日本人特有の神聖観にも焦点を当てた。神聖基盤は，宗教的価値観や清浄性の観念と関連し，各文化の特色を色濃く反映する。この観点から，日本固有の神聖基盤として穢れ観を導入し，その評価尺度である日本的穢れ尺度について紹介した。さらに，神聖基盤に基づく道徳判断が，排斥や分断につながる可能性について考察した。日本的穢れ尺度の分析により，ワクチン陰謀論，保守‐リベラルのイデオロギー，SDGsに対する行動と日本的穢れ尺度の因子との関連が明らかになった。これは，神聖基盤が内包する異なる側面が社会的分断や包摂の手がかりとなる可能性を示している。

　これらの結果は，日本人の道徳的価値観が政治的分断や国際関係における嫌悪の感情，さらには社会的な包摂や排斥に影響する分断軸である可能性を示している。個人の自由や権利を重視する文化と，集団の調和や伝統を尊重する文化の間で，日本人の価値観がどのように分かれているかの輪郭が見えてきたが，さらなる研究が必要である。また，神聖観が日本人の社会的態度に重要な役割を果たしていることも示され，これは日本独自の文化的背景や宗教観が社会的な振る舞いや価値判断に深く影響していることを示唆している。SMPP調査の継続した分析を通じて，日本人の道徳的価値観がいかに複雑に絡み合いながら，社会的な認知や態度や行動を形成しているかの理解が深まるだろう。

(2) 課題と今後の展望

　本章で用いた個人志向，連帯志向，穢れ観という，道徳的価値観と社会的分断との関連性は，今後の社会的課題への対応と展望を考える上で重要な役割を果たす。日本人の個人志向と連帯志向が政策争点に対する態度や外国に対する感情にどのように作用するかを理解することは，社会的分断を越えるための方策を考案する際の基礎となる。また，日本独自の神聖観が社会的態度や行動に深く影響していることの理解は，文化的背景を考慮した政策に役立つだろう。

　今後の課題として，これらの道徳的価値観の時系列的な変化を捉え，保守‐

リベラルのイデオロギーや社会的分断への影響をより深く理解することがあげられる。その場合，SNSなどのソーシャルメディアが道徳的価値観に与える中・長期的影響についても研究課題となるだろう。SNSでの道徳的分断に関する短期的な現象については多くの事例研究があるが（Kaur & Sasahara 2016; 笹原・杜 2019; Matsuo et al. 2021; Singh et al. 2021），中長期的な研究はほとんどない。神聖基盤に関する研究については，日本の多様な文化的，宗教的背景を反映したものでなければならず，その複雑さを解明するためには，より広範かつ詳細な分析が求められる。西洋圏の理論的枠組みで理解されてきた神聖基盤を日本的文脈で再考し，神聖基盤だけでなく，他の基盤との日本独特の関係も複合的に解釈することで，日本における社会的分断の現状についてより深い理解が得られるだろう。その場合，文化的意味を適切に考慮することが求められる。日本的穢れ尺度によって，穢れ観の異なる側面が異なる反応を誘発することが明らかになったので，その性質を利用したきめ細やかな介入や，科学的根拠に基づく政策決定を模索していくことも可能だろう。また，**図6-1**で見た通り，感情的分極化が深刻さを増している今日，感情とのつながりを含めた検討も重要な研究課題である。

　道徳的価値観の観点から社会的分断の所在を明らかにしつつ，より包摂的な社会を実現するための具体的な方策の議論も必要である。これには，教育やメディアを通じて，異なる道徳的価値観に対する理解と尊重を促す取り組みが含まれることになる。例えば，異なる価値観をもつ集団間の対話を促進するプラットフォームのメカニズムや，多様な文化的背景を尊重する教育内容の開発などが考えられる。さらに，日本独自の道徳的価値観を外交政策に生かすことで，より良い国際的協力関係を築くことも期待される。

　日本人の道徳的価値観の理解を深め，それを社会的分断の解消と社会的包摂の実現のために活用することが，より良い未来社会への鍵となる。今後もSMPP調査では，道徳的価値観を日本における重要な分断軸の1つと位置付け，研究を進める予定である。

参考文献

Crone, Damien L., & Laham, Simon（2023）Clarifying measurement issues with the purity subscale of the Moral Foundations Questionnaire in Christian and nonreligious participants. *Social Psychological and Personality Science*, 14(7): 845-853. https://doi.org/10.1177/19485506221136664

Davis, Don E., Dooley, Mattew T., Hook, Joshua N., Choe, Elise, & McElroy, Stacey E. (2017) The purity/sanctity subscale of the Moral Foundations Questionnaire does not work similarly for religious versus non-religious individuals. *Psychology of Religion and Spirituality*, 9(1): 124-130. https://psycnet.apa.org/doi/10.1037/rel0000057

Dehghani, Morteza, Johnson, Kate, Hoover, Joe, Sagi, Eyal, Garten, Justin, Parmar, Niki Jitendra, ... & Graham, Jesse (2016) Purity homophily in social networks. *Journal of Experimental Psychology: General*, 145(3): 366-375. https://psycnet.apa.org/doi/10.1037/xge0000139

Gert, Bernard, & Gert, Joshua (Fall 2020 Edition) "The Definition of Morality", *The Stanford Encyclopedia of Philosophy*. Edward N. Zalta. URL = <https://plato.stanford.edu/archives/fall2020/entries/morality-definition/>.

Graham, Jesse, Haidt, Jonathan, & Nosek, Brian A. (2009) Liberals and conservatives rely on different sets of moral foundations. *Journal of Personality and Social Psychology*, 96(5): 1029-1046. https://doi.org/10.1037/a0015141

Graham, Jesse, & Haidt, Jonathan (2010) Beyond beliefs: Religions bind individuals into moral communities. *Personality and Social Psychology Review*, 14(1): 140-150. https://doi.org/10.1177/1088868309353415

Gray, Kurt, DiMaggio, Nicholas, Schein, Chelsea, & Kachanoff, Frank (2023) The problem of purity in moral psychology. *Personality and Social Psychology Review*, 27(3): 272-308. https://doi.org/10.1177/10888683221124741

Haidt, Jonathan (2001) The emotional dog and its rational tail: A social intuitionist approach to moral judgment. *Psychological Review*, 108(4): 814-834. https://psycnet.apa.org/doi/10.1037/0033-295X.108.4.814

Haidt, Jonathan, & Joseph, Craig (2008) The moral mind: How five sets of innate intuitions guide the development of many culture-specific virtues, and perhaps even modules. *The Innate Mind* Volume 3: Foundations and the future. 3: 367-391.

Haidt, Jonathan (2012) *The Righteous Mind: Why Good People are Divided by Politics and Religion.* Allen Lane.（＝2014，高橋洋訳『社会はなぜ左と右に分かれるのか──対立を超えるための道徳心理学』紀伊國屋書店）

Hsieh, I-Ju., & Chen, Yung Y. (2021) The associations among moral foundations, political ideology, and social issues: A study of these associations in an Asian sample. *Journal of Cognition and Culture*, 21: 138-151. https://doi.org/10.1163/15685373-12340100

Kaur, Rishemjit & Sasahara, Kazutoshi (2016) Quantifying moral foundations from various topics on Twitter conversations, Proceeding of the 2016 IEEE International Conference on Big Data, 2505-2512.

金井良太（2013）『脳に刻まれたモラルの起源──人はなぜ善を求めるのか』岩波書店.

北村英哉（2021）「穢れと社会的排斥──感染忌避と宗教心の観点から」『エモーション・スタディーズ』7: 4-12.

Kitamura, Hideya, & Matsuo, Akiko（2021）Development and validation of the Purity Orientation–Pollution Avoidance Scale: A study with Japanese sample. *Frontiers in Psychology*, 12, https://doi.org/10.3389/fpsyg.2021.590595

Koleva, Spassena P., Graham, Jesse, Iyer, Ravi, Ditto, Peter H., & Haidt, Jonathan（2012）Tracing the threads: How five moral concerns（especially Purity）help explain culture war attitudes. *Journal of Research in Personality*, 46（2）: 184-194. https://doi.org/10.1016/j.jrp.2012.01.006

Leota, Josh, Simpson, David, Mazidi, Daniel, & Nash, Kyle（2023）Purity, politics, and polarization: Political ideology moderates threat‐induced shifts in moral purity beliefs. *British Journal of Social Psychology*, 62（2）: 806-824. https://doi.org/10.1111/bjso.12596

Levitsky, Steven & Ziblatt, Daniel（2018）*How Democracies Die*. Crown.（＝2018, 濱野大道訳, 池上彰解説『民主主義の死に方——二極化する政治が招く独裁への道』新潮社）

松尾朗子（2024）「道徳判断と感情——感情特定・測定の難しさ」『エモーション・スタディーズ』9: 52-61.

松尾朗子・田中友里（2021）「道徳判断と嫌悪判断——神性・清浄基盤に着目して」『エモーション・スタディーズ』7: 13-24.

松尾朗子・唐沢穣・Norasakkunkit, Vinai（2016）「日本における道徳違反状況の特徴と道徳観」『日本社会心理学会　第57回大会発表論文集』66.

松尾朗子・向井智哉・田中友理・唯なおみ・熊谷晋一郎（2023）「刑務所作業製品への抵抗感と嫌悪感受性, 道徳基盤, 穢れ観の関連」『人間環境学研究』21: 95-105.

Matsuo, Akiko, Sasahara, Kazutoshi, Taguchi, Yasuhiro, & Karasawa, Minoru（2019）Development and validation of the Japanese Moral Foundations Dictionary. *PLOS ONE*, 14, e0213343

Matsuo, Akiko, Du, Baofa, & Sasahara, Kazutoshi（2021）Appraisal of the fairness moral foundation predicts the language use involving moral issues on Twitter among Japanese. *Frontiers in Psychology*, 12, https://doi.org/10.3389/fpsyg.2021.599024

Matsuo, Akiko, Kitamura, Hideya, Yui, Naomi, & Kumagaya, Shin-ichiro（2023）Moral common sense: Examining the false consensus effect of morality in Japan. *International Journal of Psychological Studies*, 15（2）: 22-29. https://doi.org/10.5539/ijps.v15n2p22

Matsuo, Akiko, Miura, Asako, Kitamura, Hideya, & Murayama, Aya（2024）The ebb and flow of morality: The role of purity in the public perceptions of Fukushima's processed water release. *Japanese Psychological Research*. https://doi.org/10.1111/jpr.12546

Michel, Jean-Baptise., Shen, Yuan Kui, Aiden, Aviva Presser, Veres, Adrian A., Gray, Matthew K., The Google Books Team, Pickett, Joseph P., Hoiberg, Dale, Clancy, Dan, Norvig, Peter, Orwant, Jon, Pinker, Steven, Nowak, Martin A., Aiden, Erez Lieberman（2011）Quantitative analysis of culture using millions of digitized books. *Science*, 331: 176-182. https://doi.org/10.1126/science.1199644

Monroe, Andrew E., & Plant, E. Ashby（2019）The dark side of morality: Prioritizing sanctity over care motivates denial of mind and prejudice toward sexual outgroups. *Journal of Experimental Psychology. General*, 148（2）: 342. https://psycnet.apa.org/doi/10.1037/xge0000537

村山綾・三浦麻子（2019）「日本語版道徳基盤尺度の妥当性の検証——イデオロギーとの関係

を通して」『心理学研究』90(2): 156-166.

能條歩・田口夏美・藤田航平（2022）「環境教育プログラムによる「自然との一体感」や「畏敬の念」の獲得——ネイチャーゲームの効果研究に基づく考察」『環境教育』31(4): 28-39.

野波寛・坂本剛・大友章司・田代豊・青木俊明（2022）「NIMBY 問題における当事者はなぜ優位的に正当化されるのか？：地層処分場の決定権をめぐるマキシミン原理と道徳基盤の影響」『実験社会心理学研究』61(2): 57-70.

Sachdeva, Sonya, Boghrati, Reihane., & Dehghani, Morteza (2019) Testing the influence of purity-based interventions on pro-environmental behavior. *Sustainability*, 11(6): 1811. https://doi.org/10.3390/su11061811

笹原和俊・杜宝発（2019）「ソーシャルメディアにおける道徳的分断：LGBT ツイートの事例」『社会情報学』8: 65-77.

Singh, Maneet, Kaur, Rishemjit, Matsuo, Akiko, Iyengar, S. R. S., & Sasahara, Kazutoshi (2021) Morality-based assertion and homophily on social media: A cultural comparison between English and Japanese languages. *Frontiers in Psychology*, 12, 768856. https://doi.org/10.3389/fpsyg.2021.768856

Shweder, Richard A, Much, Nancy C., Mahapatra, Manamohan, & Park, Lawrence (1997) The "big three" of morality (autonomy, community, divinity) and the "big three" explanation of suffering. In Allan M. Brandt, & Paul Rozin (eds.), *Morality and Health*. Routledge, 119-169.

Thaler, Richard H. & Sunstein, Cass R. (2008) *Nudge : Improving Decisions about Health, Wealth, and Happiness*. Yale University Press.（＝2009，遠藤真実訳『実践行動経済学——健康・富・幸福への聡明な選択』日経 BP 社）

Tversky, Amos & Kahneman, Daniel (1974) Judgment under uncertainty: Heuristics and biases, *Science*, 185(4157): 1124-1131. https://doi.org/10.1126/science.185.4157.1124

van Prooijen, Jan-Willem, & Böhm, Nienke (2023) Do conspiracy theories shape or rationalize vaccination hesitancy over time? *Social Psychological and Personality Science*, 15(4), https://doi.org/10.1177/19485506231181659

Vezzali, Loris, Brambilla, Marco, Giovannini, Dino, & Paolo Colucci, Francesco (2017) Strengthening purity: Moral purity as a mediator of direct and extended cross-group friendships on sexual prejudice. *Journal of Homosexuality*, 64(6): 716-730. https://doi.org/10.1080/00918369.2016.1196998

Zakharin, Michael, & Bates, Timothy C. (2021) Remapping the foundations of morality: Well-fitting structural model of the Moral Foundations Questionnaire. *PLOS ONE*, 16(10), e0258910. https://doi.org/10.1371/journal.pone.0258910

Zhong, Chen-Bo., & Liljenquist, Katie (2006) Washing away your sins: Threatened morality and physical cleansing. *Science*, 313(5792): 1451-1452. https://doi.org/10.1126/science.1130726

Zhong, Chen-Bo., Strejcek, Brendan, & Sivanathan, Niro (2010) A clean self can render harsh moral judgment. *Journal of Experimental Social Psychology*, 46: 859-862. https://doi.org/10.1016/j.jesp.2010.04.003

第7章

首相への好悪は有権者における対立を深めたのか
—— リーダーシップのスタイルによる分断

前田幸男

本章では，歴代首相に対する評価を手がかりにして，分断軸4「リーダーシップのスタイル」が世論に与えた影響を探る。歴代の首相はそれぞれのスタイルで政権を運営したと思われるが，彼らが追求する政策だけではなく，そのリーダーシップのスタイルも世論に影響を与えたと考えられる。本章では，首相に対する好き嫌いの感情が，どのように与党そして野党への好き嫌いの感情と連動するかに着目した上で，他の首相と比べて安倍晋三が有権者の間の対立を深めたかを検証する。

〈本章のポイント〉

・有権者にとって首相は政党よりも評価が容易な対象である。無回答者の割合は，歴代首相を対象とした質問の方が，国政政党（調査時点）を対象とした質問よりも低い。

・首相ごとに好き嫌いの感情の分布は大きく異なる。有権者がそれぞれの首相に対して，異なる反応を示していることが分かる。

・全ての首相は与党支持者から好かれる。一方，野党支持者から常に嫌われているわけではない。野党支持者から明確に嫌われていたのは，安倍晋三と菅義偉だけである。

・有権者が答える自分自身の保守－リベラルのイデオロギー上の位置と安倍に対する好き嫌いの関係は，他の首相の場合よりも強い。

・首相が交代すると，首相に対する好き嫌いと，政党に対して有権者が抱く態度との関係が変化する。

・安倍晋三，麻生太郎，菅義偉の三首相については，首相を好きな有権者が与党を好きなだけではなく，野党を嫌う傾向にある。他の首相については，そのような関係は必ずしも見られない。

はじめに

　民主主義は，有権者の票を巡る政治的競争を通じて，政治権力を持つ者を決定する仕組みである（Schumpeter 1942）。政党は，異なる考えや立場を組織化し，有権者の支持を巡って競争する存在に他ならない。したがって，政党の政治的競争の前提となる言論の自由を最大限尊重することが民主的政治体制には必須の条件となる。社会における同質性が高ければ，政治的競争は単純な多数決で決することもできるが，利害調整に馴染まない根深い対立がある場合，多数決を回避し，異なる集団間の妥協を制度化する運営が行われることもある（Lijphart 1999）。いずれにしても，自由民主主義の政治体制においては，言論の自由を尊重しつつ，少数派や異質な他者に対して寛容であること，そして批判は抑制的であることが前提とされてきたように思われる。

　しかしながら，近年，先進民主主義国において，従来想定されてきたよりもかなり激しい政敵に対する批判を伴う対立が現れて来た。2016 年に当選し，2021 年までアメリカ大統領を務めたドナルド・トランプは，少数派や弱者に対して侮蔑的かつ不寛容な態度を示すことに躊躇がなく，また，政敵に対する攻撃も徹底的であった（前嶋・山脇・津山 2019）。2020 年大統領選挙における敗北を認めず，選挙結果を覆すためにトランプ支持者がアメリカ合衆国連邦議会議事堂を襲撃した事件はその象徴的な出来事である。アメリカの民主党と共和党の支持者の間で意見の相違や相互の感情的対立が強くなってきていることは世紀の変わり目から指摘されていたが（Hetherington 2001; Layman & Carsey 2002），二大政党を支持する有権者間の意見の隔たりが大きくなる現象は学術的には分極化として議論されている（Hetherington 2009）。

　一方，欧州諸国においては，極端な民族主義的立場に立つ政党や指導者が，非常に多くの有権者から支持を集めるようになっている（水島 2016, 2020）。2017 年のフランス大統領選挙においては国民戦線のマリーヌ・ルペンが決戦投票に残り，同年に行われたドイツ連邦議会選挙では「ドイツのための選択」が 5% の壁を突破し，議席を獲得した。それぞれの国の歴史的，政治的文脈において対立や変化の表れ方は異なるが，欧州においてはポピュリズム（populism）という用語で，変化が議論されていることが多い。既成政党においてすら従前のように組織に依拠した選挙動員が難しくなっているため，未組織

の有権者に訴求するために特定の指導者へ関心を集中させる手法が採用されつつある（古賀 2020: 16）。

アメリカにおける分極化と欧州におけるポピュリズムは，極端な主張をする政治リーダーの登場や，移民や少数派に対する不寛容な態度，伝統的なマスメディアに対する不信，政敵に対する攻撃的なレトリックの利用という点は共通している（Howell & Moe 2020）。しかし，欧州のポピュリズム研究においては既存の政党システムの変容，新党の躍進，既成政党支持層の融解といった現象が強調されるのに対して，アメリカにおいては，既存政党間の対立の先鋭化と，その対立の有権者への波及という形で議論されている点が大きく異なる。

日本の政治状況は，アメリカや欧州と共通する面もあるが，異なる部分も大きい。伝統的な保守と革新の対立は，有権者に対する広い訴求力を失って久しいが，それに代わって保守‐リベラルの対立軸が定着しているわけではない[1]。また，政策争点態度のデータを利用して世論の分極化をもたらす構造が析出できているわけでもない。かつては一次元的な構造をしていた政策争点態度間の関連が弛緩し，政策争点態度を束ねる原則（あるいはイデオロギー）が分かりづらくなったというのが実態であろう（蒲島・竹中 2012）。また，ポピュリズムという言葉が日本政治の分析に使われることもあるが（大嶽 2003, 2006），日本政治あるいは東アジア政治への応用は必ずしも成功していないように思われる（Hellmann 2017）。

その一方，2010 年代の政治において，安倍晋三という政治家が両極端の評価を得てきたことは記憶に新しい。首相としては異例なことだが，時にケンカ腰とも言えるような態度で野党との論戦に臨んでいた。また，自民党内の非主流派を徹底的に切り崩し，党内多数派を掌握して権力基盤を盤石にしようとする安倍晋三の政権運営スタイルを表す「安倍一強」という言葉も人口に膾炙した（朝日新聞取材班 2021）。新聞を中心にしたマスメディアの報道が政権に対する態度で二極化したとも言われた（徳山 2014）。また，安倍政権下で世論の「分断」が進んだという主張もなされている（辻 2021）。

---

1) 明るい選挙推進協会の選挙後調査では，伝統的な保革イデオロギーを 5 点尺度で尋ねる一方，調査票の最後で保守‐リベラルのイデオロギーについても 5 点尺度で尋ねている。2021 年総選挙後の調査を参照すると，前者における「わからない」と無回答の合計は 12.1％ だが，後者における割合は 29.0％ になり，明らかに保守‐リベラルのイデオロギーの方が回答できない人が多い（明るい選挙推進協会 2022）。

そこで，本章では，故・安倍晋三首相がどの程度有権者の愛憎を集めていたのか，その特徴を，他の首相経験者に対する評価との対比を通じて明らかにすることを目指す。「スマートニュース・メディア価値観全国調査」（以下，SMPP調査）は郵送とWeb調査を並行して実施したが，本章では郵送調査のデータのみを利用する。SMPP調査では小泉純一郎（2001年4月26日第一次小泉内閣成立）から岸田文雄（2024年3月段階で現職）にいたる9人の首相経験者に対する好悪を11点尺度で測定している。安倍晋三の政権運営のスタイルが，有権者の政治に対する考え方にも影響を与えたのかが検討課題である。

7.1 | 問題関心と仮説

アメリカにおける分極化および欧州におけるポピュリズムに関する研究の蓄積は厚いが，ここでは大統領あるいは首相・党首が果たす役割に限って，先行研究を確認したい。分極化という観点からの研究が最も蓄積されているアメリカでは，有権者に対する調査データを用いて，民主党支持者と共和党支持者との間で保守 - リベラルのイデオロギーについて違いが拡大していること，また，他党に対する感情が以前と比べて悪化していることが分極化を表すデータとして提示されることが多い（Hetherington 2001, 2009; West & Iyengar 2022）[2]。ゲイリー・C・ジェイコブソンは，大統領候補者，現職大統領，そして元大統領に対する好悪の感情が，政党に対する好悪の感情にも大きな影響を与えることで，分極化を促進していると主張している（Jacobson 2009, 2016）。

また，欧州の議院内閣制の諸国においては，伝統的な組織による選挙動員の衰退とマスメディアやソーシャルメディアの発達によって，政党にとって従前よりも党首が果たす役割が大きくなったと考えられている（Swanson & Mancini 1996; Poguntke & Webb 2005）。しかしながら，ポピュリズム研究において党首の役割自体は強調されているが，首相や党首が世論における分極化や排外主義の伸張に与える影響の研究は乏しく，むしろ総選挙における投票行動への影響に興味が集中しているように思われる（Costa & Da Silva 2015; Garzia & De Angelis 2016; Garzia et. al. 2020）。

---

2) 比較のために利用されるデータは保守 - リベラルのイデオロギー尺度や政党に対する感情温度計尺度であることが多い。

第 7 章　首相への好悪は有権者における対立を深めたのか　　209

　日本でも首相あるいは党首が投票選択に与える影響については一定の研究が存在するが（Kabashima & Imai 2002; Jou & Endo 2015; 前田・平野 2015），首相の存在が世論の変化や分極化に与える影響についての具体的な研究は少ない。日本政治における「分断」あるいは分極化の研究は，社会的不平等や排除との関係（林・田辺・石田 2022），あるいは，ソーシャルメディアが政治意識に与える影響（辻 2021）等に関心が向いているのが実情であろう。そこで，本章では安倍晋三という政治家がどの程度有権者の愛憎を集めていたのか，そして，安倍晋三に対する好悪が如何に世論における変化と結びついていたのかを，小泉純一郎から現職の岸田文雄に至る歴代首相経験者との比較を通じて検討する。

　なお，調査時に現職である岸田を除けば，回答者の評価の対象となる残りの8人は退任した前あるいは元首相であり，有権者が彼らに対して抱くイメージは基本的に在職時のものから変化がなく固定されていると考えられる[3]。麻生のように退任後，長く副首相・財務大臣を務めた場合は別として，他の首相経験者は退任後，政治的影響力が大きい公職には就いていない。報道自体が限られる，あるいは報じられるとしても懐古的なものであるとするならば，歴代首相評価については，現今の政治問題からの影響は小さいと考えられる。

　まず，準備作業として歴代首相に対する好悪尺度について分布を確認した後，分布を規定する要因について検討を行う。首相に対する好悪は政党支持や，イデオロギーなどの政治的価値観によっても規定されると考えられるからである。ここでの主な仮説は，以下のとおりである。

　　H1：安倍晋三への好感度は有権者の政党支持に影響を受ける。その際，
　　　　与党支持者は安倍晋三に好意的になるのに対して，野党支持者は安倍晋
　　　　三に対して嫌悪感を持つ。

　　H2：安倍晋三への好感度は有権者のイデオロギーに影響を受ける。その
　　　　際，安倍は保守的な有権者からは好かれ，リベラルな有権者からは嫌わ
　　　　れる。

―――――――――

3)　調査実施段階では安倍晋三は既に故人になっている。2022 年 7 月に発生した銃撃事件以降の報道で新たに形成されたイメージもあるだろうが，2023 年 3 月段階における有権者の安倍に対する評価は，良い評価にしても悪い評価にしても，容易には変化しないものとなっていたであろう。

関連して，同じ分析を他の歴代首相に対しても繰り返すので，明確な仮説はないが次のリサーチ・クエスチョンも検討する。

RQ1：政党支持並びに保守 - リベラルのイデオロギーと安倍に対する好悪尺度の関係は，他の首相の場合と異なる。

H1 と H2 は，初めから予想されることなので，むしろ興味の中心は RQ1 の方にある。後半では，可能な範囲内で，安倍晋三に対する好悪が，与党および野党に対する好悪と連動しているかを検討する。

H3：安倍晋三に対する好悪は，与党に対する好悪と正の関連があり，かつ，野党に対する好悪と負の関連がある。

RQ2：与野党に対する好悪と安倍晋三への好悪との関係は，他の首相の場合と異なる。

H3 は，初めから想定されることなので，むしろ興味の中心は RQ2 の方にある。

7.2 | 利用するデータと記述統計

(1) 質問と回答分布

歴代首相に対する好悪の質問（問 13）は政党に対する好悪の質問（問 12）の直後に配置されているが，具体的な質問文は，以下の通りである。

歴代の首相についてご意見をお聞かせください。同じく，0 を「とても嫌い」，10 を「とても好き」とします。あなたの好き嫌いはどこに位置しますか。それぞれについて 1 つずつお選びください。

自記式の調査票には質問文の後にマトリックス形式で，小泉純一郎から現職の岸田文雄までの歴代首相について 0 から 10 までの数値，あるいは，「聞いたことがない」か「わからない」を選択できるようになっている。11 点尺度な

ので，平均値が5点であれば好悪が拮抗していることを意味する。平均5点未満はどちらかと言えば嫌われている，5よりも大きければ，どちらかと言えば好かれていることになる。表7-1に，同じフォーマットで直前に尋ねられている政党に対する好悪と一緒に，その記述統計と欠損の割合（「聞いたことがない」，「わからない」そして無回答の合計）を示した。

歴代首相に対する好悪を比較すると群を抜いて好かれているのは小泉純一郎（6.6点）であるが，安倍晋三への好感度は，菅義偉への好感度と並び，その次に高い（5.4点）。そのほかの首相は，平均値が5点よりも小さいので，どちらかといえば嫌われていることになる。調査で対象となった9人の中で一番嫌われているのは鳩山（3.1点）であるが，その次は麻生（3.5点），そして菅直人（3.6点）と続く。

政党については，一番好かれているのは自民党の4.9点であるが，日本維新の会の4.6点，そして立憲民主党の4.0点と続く。ただし，全政党について平均値は5より小さいので，すべての政党は平均的には嫌われているということになる。

表7-1　政党・首相への好悪

	回答者数	平均	標準偏差	欠損の割合
政党の好悪尺度				
A）自由民主党	1,643	4.9	2.5	13.6%
B）立憲民主	1,551	4.0	2.3	18.4%
C）公明党	1,610	3.1	2.5	15.3%
D）日本維新の会	1,546	4.6	2.4	18.7%
E）国民民主党	1,423	3.8	2.0	25.1%
F）日本共産党	1,549	2.9	2.4	18.5%
G）れいわ新撰組	1,460	2.6	2.5	23.2%
H）社会民主党	1,406	2.9	2.2	26.0%
I）NHK 党	1,554	1.3	2.1	18.3%
J）参政党	988	2.2	2.4	48.0%
首相の好悪尺度				
A）小泉	1,768	6.6	2.6	7.0%
B）福田	1,509	4.8	2.0	20.6%
C）麻生	1,722	3.5	2.6	9.4%
D）鳩山	1,659	3.1	2.3	12.7%
E）菅直人	1,654	3.6	2.4	13.0%
F）野田	1,570	4.4	2.2	17.4%
G）安倍	1,795	5.4	3.1	5.6%
H）菅義偉	1,728	5.4	2.6	9.1%
I）岸田	1,764	4.2	2.4	7.2%

N＝1901
出所：スマートニュース・メディア価値観全国調査2023

ここで，好悪の平均値とその順位以外に注目すべき点は，具体的な好悪の評価をしていない回答者の割合である。政党の好悪については，一番欠損の割合が低いのは自民党の 13.6% である。それに対して，歴代首相評価で最も欠損の割合が低いのは，現職の岸田の 7.2% ではなく，既に故人となっていた安倍に対する評価の 5.6% である。政党について好悪の評価が欠ける割合の平均を，歴代首相の数と合わせるために特に欠損の割合が高い参政党を除いて計算すると 19.7% になるのに対して，歴代首相への好悪が欠ける割合の平均は 11.3% である。

また，同じデータを別の角度から見ると，歴代首相 9 人への好悪を全て表明した回答者の割合は 73.3% である一方，一切好悪を表明しなかった回答者は 3.6% に過ぎない。3 人以上の歴代首相について好悪の評価ができなかった回答者は 14.0% おり，評価をしなかった歴代首相数の平均は全体で 1.0 である。政党については，参政党を除いた 9 の政党について検討すると，9 政党の全てに好悪を表明した回答者の割合は 65.2% である一方，9.3% は政党への好悪を一切表明していない。3 つ以上の政党について好悪の評価をできなかった有権者は 23.1% おり，評価をしなかった政党の数の平均は全体で 1.8 である。

現職の首相はおそらく日本で最も報道の対象となる個人であると思われる。その一方，与党である自民党（1955 年結党）と公明党（1964 年結党）は，具体的な議員や大臣が変わったとしても，長期間にわたって政治活動を行い，報道の対象になってきたはずである。にもかかわらず，歴代首相に対する評価の欠損割合が，政党に対する評価の欠損割合よりも低いことは，報道を通じて具体的に顔がわかり声も聞くことができる首相その人への評価が，報道で名称を見聞きする政党という組織の評価よりも，容易あるいは直感的であることを意味するように思われる。

なお，回答の散らばりの尺度である標準偏差で見ても，安倍への好悪の標準偏差は，政党への好悪，歴代首相への好悪全ての中で最大である。安倍晋三は世論において好悪が明確に分かれる政治家であったことは確かだと思われる。

(2) 回答ができない割合と回答者の属性

次に，歴代首相と政党に対する好悪の形成について，基本的な属性と情報の摂取に関連する変数との関係を見ておきたい。首相や政党に対して評価できない人が少ないことは，より情報の摂取が苦手あるいは情報摂取において不利な

第 7 章　首相への好悪は有権者における対立を深めたのか　　　213

立場にある人にまで，最低限の好悪を形成するために必要な情報が伝わっていることを意味する。逆に評価できないという回答者が集中している属性があれば，その人たちには首相や政党について好き嫌いの判断をするのに必要な情報が届いていないことになる。

表 7-2 に年齢，政治知識設問に対する正答数，そしてメディア接触パターン毎に，首相評価設問で回答がなかった数，政党評価設問で回答がなかった数の平均値を示した[4]。参政党は外して計算したので，歴代首相評価と政党評価の双方とも欠損した回答の最小値は 0，最大値は 9 となる。

表 7-2 (a)を見ると，年齢が若いほど好悪の評価対象とならない首相および政党の数が多い傾向にある。好悪の評価ができない首相の数は 30 歳未満で 2.7，30 歳代は 1.1 であるが，40 歳代以降は 1 を切る。50 歳代以降は実質的に差がない。年齢の差による効果は 30 歳未満とそれ以上の世代との間で特に大きいように思われる。なお，30 歳未満において回答の欠損が多い首相は順に福田康夫（51.7%），野田佳彦（41.2%），菅直人（38.2%），鳩山由紀夫（34.8%）である。これに対して，一番評価の欠損が少ないのは安倍で 13.8% が回答できていない。福田康夫と安倍晋三との間には評価の有無について 38 ポイントの差が存在する。2023 年時の調査で 30 歳未満（18-29 歳）は 2013 年で 8 歳から 19 歳である。若い世代に回答の欠損が多い理由は，小学生や中学生の頃の首相については，明確なイメージや記憶を持たない人がいるからだと思われる。

一方，政党については現在の政党について尋ねているので同じ説明は成り立たない。30 歳代で評価できないという回答者の割合が一番小さいのは，自民党と NHK 党の 30.7% であるが，一番多いのは社会民主党の 46.7% である。自民党並びに NHK 党と社会民主党との間の差は 16 ポイントに過ぎず，歴代首相の間に存在する評価の有無の差に比べると，政党の間の違いは小さい。若い世代で特定の政党に対するイメージが欠けるというわけではなく，一般的な政治関心のレベルの違いにより，好悪の評価を答える政党の数に差が生じていると思われる。

次に政治知識との関係を見たのが表 7-2 (b)である。政治知識は政治制度に関する知識を尋ねる質問 3 つと，閣僚がどの役職に就いているのかを尋ねる時事的な質問の 3 つ，計 6 問から構成されており，最低が 0 点，最高で 6 点を取

---

4)　回答者の教育程度も検討したが，教育程度による差は明確ではなかった。

表 7-2　首相と政党に対する好き嫌い質問への回答が欠けている数

(a)　年齢	首相	政党	N
30 歳未満	2.7	3.3	296
30〜39 歳	1.1	2.5	312
40〜49 歳	0.8	1.7	341
50〜59 歳	0.5	1.3	327
60〜69 歳	0.6	1.0	298
70 歳以上	0.6	1.0	327
合計	1.0	1.8	1,901

(b)　政治知識（正答数）	首相	政党	N
0	2.8	4.6	223
1	1.4	2.6	287
2	1.2	2.1	283
3	0.8	1.5	335
4	0.5	0.8	325
5	0.3	0.7	270
6	0.2	0.4	178
合計	1.0	1.8	1,901

(c)　メディア接触パターン	首相	政党	N
伝統メディア中心型	0.8	1.5	187
伝統メディア＋ネットニュース接触型	0.5	0.9	381
バランス型	1.0	2.1	393
インターネットメディア中心型	0.8	1.3	536
SNS 中心型	2.1	3.3	346
無接触＋NA	1.6	2.1	58
合計	1.0	1.8	1,901

出所：スマートニュース・メディア価値観全国調査 2023

る尺度である[5]。政治知識設問に全問正解（6 点）した回答者の場合，平均で0.2 人の首相に対する評価がなく，平均で 0.4 の政党に対して好悪の回答がなかったので，基本的には歴代首相全員と全政党について評価ができていると考えられる。一方，全問不正解の場合は平均で 2.8 人の首相，4.6 の政党について評価ができていない。また，政治知識設問で最低の 0 から最高の 6 の違いは，首相評価の有無で 2.6，政党評価の有無で 4.2 となり，首相評価よりも政党評価の方が政治知識による差が大きい。

　最後に，**表 7-2**(c)では，メディア接触パターン毎に回答者が評価しなかっ

---

5)　具体的には，問 16 において，制度については，司法における三審制，参議院議員の任期，内閣が責任を負う対象，時事については林芳正，河野太郎，斉藤鉄夫について役職を尋ねている。後者については，調査時点でそれぞれ，外務大臣，デジタル大臣，そして国土交通大臣を担当していた。

た首相と政党の数の平均値を示した。メディア接触パターンの詳細は本書第3章に譲るが，新聞・テレビの伝統メディアだけではなくニュースサイトへの接触率も高いクラス2（「伝統メディア＋ネットニュース接触型」）が，首相についても政党についても無回答の数がそれぞれ0.5と0.9で一番低い。それに次ぐのが，無回答の数が首相0.8，政党1.3のクラス4（「インターネットメディア中心型」）と，首相0.8，政党1.5のクラス1（「伝統メディア中心型」）である。無回答が一番多いのはSNSへの接触率が高く，新聞テレビへの接触率が低いクラス5（SNS中心型）である（首相2.1，政党3.3）。この結果から見る限り，SNSの利用は政治情報の摂取には必ずしも有益ではないようである。

　以上は，政党の評価と対比させながら，歴代首相に対する評価の有無（回答がなかった数）の分布について考察してきた。いわば評価の前提条件を確認したわけであるが，ここで改めて，政治知識については，歴代首相評価の欠損数との関連よりも，政党の好悪評価の欠損数との関連との方が大きいことは，指摘しておきたい。首相（人間）に対する評価は，政党に対する評価よりも容易であり，政治に対する興味関心が低く，知識が少ない人であっても，何らかのイメージを手がかりに評価ができているからだと考えられる。

(3) 歴代首相に対する好き嫌いと回答者の属性

　これからは安倍晋三に対する好悪の評価について，他の歴代首相に対する評価と対比させつつ，検討したい。表7-2で検討した同じ変数について，分類毎の歴代首相好悪尺度の平均値を計算した結果を表7-3に示した。安倍晋三の数値については網掛けをしている。ここから，ある程度各首相の個性を推し量ることができる[6]。

　表7-3(a)の年齢であるが，国民的な人気があった小泉純一郎については世代による差はほとんどなく，全年齢層から好かれていることがわかる。ただし，小泉はむしろ例外で，他の首相については年齢による好悪の傾向が見られる。安倍晋三と菅義偉については，若いほど好意的であり，年配の人ほど彼らを嫌悪する点が特徴的である。しかも，安倍と菅義偉の次に首相となった岸田文雄の場合は，相対的には高齢者の方が好意的であり，前任者2人とは年齢と好悪

---

[6]　教育程度については，安倍晋三あるいは歴代首相への評価とわかりやすい形で結びついてはいなかったため，割愛した。

216　　　　　　　　　　　　　　　　　第Ⅱ部

表 7-3　首相に対する好き嫌いの尺度と年齢・政治知識・メディア接触パターン

(a) 年齢	小泉	福田	麻生	鳩山	菅直人	野田	安倍	菅義偉	岸田
30 歳未満	6.5	4.7	3.8	3.5	4.3	4.3	5.9	5.9	3.8
30〜39 歳	6.6	4.6	3.8	2.7	3.2	4.0	5.7	5.7	3.9
40〜49 歳	6.7	4.8	3.4	3.3	3.8	4.3	5.2	5.2	4.2
50〜59 歳	6.7	4.9	3.4	3.2	3.6	4.3	5.4	5.3	4.2
60〜69 歳	6.5	4.8	3.5	2.7	3.2	4.5	5.2	5.3	4.2
70 歳以上	6.6	5.0	3.4	3.0	3.5	4.7	4.9	4.9	4.6
合計	6.6	4.8	3.5	3.1	3.6	4.4	5.4	5.4	4.2

(b) 政治知識（正答数）	小泉	福田	麻生	鳩山	菅直人	野田	安倍	菅義偉	岸田
0	7.3	4.8	3.8	3.9	4.4	4.3	6.1	5.4	4.4
1	7.0	5.0	3.5	3.6	4.1	4.3	5.6	5.2	4.1
2	6.8	4.9	3.6	3.5	3.8	4.2	5.4	5.4	4.4
3	6.6	4.9	3.7	3.1	3.7	4.4	5.3	5.6	4.2
4	6.4	4.8	3.3	2.8	3.2	4.4	5.1	5.2	4.0
5	6.0	4.8	3.6	2.4	3.0	4.4	5.3	5.5	4.0
6	6.2	4.6	3.5	2.5	2.9	4.6	5.0	5.2	4.1
合計	6.6	4.8	3.5	3.1	3.6	4.4	5.4	5.4	4.2

(c) メディア接触パターン	小泉	福田	麻生	鳩山	菅直人	野田	安倍	菅義偉	岸田
伝統メディア中心型	6.6	5.0	3.3	3.0	3.5	4.5	5.1	5.0	4.5
伝統メディア＋ネットニュース接触型	6.5	5.0	3.3	3.2	3.6	4.7	4.9	5.0	4.4
バランス型	6.8	4.9	3.4	3.2	3.8	4.4	5.3	5.1	4.3
インターネットメディア中心型	6.6	4.8	3.7	2.9	3.4	4.3	5.5	5.7	4.1
SNS 中心型	6.3	4.4	4.0	3.1	3.5	3.9	6.0	5.7	3.6
無接触＋NA	7.4	4.8	3.8	3.0	3.4	4.0	5.1	5.3	4.2
合計	6.6	4.8	3.5	3.1	3.6	4.4	5.4	5.4	4.2

出所：スマートニュース・メディア価値観全国調査 2023

尺度との関係が完全に逆転している。同じ自民党の首相であっても首相が替わると有権者の反応も大きく変わりうることがわかる。

　次に**表 7-3 (b)**政治知識であるが，歴代首相好感度について政治知識得点毎に平均値を計算すると，基本的には政治知識が低いほど首相好感度は高くなる。したがって，政治知識の少ない人から好かれ，政治知識が多い人から嫌われることは一般的な現象であり，歴代首相の特定の誰かの個性とは言い難い。政治知識量が多い人がどちらかというと首相を嫌いがちになるのは，政治に対する関心も高く，政局や政策についてもある程度知っているが故に，評価が厳しくなるからだと思われる。ただし，政治知識の高低による好悪の違いがどちらかと言えば大きい首相と，どちらかと言えば小さい首相がいるのも事実である。小泉，鳩山，菅直人，安倍については，政治知識の高低により好き嫌いの尺度

の平均値が1点以上異なってくるが、それ以外の首相については、平均値の違いは0.5未満である。

最後に表7-3(c)のメディア接触パターンであるが、メディア利用によって好悪尺度に差がつく首相と、差が小さい首相がいることがわかる。鳩山と菅直人の2人は分類ごとに計算された平均値の最大と最小の差が0.5点未満に収まっており、メディア接触パターンによる違いは相対的に小さいと考えられる。

一方、安倍の場合、好悪尺度の最大と最小の差が1.1と開きが大きい。より具体的には、クラス5（「SNS中心型」）で6.0である一方、クラス2（「伝統メディア＋ネットニュース接触型」）では4.9と好感度が5を割り込む。また、クラス1（「伝統メディア中心型」）の好感度は5.1である。安倍晋三については、SNSの利用者と伝統的なマスメディアの利用者の間で、好き嫌いに違いがあるように思われる。SNS中心のメディア視聴者の間で相対的に好意度が高く、伝統的メディア視聴者の間で好意度が低いパターンは麻生と菅義偉も同様である。なお、岸田について言えば、伝統的メディアの視聴が中心のクラス1で最も好感度が高く、SNS中心のクラス5で最も好感度が低く、メディア接触パターンと好悪評価との関係が、安倍の場合とは逆転している。

7.3 歴代首相好感度の回帰分析

今まで議論した変数と歴代首相好感度との関係を明確にする上で、首相好感度を従属変数とする回帰分析を行う。独立変数は、社会経済属性は性別、年齢、教育程度、政治についての情報にまつわる変数としてメディア接触パターンと政治知識、政治意識に関わる変数としては政党支持（H1）と保守－リベラルのイデオロギー（H2）を利用する。

ここでは情報と政治意識に関わる変数について説明する。メディア接触パターンは、表7-2と表7-3で使った分類について、新聞やテレビを主に利用している伝統メディア中心型（クラス1）を基準（0）として、各グループについて該当する場合を1、それ以外を0とする複数のダミー変数を作成した。政治知識については、そのまま全問不正解0から全問正解6までの連続変数として投入している。政党支持については、「政党支持なし」を基準（0）として、各党支持を1、それ以外を0とする複数のダミー変数である。

最後の保守－リベラルのイデオロギーであるが、少し詳しい説明が必要であ

る。保守－リベラルのイデオロギーについて回答者自身の立場を尋ねた問10
は，1901人の回答者中，「わからない」「答えたくない」等の回答が581人
（30.6％）に上る。これらの回答をそのまま欠損値として分析から除外すると全
体の3割前後の観測対象を失うことになるので，それを避けるために，11点
の保守（10）－リベラル（0）尺度から5つのグループを作成した。具体的には
「保守」（10，9），「やや保守」（8，7，6），「中間」（5），「ややリベラル」（4，3，
2）そして「リベラル」（1，0）に分けた上で，無回答（「わからない」「答えたくな
い」そして無記入の合計）の人たちを基準（0）とする5つのダミー変数を作成し
た。

　歴代首相全員に対して同じモデルを個別に推計した結果を**表7-4**に示す。
安倍晋三に対する好悪尺度の回帰分析結果を示す第7列だけは網掛けをしてい
る[7][8]。

　まず，安倍晋三に対する好き嫌いを従属変数とする推計結果から確認しよう。
まず，H1であるが，政党支持なしを比較の基点とした場合，自由民主党支持
者は2.7ポイント安倍への好感度が高い。公明党支持者の場合は1.8ポイント
高い。それに対して，立憲民主党支持者の場合は0.8ポイント好感度が低く，
日本共産党支持者の場合は1.1ポイント低い。常識的な結果であるが，安倍晋
三は与党支持者からは好かれ，政権に批判的な野党の支持者から嫌われている。
H1について帰無仮説は棄却された。

　次にH2であるが，イデオロギースコアで「保守」（10，9）の場合は，基準
点となるイデオロギー設問への無回答と比して，0.7点安倍の好感度が上がる。
「中間」（5）と「ややリベラル」（4，3，2）の場合はそれぞれ0.4ポイント，0.5
ポイント好感度が下がる。そして，「リベラル」（1，0）では，好感度が1.2ポ
イント低下する。5つのダミー変数の回帰係数だけから判断すると，無回答の
人々は，回帰係数が統計的には有意ではない，「やや保守」（8，7，6）的な人た
ちに近いように思われる。保守的であるほど安倍に対しての好意が高くなり，

---

7)　予備的分析の段階では，第1段階を首相に対する好悪の表明の有無，第2段階を好悪尺度
　そのものの説明とする二段階のモデル（ヘックマンのセレクションバイアスモデル）を使っ
　た推定も行ったが，そこでえられた第2段階の係数と，単純な重回帰分析の係数との間に大
　きな違いがなかったので，通常の重回帰分析の結果を報告した。
8)　性別は男性を基準（0）とした上で，女性と「性別を答えない」をそれぞれダミー変数と
　した。教育程度は中学校卒業を基準とした上で各教育程度とDK，NAの6つのダミー変数，
　年齢は18-29歳を基準として，10歳毎の刻みでそれぞれをダミー変数としている。

リベラルになるほど安倍を嫌いになるので，H2 についても，帰無仮説は棄却された。

なお，政党支持が首相に対する好悪に影響することも，保守－リベラルのイデオロギーが首相経験者への好悪に影響することも，日本の政治について一定の知識がある人にとっては常識のように思われるかもしれない。しかし，そう断言できるほどこの結果は自明だろうか。通常の世論調査や意識調査で尋ねられるのは現職の首相のみである。野党党首について尋ねられることはあるが，歴代の首相について一括して尋ねたのはおそらく本調査が初めてではないかと思われる。ここで RQ1，安倍晋三の好悪についての推定結果が，他の首相に対する推計結果と異なるかを検討しよう。複数の回帰分析の結果を数値にもとづき概観することは難しいので，ここでは回帰係数をプロットして視覚的に検討したい。

図 7-1 は表 7-4 に掲載されている分析結果について，政党支持の回帰係数プロットを，9 人の首相について比較可能な形で示している。図の読み方だが，各首相について中央の太線が回帰係数の値がゼロの場合を示しており，黒丸が回帰係数の推定値，そして黒丸から左右に伸びる棒が回帰係数についての 95% 信頼区間になる。したがって，この横線が太い縦線と交わらない場合，回帰係数は 95% 水準で統計的に有意であることになる。横線が縦線と交わる場合は，基準との対比において，その政党に対する支持が首相への好感度に影響を与えているとは言えないことを意味する。

では，具体的に首相による違いを見ていこう。自公連立政権の首相（小泉，福田，麻生，安倍，菅義偉，岸田）については全員，自民党と公明党の係数がプラスで統計的に有意である。ただし，係数の値にバラツキがあり，安倍に対する好悪を予測する自民党回帰係数の大きさは，群を抜いて大きい。2 番目に大きい麻生の場合の回帰係数は小数点 2 位を四捨五入すると 2.0 であるが，麻生の場合の信頼区間（$1.982 \pm 2 \times 0.163$）と安倍の場合の信頼区間（$2.718 \pm 2 \times 0.180$）が重なることはないので，両者の違いは単なる偶然以上のものである。公明党の回帰係数も安倍が一番大きいが，標準誤差を確認する限り，必ずしも自公連立政権の他の首相よりも大きいとはいえない。

野党支持者の場合であるが，立憲民主党支持者については，安倍と菅義偉に対する好悪については 95% 信頼区間が基準線を含まないので回帰係数は有意だが，小泉，福田，麻生，岸田については基準線と重なっており帰無仮説を棄

220　　　　　　　　　　　　　　　　　　　　第Ⅱ部

表 7-4　首相好き嫌い度を従属変数とする回帰分析

	小泉	福田	麻生	鳩山	菅直人	野田	安倍	菅義偉	岸田
イデオロギー（基準 DKNA）									
イデオロギー（保守 10, 9）	−0.517 *	0.043	0.869 ***	−0.766 ***	−1.147 ***	−0.473 *	0.738 **	0.461 *	0.359
	(0.213)	(0.184)	(0.210)	(0.200)	(0.204)	(0.202)	(0.230)	(0.212)	(0.187)
イデオロギー（保守 8, 7, 6）	−0.186	0.421 **	0.775 ***	0.054	−0.138	0.248	0.319	0.202	0.482 **
	(0.179)	(0.158)	(0.176)	(0.169)	(0.172)	(0.170)	(0.193)	(0.178)	(0.157)
イデオロギー（中間 5）	−0.345	0.152	−0.068	0.029	0.026	0.228	−0.433 *	−0.420 *	−0.005
	(0.187)	(0.162)	(0.184)	(0.175)	(0.180)	(0.178)	(0.201)	(0.185)	(0.164)
イデオロギー（リベラル 4, 3, 2）	−0.218	0.263	0.115	0.015	0.010	0.242	−0.564 **	−0.481 *	−0.232
	(0.197)	(0.171)	(0.193)	(0.185)	(0.190)	(0.187)	(0.213)	(0.195)	(0.172)
イデオロギー（リベラル 1, 0）	−1.116 ***	−0.485	−0.899 **	−0.005	0.032	0.462	−1.182 ***	−1.463 ***	−0.948 ***
	(0.290)	(0.250)	(0.285)	(0.271)	(0.278)	(0.267)	(0.314)	(0.288)	(0.255)
政党支持（基準「政党支持なし」）									
自由民主党	1.007 ***	0.815 ***	1.982 ***	0.132	−0.006	0.398 *	2.718 ***	1.704 ***	1.857 ***
	(0.166)	(0.143)	(0.163)	(0.156)	(0.159)	(0.156)	(0.180)	(0.164)	(0.146)
立憲民主党	0.264	0.114	−0.261	1.388 ***	1.309 ***	1.680 ***	−0.852 **	−0.545 *	−0.181
	(0.249)	(0.210)	(0.244)	(0.230)	(0.234)	(0.230)	(0.269)	(0.249)	(0.220)
公明党	0.691 *	0.701 **	1.014 **	0.008	−0.258	0.226	1.774 ***	1.139 **	1.347 ***
	(0.310)	(0.267)	(0.310)	(0.293)	(0.297)	(0.302)	(0.341)	(0.310)	(0.277)
日本維新の会	1.219 ***	0.342	0.610 **	0.117	0.214	0.746 **	1.318 ***	1.318 ***	0.883 ***
	(0.244)	(0.209)	(0.234)	(0.227)	(0.231)	(0.225)	(0.261)	(0.240)	(0.211)
国民民主党	−0.910	−0.303	0.762	−0.293	−0.221	1.111 *	1.011	0.761	−0.097
	(0.510)	(0.431)	(0.485)	(0.472)	(0.472)	(0.453)	(0.544)	(0.491)	(0.439)
日本共産党	−0.657	−0.512	−0.618	0.203	0.431	−0.508	−1.068 *	−0.989 *	−0.472
	(0.390)	(0.334)	(0.374)	(0.362)	(0.369)	(0.363)	(0.415)	(0.388)	(0.331)
社会民主党／れいわ新選組	−0.242	−0.905 *	−0.450	0.373	0.950 *	0.756	−0.550	0.272	−0.661
	(0.409)	(0.353)	(0.388)	(0.378)	(0.399)	(0.394)	(0.417)	(0.385)	(0.340)
ＮＨＫ党／参政党／その他の政党	−0.668	−0.388	0.492	−0.526	−1.092 **	0.052	1.393 **	0.709	−0.600
	(0.410)	(0.348)	(0.422)	(0.377)	(0.394)	(0.379)	(0.445)	(0.402)	(0.363)
DK/NA	0.155	0.047	0.632 ***	0.367 *	0.054	0.313	0.752 ***	0.118	0.535 **
	(0.191)	(0.169)	(0.190)	(0.183)	(0.187)	(0.188)	(0.207)	(0.192)	(0.169)
メディア接触（基準「クラス1」）									
クラス2（伝統メディア＋ネットニュース接触型）	0.050	0.052	0.011	0.287	0.111	0.188	−0.205	−0.084	−0.093
	(0.231)	(0.194)	(0.227)	(0.213)	(0.218)	(0.213)	(0.253)	(0.231)	(0.204)
クラス3（バランス型）	0.079	0.023	0.136	0.141	0.174	0.021	−0.001	−0.088	−0.190
	(0.247)	(0.210)	(0.243)	(0.229)	(0.233)	(0.229)	(0.268)	(0.247)	(0.217)
クラス4（インターネットメディア中心型）	0.034	−0.071	0.428	−0.078	−0.179	−0.074	0.277	0.460	−0.250
	(0.243)	(0.205)	(0.238)	(0.224)	(0.229)	(0.224)	(0.265)	(0.243)	(0.214)
クラス5（SNS中心型）	−0.353	−0.494 *	0.874 **	−0.122	−0.343	−0.420	0.748 *	0.464	−0.704 **
	(0.273)	(0.238)	(0.268)	(0.255)	(0.262)	(0.259)	(0.295)	(0.273)	(0.240)
クラス0（無接触型）	0.572	−0.295	0.374	−0.047	−0.217	−0.372	−0.240	0.247	−0.411
	(0.402)	(0.343)	(0.394)	(0.383)	(0.390)	(0.377)	(0.427)	(0.393)	(0.350)
政治知識	−0.184 ***	−0.097 **	−0.072 *	−0.257 ***	−0.231 ***	−0.037	−0.100 *	0.017	−0.125 ***
	(0.037)	(0.032)	(0.036)	(0.035)	(0.035)	(0.035)	(0.040)	(0.037)	(0.032)
性別（基準「男性」）									
女性	−0.039	−0.014	−0.114	0.265 *	0.375 **	−0.029	0.000	0.198	0.155
	(0.128)	(0.111)	(0.126)	(0.120)	(0.123)	(0.121)	(0.138)	(0.128)	(0.113)
答えない	−1.176	−0.913	−1.014	−0.670	0.254	−0.521	−1.662 *	−1.333 *	−0.807
	(0.679)	(0.625)	(0.666)	(0.625)	(0.651)	(0.655)	(0.732)	(0.664)	(0.603)
年齢（基準「18-29歳」）									
30～39歳	−0.059	−0.260	0.085	−0.867 ***	−1.193 ***	−0.406	−0.109	−0.095	−0.083
	(0.223)	(0.209)	(0.217)	(0.213)	(0.220)	(0.218)	(0.232)	(0.216)	(0.190)
40～49歳	0.052	−0.126	−0.122	−0.228	−0.623 **	−0.061	−0.349	−0.576 **	0.161
	(0.225)	(0.208)	(0.219)	(0.215)	(0.222)	(0.220)	(0.236)	(0.219)	(0.193)
50～59歳	0.049	−0.127	−0.188	−0.330	−0.751 ***	−0.107	−0.318	−0.535 *	0.073
	(0.230)	(0.210)	(0.222)	(0.217)	(0.224)	(0.221)	(0.241)	(0.222)	(0.198)
60～69歳	−0.248	−0.232	−0.114	−0.902 ***	−1.170 ***	−0.112	−0.396	−0.488 *	0.013
	(0.244)	(0.221)	(0.237)	(0.230)	(0.239)	(0.233)	(0.258)	(0.239)	(0.210)

第 7 章　首相への好悪は有権者における対立を深めたのか

	小泉	福田	麻生	鳩山	菅直人	野田	安倍	菅義偉	岸田
70歳以上	−0.203	−0.044	−0.039	−0.585 *	−0.907 ***	0.104	−0.601 *	−0.711 **	0.325
	(0.264)	(0.234)	(0.256)	(0.248)	(0.255)	(0.250)	(0.279)	(0.258)	(0.227)
教育程度 (基準「中学校卒」)									
高校	−0.742	−0.769 *	−0.139	−0.346	−0.185	0.390	−0.417	0.136	0.054
	(0.423)	(0.358)	(0.419)	(0.405)	(0.401)	(0.405)	(0.463)	(0.429)	(0.378)
高専・短大	−0.567	−0.637	−0.369	−0.343	−0.063	0.526	−0.550	0.369	0.238
	(0.447)	(0.381)	(0.443)	(0.428)	(0.424)	(0.428)	(0.489)	(0.454)	(0.400)
専門学校・専修学校	−0.524	−0.552	−0.198	−0.413	−0.193	0.460	−0.420	0.219	0.200
	(0.444)	(0.379)	(0.440)	(0.425)	(0.423)	(0.426)	(0.484)	(0.450)	(0.397)
大学	−1.123 *	−0.786 *	−0.242	−0.273	−0.061	0.683	−0.699	0.163	0.105
	(0.435)	(0.370)	(0.430)	(0.416)	(0.413)	(0.417)	(0.476)	(0.441)	(0.388)
大学院	−1.215 *	−0.659	0.610	−0.358	−0.397	0.583	−0.306	0.688	0.771
	(0.560)	(0.475)	(0.550)	(0.527)	(0.533)	(0.527)	(0.611)	(0.560)	(0.496)
DK, NA	−2.429 ***	−1.421 **	−0.008	−0.952	−1.259 *	−0.021	−0.794	0.371	−0.532
	(0.634)	(0.542)	(0.606)	(0.582)	(0.581)	(0.590)	(0.674)	(0.628)	(0.553)
定数	7.913 ***	5.602 ***	2.759 ***	4.396 ***	5.158 ***	3.608 ***	5.321 ***	4.702 ***	3.714 ***
	(0.517)	(0.447)	(0.511)	(0.491)	(0.494)	(0.495)	(0.562)	(0.521)	(0.457)
調整済み決定係数	0.10	0.06	0.18	0.10	0.12	0.07	0.25	0.17	0.20
N	1768	1509	1722	1659	1654	1570	1795	1728	1764

*p<.05, **p<.01, ***p<.001
出所：スマートニュース・メディア価値観全国調査 2023

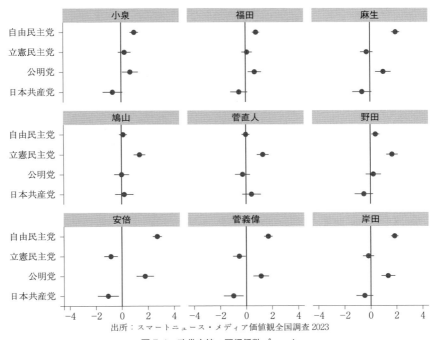

出所：スマートニュース・メディア価値観全国調査 2023

図 7-1　政党支持の回帰係数プロット

却できない。日本共産党も同様で，共産党支持が，首相に対する嫌悪に結びつくのは，安倍と菅義偉だけであり，岸田や麻生の場合は共産党支持が好悪の得点にマイナスの影響を与えることは確認できない。その意味では，安倍並びに，安倍内閣で常に官房長官の立場にあった菅義偉は，支持政党によって大きく反応が異なる首相である。この2人は，彼ら以前の自民党首相とも，彼らの後の岸田とも違う党派的反応を有権者の間に引き起こしていたと言えるであろう。さらに言えば，民主党政権の3首相については，立憲民主党支持者で好感度が高いのは想定の範囲内であるが，自民党支持者から嫌われているわけではない。野田に至っては，「政党支持なし」よりも自民党支持者の方が0.4点だが好感度が高い。与党支持者と野党支持者との間で好き嫌いの感情が明確に分かれているのは安倍と菅義偉だけに見られる特徴である。

　次に，保守 - リベラルのイデオロギーについて，安倍に対する反応と，それ以外の首相に対する反応とを対比するために図7-2にイデオロギーの回帰係数プロットを示した。作図の便宜上図7-1と図7-2では横軸の尺度が異なっていることに注意されたい。改めて図にして確認すると，安倍については，保守的な有権者から好かれリベラルな有権者から嫌われるというパターンが明確に出ている。安倍同様，保守から好かれ，リベラルから嫌われるというパターンが分かりやすいのは，麻生と菅義偉である。岸田も，一番保守的なグループについては95%信頼区間が基準線と接しているが，保守 - リベラルのイデオロギーとの関係は他の自民党首相経験者と似たパターンである。一方，特異なのは小泉である，最も保守的なグループと最もリベラルなグループの両方から嫌われている。また，民主党政権の3首相については一番保守的なグループからは（イデオロギーを持たない人との対比で）嫌われているが，他のグループからは好かれているわけでも嫌われているわけでもない[9]。

　RQ1についてまとめると，保守 - リベラルのイデオロギーに関して言えば，安倍に対する好悪の感情との関係は，麻生，菅義偉，そして岸田に対する好悪の感情と大きく異なるものではなさそうである。しかしながら，支持政党に基

---

9)　なお，参考までに観測数が大幅に減ることを承知の上で保守 - リベラルのイデオロギーを連続変数として回帰分析を行った場合，係数の大きさは麻生（0.204），安倍（0.262），菅義偉（0.214），岸田（0.157）となる。民主党政権の首相については，鳩山（−0.094），菅直人（−0.170），野田（−0.119）である。この7人については係数の全てが1%水準で統計的に有意である。小泉と福田については帰無仮説を棄却できない。

第 7 章　首相への好悪は有権者における対立を深めたのか　　223

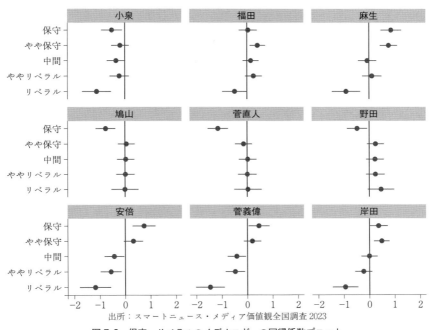

出所：スマートニュース・メディア価値観全国調査 2023

図 7-2　保守－リベラルのイデオロギーの回帰係数プロット

づく反応について言えば，安倍と菅義偉は，他の自公連立政権の首相や民主党政権の首相たちと比較すると，与党と野党との間で好悪の方向性が正反対であり，かつ，大きな反応を引き起こしたと言えるであろう。

　最後に，メディア接触パターンの回帰係数プロットを図 7-3 に示した。クラス 1（伝統メディア中心型）を基準とした場合，クラス 5（SNS 中心型）は安倍への好感度が 0.7 点高くなる。麻生の場合はクラス 5 で 0.9 点好感度が高くなる。興味深いのは安倍・麻生と岸田との対比であり，岸田の場合はクラス 5 の好感度がクラス 1 よりも 0.7 低下する。同じ自公連立政権の自民党首班であっても，メディア接触パターンと首相に対する好き嫌いの関係が逆転している[10]。安倍と麻生には好意的であり，岸田には否定的である態度をはじめから持っている人々が選択的に SNS に接触をしている可能性を否定できないが，

---

10) 安倍と岸田の好き嫌い尺度の相関係数は 0.54，麻生と岸田の場合は 0.48 である。

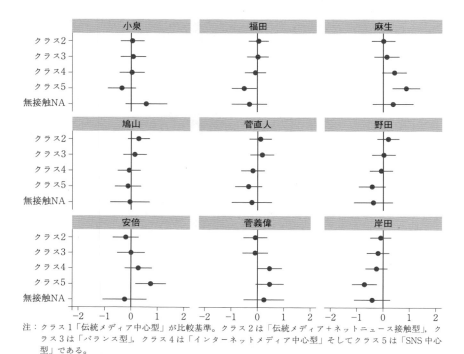

注：クラス1「伝統メディア中心型」が比較基準。クラス2は「伝統メディア＋ネットニュース接触型」，クラス3は「バランス型」，クラス4は「インターネットメディア中心型」そしてクラス5は「SNS中心型」である。

出所：スマートニュース・メディア価値観全国調査 2023

図7-3　メディア接触パターンの回帰係数プロット

SNS上で流布している内容が，安倍・麻生については肯定的で，岸田については否定的である可能性が十分あるように思われる。

7.4　首相好感度から派生する野党に対する嫌悪感

　以上，首相好感度を規定する要因と，それらの要因が与える影響は誰が首相であるかによって異なるのかについて分析をした。本節では首相好感度と連動して，有権者の間における対立が深まったのかを考察する。SMPP調査は2023年3月に実施された一時点の調査であり，本来は分極化のようにある時点からある時点への変化を対象とする分析には不向きである。ただし，ここでは歴代首相の在任期間におおよそ20年ほどの時間幅があることを利用して，

第7章　首相への好悪は有権者における対立を深めたのか　　225

近年の首相は過去の首相よりも有権者間の対立を深めているのか，具体的には安倍晋三に対する好悪の感情は，それ以前の首相との対比において，集団間の対立を深めたり，特定の集団への忌避の感情を強めたりしているのかを，検証したい。

　具体的には，**表 7-1** 上段に掲載している政党に対する好き嫌いの感情に関する設問を利用して，H3「安倍晋三に対する好悪は，与党に対する好悪と正の関連があり，かつ，野党に対する好悪と負の関連がある」を検証する。ここでは，11 点尺度の首相好感度を「とても好き」(10，9)，「好き」(8，7，6)，「中立」(5)，「嫌い」(4，3，2)，「とても嫌い」(1，0) の 5 つに分けたうえで，各グループについて政党に対する好き嫌い尺度 (11 点) の平均値を計算した。ただし，10 の政党全てではなく，連立政権与党の自民党と公明党，そして自公政権を批判する姿勢を明確にしている立憲民主党と日本共産党に限定してスコアを計算した。その内容を，9 人の首相それぞれについて示したのが**表 7-5**である[11]。

　安倍晋三の場合の数値を確認しよう。安倍を「とても嫌い」な人たちの自民党好悪尺度は 2.3 であるのに対して，安倍に対する好意の度合いが高まるにつれ，自民党に対する好意の度合いも，4.2，4.8，5.6，6.5 と上昇していく。安倍を「とても嫌い」なグループと「とても好き」なグループの差は，4.2 である。連立与党の公明党に対する好感度についても，安倍に対する好意が高まると上昇しており，安倍を「とても嫌い」なグループと「とても好き」なグループの間で公明党好感度に 2.2 の差が生じている。

　その一方，立憲民主党に対する好き嫌いの点数は，安倍に対する好感度が上昇するにつれ悪くなっていく。安倍を「とても嫌い」なグループと比べると，安倍を「とても好き」なグループでは，立憲民主党に対する好感度が 1.1 点低い。共産党についても同様で，1.4 点低い。

　標本規模が大きいため，首相に対する好悪と政党に対する好悪の相関係数の検定や，一元配置分散分析による平均値の差の検定はほとんどの場合，統計的に有意になるのでその結果は示さない。しかしながら，H3「安倍晋三に対する好悪は，与党に対する好悪と正の関連があり，かつ，野党に対する好悪と負

---

11) なお，首相および政党の好感度に関する質問の有効回答を全て利用しているので，9 つの表それぞれで標本規模が異なることには注意されたい。

の関連がある」こと自体は明確である。

　自民党の首相経験者である安倍に対する好悪の感情が在職時の与党への好悪と正の関連があり，そして同じく在職時野党への好悪と負の関連があること自体は，不思議ではない。しかしながら，他の歴代首相との対比は，このパターン自体が必ずしも自明ではないことを示している。ここでRQ2，「与野党に対する好悪と安倍晋三への好悪との関係は，他の首相の場合と異なる」を検討する。安倍以外の自民党首相は基本的に安倍と同じパターンを示すことが予想される一方，民主党政権の鳩山，菅直人，野田については，好悪の方向性が逆転することが予想される。

　表 7-5 には，他の 8 人の歴代首相についても同様の計算結果が掲載されている。まず，政権交代以前の小泉と福田についてであるが，安倍とは首相好悪と政党好悪の関連の仕方が異なる。両首相への好感度が高まると，自民党と公明党の好感度が高まる点は，安倍と共通である。しかし，小泉と福田については，立憲民主党と日本共産党についても好意度は高くなる。首相に対する好悪が，与党に対する好悪と野党に対する好悪で同じ関係になっており，首相に好意的であるが故に野党を嫌い，首相を嫌うが故に野党を好むという関係は見られない。

　民主党政権の首相 3 人については，首相に対する好意度が高まれば，立憲民主党と日本共産党への好意度が高まる。自民党政権の首相に対する好悪と連立与党に対する好悪に正の連関があったように，鳩山，菅直人，野田についての好悪が，民主党の後継政党である立憲民主党と，民主党政権と緩やかな協力関係にはあった共産党について正の連関があることは不思議ではない。しかしながら，民主党政権の 3 首相に対する好き嫌いと当時野党であった自民党と公明党に対する好き嫌いの間に負の関連があるとは言いがたい [12]。菅直人に至っては，菅直人への好意が相対的に高い有権者は公明党への好感度が高い状況である。

　最後に，麻生，菅義偉，そして岸田の 3 人について確認しよう。麻生と菅義偉について言えば，首相好悪と政党に対する好悪の関係は，安倍の場合とよく似ている。麻生と菅義偉に対する好悪の感情は，連立与党である自民党と公明

---

12) 5 段階の分類ではなく，11 点尺度の首相好き嫌いの変数と自民党に対する好き嫌いの変数について，相関係数を計算しても，鳩山 - 自民の場合が 0.03，菅直人 - 自民は - 0.02，野田 - 自民は 0.07 であり，負の関連があるとは言えない。

第7章　首相への好悪は有権者における対立を深めたのか　　227

表 7-5　歴代首相に対する好き嫌いと政党に対する好き嫌い

小泉	自民党	公明党	立憲民主党	日本共産党
とても嫌い	3.3	1.3	2.9	2.6
嫌い	3.7	2.1	3.7	2.4
中立	4.4	3.0	3.7	3.0
好き	5.0	3.2	4.1	3.0
とても好き	5.5	3.8	4.4	3.0
好悪による差	2.3	2.5	1.5	0.4

福田	自民党	公明党	立憲民主党	日本共産党
とても嫌い	2.9	1.2	2.9	2.3
嫌い	4.5	2.6	3.8	2.7
中立	5.1	3.6	4.2	3.1
好き	5.8	3.7	4.2	3.1
とても好き	6.2	4.1	4.6	2.8
好悪による差	3.3	2.9	1.6	0.5

麻生	自民党	公明党	立憲民主党	日本共産党
とても嫌い	3.3	2.1	4.2	3.2
嫌い	5.1	3.4	4.1	3.0
中立	5.6	4.0	4.1	2.9
好き	6.5	3.8	3.5	2.6
とても好き	6.8	4.0	3.2	1.6
好悪による差	3.5	1.9	− 1.0	− 1.6

鳩山	自民党	公明党	立憲民主党	日本共産党
とても嫌い	4.8	2.5	2.8	1.9
嫌い	4.9	3.3	4.4	3.2
中立	4.8	3.9	5.0	4.0
好き	5.3	4.0	5.7	4.2
とても好き	5.0	3.4	5.8	3.3
好悪による差	0.2	0.9	3.0	1.4

菅直人	自民党	公明党	立憲民主党	日本共産党
とても嫌い	4.9	2.5	2.3	1.5
嫌い	4.9	3.3	4.3	3.1
中立	4.8	3.5	4.9	3.8
好き	4.8	3.8	5.5	4.0
とても好き	5.1	3.7	6.0	4.5
好悪による差	0.2	1.3	3.7	3.0

野田	自民党	公明党	立憲民主党	日本共産党
とても嫌い	4.3	2.2	2.3	1.7
嫌い	5.1	3.3	3.8	2.8
中立	5.0	3.6	4.4	3.4
好き	5.2	3.4	4.7	3.3
とても好き	4.6	2.6	5.2	3.6
好悪による差	0.2	0.4	2.9	1.9

安倍	自民党	公明党	立憲民主党	日本共産党
とても嫌い	2.3	1.6	4.4	3.5
嫌い	4.2	2.9	4.3	3.1
中立	4.8	3.4	4.2	3.1
好き	5.6	3.9	4.1	3.0
とても好き	6.5	3.8	3.3	2.1
好悪による差	4.2	2.2	− 1.1	− 1.4

菅義偉	自民党	公明党	立憲民主党	日本共産党
とても嫌い	2.2	1.6	4.3	3.5
嫌い	4.1	2.8	4.2	3.1
中立	4.9	3.6	4.4	3.3
好き	5.8	3.6	4.0	2.8
とても好き	6.2	3.5	3.2	2.0
好悪による差	3.9	1.9	− 1.0	− 1.5

岸田	自民党	公明党	立憲民主党	日本共産党
とても嫌い	2.6	1.7	3.6	2.9
嫌い	4.5	2.8	4.0	3.0
中立	5.4	3.8	4.2	3.1
好き	6.5	4.2	4.2	2.9
とても好き	7.4	4.4	3.8	2.1
好悪による差	4.8	2.8	0.1	− 0.9

出所：スマートニュース・メディア価値観全国調査 2023

党に対する好悪とは正の関連があると同時に，政権批判が明確だった立憲民主党と共産党への好悪とは負の関連がある。ただし，岸田文雄に対する好悪と立憲民主党に対する好悪の関係はハッキリしない。また，岸田については，共産党に対する好悪との負の関連の大きさは，安倍・麻生・菅義偉に比べると半減しているようにも思われる[13]。

　憶測をたくましくすれば，以上の結果から次のように言えるであろう。首相に対する好き嫌いの感情は 2012 年以前の自民党政権と民主党政権に関しては，

与党や友党に対する感情とは正の関連があったが，野党に対する感情との間に
負の関連はなかった。与党と野党との間に競争や相互批判があることは当然で
はあるが，それが政敵を嫌うことに直結するわけではなかった。それに対して，
2012年末に成立した第二次安倍晋三政権では，通常見られるように首相好感
度と与党好感度に正の関連が見られるだけではなく，野党好感度との間に負の
関連が生ずるようになった。すなわち，首相に好感を持つ有権者が首相の政敵
である野党を嫌うように変化したのである。したがって，第二次安倍政権は，
政敵に関する嫌悪の感情を有権者の間に惹起した点において，それ以前の政権
と大きく性格を異にしたように思われる。

　なお，麻生は第二次安倍政権以前の首相であるが，2012年末から2020年の
安倍退陣まで常に副総理・財務大臣の地位にあったことを考えると，2023年
調査における麻生に対する反応は2008-09年に首相職にあった麻生に対する反
応と言うよりは，安倍政権下で要職にあった麻生に対する反応と考える方が自
然であろう。また，第二次安倍政権で官房長官であり続けた菅義偉がそのまま
安倍の後継者になったことで，両者に対する有権者の反応も同じようになった
可能性はあるだろう。その一方，岸田に関しては，首相に対する好き嫌いの感
情と政敵に対する否定的な感情との連関が有権者の間で弱まったように見える。

7.5 ｜ 結論と考察

　本章では，2023年3月に郵送法で取得されたデータを用いて，歴代9人の
首相に対する好き嫌いの感情を分析してきた。現在の政局において活動してい
る政党あるいは党首についてまとめて好悪や評価を尋ねる設問はそれほど珍し
くはないが，歴代の首相についてまとめて好悪や評価を尋ねる設問は，一般的
ではない。その観点からは，丁寧にデータの分布をみる分析にも一定の意義が
あったのではないかと筆者は考えている。

　必ずしも新奇とは言えないが，分析の結果を何点か確認しておきたい。まず，
第1に，歴代首相に対する評価については欠損の割合が，政党に対する評価よ
りも少なく，首相職にある人に対する評価は政党という組織に対する評価より

---

13) 単純に首相好悪と共産党好悪の二つの11点尺度の相関係数を計算すると，麻生－共産が
　－0.14，安倍－共産が－0.22，菅義偉－共産が－0.21であるのに対して，岸田－共産は－0.04
　にすぎない。

第7章 首相への好悪は有権者における対立を深めたのか 229

も容易であることが推察される点である。実際、政治知識量と欠損回答数との関係を見ると、政党に対する評価の方が政治知識との関連は明確である。別の言い方をすると、首相に対する評価をするために必要な情報は、政党に対する評価をするために必要な情報に比べると、政治に対する関心や知識が少ない人にも届きやすいのである。政党という組織のイメージに比べると、首相という人のイメージはわかりやすく記憶にも残りやすいのであろう。多くの有権者は、政策やイデオロギーに基づいて政治について判断するのではなく、自らの支持政党を手がかりに政策や候補者について評価しているというのは政治学の古典的な議論であるが（Campbell et al. 1960; 三宅 1985）、本章の結果は、政党に対する評価よりも首相（政治指導者）という人に対する評価が、より重要になる局面があることを示している。

　第2の点は、安倍晋三に対する評価は政党支持と保守－リベラルのイデオロギーと非常に強く関連していることである。与党支持者からは強く好かれ、野党支持者からは強く嫌われ、そして、保守的な有権者から好かれ、リベラルな有権者から嫌われる傾向が、ほかのどの歴代首相よりも明確に出ている。既に安倍が故人になってからの調査であるにもかかわらず（あるいはだからこそ）、党派性やイデオロギーに基づく反応の強さは現職の岸田よりも明確である。また、安倍に対する好意的評価は、ソーシャルメディア利用との関連が大きいが、ソーシャルメディアの効果も首相が誰か、より突き詰めると首相自身の発言や首相の立ち振る舞いをめぐる論争がソーシャルメディア上に波及していることにより生じている可能性がある。既存のソーシャルメディアと世論の分断に着目した研究は、主にソーシャルメディアの特性に依拠した議論をしているが、より大きな政治的文脈との関係をも分析に含める必要を示唆する。政治家レベルの激しい議論や抑制を欠いた批判の応酬がソーシャルメディアを通じて有権者に波及している可能性がある。

　第三に、この安倍晋三（並びに麻生太郎と菅義偉）に対する好悪の感情は、与党への好意的感情と連動しているだけではなく、批判的な野党に対する否定的な感情とも連動している点である。別の言い方をすると、安倍への好意的な感情は与党に対する好意的な感情につながると同時に、野党への否定的な感情につながる。また、安倍への否定的な感情は与党への否定的な感情につながると同時に野党への好意的な感情につながっている。すなわち、首相への好悪が政党政治上の味方に対する好意と敵に対する嫌悪に明確に結びついているのであ

る。このように敵味方を分かつ感情的な反応は第二次安倍政権の中核的メンバーであった安倍，麻生，菅義偉だけに見られるものであり，同じ自公連立政権の首相である小泉や福田には見られず，また，民主党政権においてもみられるものではなかった。その意味では，第二次安倍政権は，それ以前の自民党政権や民主党政権と比して，有権者における政党への好悪の感情を強化して対立を促した，あるいは「分断」を深めたといえるだろう。ただし，現職の岸田に対する好悪は，安倍ほど明確に野党に対する否定的感情に結びついておらず，果たして，安倍政権下で生じた分極化が一過性のものなのか，それとも今後一定程度持続するものなのかを理解するためには，もう少し時間が必要であると考えられる。

参考文献

明るい選挙推進協会（2022）『第49回衆議院議員総選挙全国意識調査——調査結果の概要』.

朝日新聞取材班（2021）『自壊する官邸——「一強」の落とし穴』朝日新聞出版.

Campbell, Angus, Converse, Philip E., Miller, Warren E., & Stokes, Donald E. (1960) *The American Voter*. Wiley.

Costa, Patricio, & Ferreira da Silva, Frederico (2015) The impact of voter evaluations of leaders' traits on voting behaviour: Evidence from seven European countries. *West European Politics,* 38(6): 1226-1250. https://doi.org/10.1080/01402382.2015.1004231

Garzia, Diego, & De Angelis, Andrea (2016) Partisanship, leader evaluations and the vote: Disentangling the new iron triangle in electoral research. *Comparative European Politics,* 14(5): 604-625. https://doi.org/10.1057/cep.2014.36

Garzia, Diego, Ferreira da Silva, Frederico, & De Angelis, Andrea (2020) Image that matters: News media consumption and party leader effects on voting behavior. *The International Journal of Press/Politics*, 25(2): 238-259. https://doi.org/10.1177/1940161219894979

林拓也・田辺俊介・石田光（2022）『格差と分断／排除の諸相を読む』晃洋書房.

Hellmann, Olli (2017) Populism in East Asia. In Cristóbal Rovira Kaltwasser, Paul Taggart, Paulina Ochoa Espejo, & Pierre Ostiguy (eds.) *The Oxford Handbook of Populism*. Oxford University Press.

Hetherington, Marc J. (2001) Resurgent mass partisanship: The role of elite polarization. *American Political Science Review*, 95(3): 619-631. https://doi.org/10.1017/S0003055401003045

Hetherington, Marc J. (2009) Review article: Putting polarization in perspective. *British Journal of Political Science*, 39(2): 413-448. https://doi.org/10.1017/S0007123408000501

Howell, William G., & Moe, Terry M. (2020) *Presidents, Populism, and the Crisis of Democracy*. University of Chicago Press.

Jacobson, Gary C. (2009) The effects of the George W. Bush presidency on partisan attitudes. *Presidential Studies Quarterly,* 39(2): 172-209. https://doi.org/10.1111/j.1741-5705.2009.03671.x

Jacobson, Gary C. (2016) The coevolution of affect toward presidents and their parties. *Presidential Studies Quarterly,* 46(2): 306-334. https://doi.org/10.1111/psq.12272

Jou, Willy, & Endo, Masahisa (2015) Presidentialization of Japanese politics? Examining political leader evaluations and vote choice. *Japanese Journal of Political Science,* 16(3): 357-387. https://doi.org/10.1017/S1468109915000237

Kabashima, Ikuo, & Imai, Ryōsuke (2002) Evaluation of party leaders and voting behaviour: An analysis of the 2000 general election. *Social Science Japan Journal,* 5(1): 85-96. https://doi.org/10.1093/ssjj/05.1.85

蒲島郁夫・竹中佳彦 (2012)『イデオロギー』東京大学出版会.

古賀光生 (2020)「「主流化」するポピュリズム?」, 水島治郎編『ポピュリズムという挑戦——岐路に立つ現代デモクラシー』岩波書店, 2-25.

Layman, Geoffrey C., & Carsey, Thomas M. (2002) Party polarization and conflict extension in the American electorate. *American Journal of Political Science,* 46(4): 786-802. http://dx.doi.org/10.2307/3088434

Lijphart, Arend (1999) *Patterns of Democracy: Government Forms and Performance in Thirty-Six Countries.* Yale University Press.

前田幸男・平野浩 (2015)「有権者の心理過程における首相イメージ」『選挙研究』31(2): 5-18.

前嶋和弘・山脇岳志・津山恵子 (2019)『現代アメリカ政治とメディア』東洋経済新報社.

三宅一郎 (1985)『政党支持の分析』創文社.

水島治郎 (2016)『ポピュリズムとは何か——民主主義の敵か, 改革の希望か』中央公論新社.

水島治郎 (2020)『ポピュリズムという挑戦——岐路に立つ現代デモクラシー』岩波書店.

大嶽秀夫 (2003)『日本型ポピュリズム——政治への期待と幻滅』中央公論新社.

大嶽秀夫 (2006)『小泉純一郎ポピュリズムの研究——その戦略と手法』東洋経済新報社.

Poguntke, Thomas, & Webb, Paul eds. (2005) *The Presidentialization of Politics: A Comparative Study of Modern Democracies.* Oxford University Press.

Schumpeter, Joseph A. (1942) *Capitalism, Socialism, and Democracy.* New York: Harper & Brothers. (＝1995, 中山伊知郎・東畑精一訳『新装版 資本主義・社会主義・民主主義』東洋経済新報社)

Swanson, David L., & Mancini, Paolo (1996) *Politics, Media, and Modern Democracy: An International Study of Innovations in Electoral Campaigning and Their Consequences.* Praeger.

徳山喜雄 (2014)『安倍官邸と新聞——「二極化する報道」の危機』集英社.

辻大介 (2021)『ネット社会と民主主義——「分断」問題を調査データから検証する』有斐閣.

West, Emily A., & Iyengar, Shanto (2022) Partisanship as a social identity: Implications for polarization. *Political Behavior,* 44(2): 807-838. https://doi.org/10.1007/s11109-020-09637-y

第8章

人々の「統治の不安」はどのような行動につながるのか
── 政治や社会に対する見通しと評価による分断

池田謙一

本章では分断軸5「社会や政治の将来像」について，その構造を「統治の不安」という概念に関連づけながら検討し，日本という国の将来の統治に対する不安がいかなる形で社会の分断の認識と結びついているのか，またそれが分断からの修復のモメントとなる政治参加に結びつきうるのか，さらにその中でインターネットを含む諸メディアへの接触パターンとして構成される情報環境（メディア接触の潜在クラス）がどんな役割を果たしているのか，検討を進める。

〈本章のポイント〉

・国や社会の統治に対する将来展望に不安を感ずる「統治の不安」は日本人に広く拡散している。

・日本人は社会の分断や対立を単一の対立ではなく，複合的な対立として認識している。

・社会の分断や対立を広く認識するほど，強い統治の不安を有する。

・日本が民主的に統治されていると認識するほど，統治の不安は抑えられる。

・民主的な統治度の認識は投票参加を促進し，統治の不安や対立の認識は投票外政治参加を促進する基本的な関係がある一方，対立の認識はこれらの関連性を強めたり弱めたりする。つまり対立を強く認識しても，統治の不安が低ければ投票に行きにくく，民主的統治度認知が高ければ投票外政治参加には加わりにくい傾向がある。

・メディア接触の5つの潜在クラスに見られる日本人の情報環境のいずれに属するかによって，政治参加への効果は異なる。伝統的なマスメディア接触の多い情報環境の下では投票参加が促進され，インターネット系の多重的なメディア接触の多い情報環境の下では投票外政治参加の機会が増大する。

・マスメディアとインターネット双方への多重のメディア接触を有する情報環境もまた社会の対立を重く認識させ，そのことによって投票参加を促進する可能性がある。

はじめに

　21世紀の第1四半世紀の後半，メディアの報道の中にはこの国の将来像に関する悲観的な見通しが溢れ続けた。その終盤の現在でも，「日本経済の失われた30年」「一人あたり国内総生産（GDP/capita）がG7最下位まで下落し日本が一人負け（世界で32番目）」「国際的な人材競争力が低下（世界人材ランキング64か国中43位）」「日本の設備投資費，研究開発費の巨大な出遅れ」「後れを取る日本の脱炭素」「たそがれのメード・イン・ジャパン」「成長より安定の末路」「科学力低迷の必然」「日本の巨大なジェンダー格差（ジェンダーギャップ指数が156か国中118位）」などの報道には枚挙にいとまがない。そこには1970年代末の「ジャパン・アズ・ナンバーワン」の影は薄く，将来の国や社会の悲観的な姿が容易に想像される。

　他方，ポジティブな要素もある。悲観をバネに反転攻勢の機会を狙い，賃金や株価の上昇に期待を寄せる報道も2023-24年には増大した。政府主導の「クールジャパン」も一端を担う文化戦略や多様なアーチストの活躍によって日本が誇れるものを前面に押し立てようとする方向性もある。それでも日本人が未来をどれほど楽観的にとらえられるか予断を許さないのは，「大阪万博2025」の理念に垣間見える。多様性と持続可能な未来を中心とするテーマを掲げているものの，これらテーマにおいてわが国はそもそも世界で主導的な立場にあるとは言いにくいからである。ジェンダーギャップや脱炭素の現状を見ても日本は追いつくべき側であって先導する位置にはいない。20世紀後半と同様のキャッチアップ型の目標設定にとどまる既視感があり，日本人にはアピールしても，世界からは耳目を集められるだろうか。

　分断軸5「社会や政治の将来像」は「軸」と称する以上，楽観と悲観に分かれるはずである。我々の社会の認識に応じて楽観が勝れば社会科学で言う自己成就予言が生じ，社会の好循環が生ずる可能性もある。楽観性のポジティブなフィードバックの積み重ねという循環である。1960年代の「所得倍増計画」がそうした好例であったことはよく知られている。もちろんここで生じた好循環にはサイド・エフェクトとして生じた大規模な公害やエコノミックアニマルと称された歪みに満ちた一元的価値観の横行もあり，手放しで高く評価できるわけではない。しかしなお21世紀の第1四半世紀が終わろうとしている今，

悲観を克服して楽観的なモメントを生み出しうるのか，それが社会の対立の認識とどう関連しており分断を克服していけるのか，深く考えなくてはなるまい。悲観サイドを示す統治の不安は概念的には新しいので，節を改めて議論を精緻化しよう。

8.1 「統治の不安」とは

池田謙一（2019）は「統治の不安」が日本政治で長らく論じられてきた「政治不信」とは異なる現象であると主張した。日本人の政治不信は根深いが，多くの先進国と共通しており，政治の失敗やスキャンダルなど過去の政治の深刻な問題に由来した現象である（Pharr & Putnam 2000）。一方，「統治の不安」はそれとは異なり，将来に向けられた国の統治に対する不安の視線である。2020年春，コロナ禍の勃発に際して，多くの日本人は急なリスク事態に際して政府がまともに対処できるのか疑いのまなざしを向け，政府の対策を酷評した。それは過去の政治の失敗に対する糾弾ではなく，「この国はこの先大丈夫だろうか」「政府はちゃんと対応していけるのか」といった統治の近未来の姿に対する憂慮であり，その不安の度合いは他国に比べて図抜けて高かった（池田 2020, 2021）。

池田（2019）は，そうした不安が国家的社会的なリスクの認知の強さとして表出していると指摘した。同書で比較分析の対象とした世界価値観調査第6回の60か国データによると，自国が戦争やテロ，内戦に巻き込まれるような統治のミスを起こすのではないかという不安，あるいは自分が失業したり，子どもが十分な教育を受けられない可能性を懸念するといった社会生活を脅かす事態に追い込まれるのではないかという不安に関し，日本人ではそのそれぞれの客観指標より不安によるリスク認識の方が突出して高かった。そうした広範で漠然としたリスク認識こそ，国の統治に対する不安に由来するのではないかと同書では推測した。

(1) 日本の統治の不安とその構造

池田（Ikeda 2022）は，上記2010年から2020年にかけての世界価値観調査第6回・第7回の回答から国や社会に対するリスク認識を分析する際に，これを「統治の不安指標」と名付けた。上記で言及したリスク認識を一因子の指標

として構成し，言うなれば統治の不安のリトマス試験紙としてこの「指標」を位置づけた。

　同書では国別固定効果モデル（country fixed-effects model; Mohring 2012[1]）による分析を通して国ごとの差異を検討することで，日本の特異性が安定的なものかが検討された。対象となったのは複数回調査のデータが存在する 32 か国の個票データであり，分析にあたってはマクロ変数として一人あたり GDP，民主主義の指標であるフリーダムハウス・スコア，マイクロな個人変数として制度信頼，政治参加，政治関心，R・イングルハートの脱物質主義的価値観，およびデモグラフィック要因をコントロール変数として統制し，統治の不安指標の国ごとの差異，および自国の民主的統治度の認識（どの程度自国が民主的に統治されていると認識しているか）により，どれほど統治の不安指標が軽減／増大しているかが精査された。

　結果の第 1 は，日本人のリスク認識の強さを明瞭に示した。そして，第 2 にこの過度のリスク認識は，国の民主的な統治度の認識によって緩和されることが明らかであった。民主的に統治されていると市民が認識するほど不安指標の値は軽減し，逆に民主的統治度を疑うほど不安指標は増大した。

(2) 統治の不安の概念的位置づけ

　前項の結果を踏まえて，日本人の統治の不安指標をより概念的に深化していくには，日本人の政治に対する判断の構造を分析する必要がある。この指標が民主的統治度の認知の高さと明瞭な関連性を示していることが 1 つの理由である。もう 1 つの理由は，新型コロナ対策への政府の酷評に見たように，社会的な危機事態に際して国の統治がまともに機能せず，的確な判断とそのタイミングを逃し，感染や死亡，経済的打撃がますます悪化するのではないかと，日本人が政府の対処に対して過度の不安を示した現象は，心理的な性癖というよりは日本の政治のあり方によるものだと示唆されたからである（Ikeda 2022: 5 章）。

　こうした点を踏まえて，池田（Ikeda 2022）は政治不信概念と対比して統治の不安概念を次のように位置づけた。それは，フィオリーナのアメリカ大統領選挙研究によってよく知られた回顧投票と将来期待投票（retrospective voting vs. prospective voting; Fiorina 1981）の対比とパラレルな概念化として，過去の

---

1)　幸福感の国際比較研究ではよく用いられる手法である。

政治不信に対して将来の政治への不安である統治の不安（retrospective political distrust vs. prospective anxiety over governance）が対比しうるペア概念だと位置づけるものであった。そしてさらに，政治不信を「ディフューズ（拡散的）でネガティブな過去の政治に対する認識」と定義し，統治の不安を「ディフューズでネガティブな将来の政治に対する認識」と捉え，後者の不安が日本政治の長期的な多重の機能不全が生み出した将来期待の凋落に由来する可能性を示そうとした。「ディフューズでネガティブ」と表現したのは，「氷山の一角」という表現と同様，ある政治的失敗ないしはその予兆を見て，全ての政治的行為に疑いの目を向けるような拡散的な不安の認識が生じていると推測したからである。コロナ禍に対する日本人の反応は，そうした事象の顕現例であった。

(3) 統治の不安尺度：概念と測定法の洗練

以上の推測を池田（Ikeda 2022）は日本のデータで実証的に示そうと試みた。そして統治の不安をリスク認識という間接的指標（リトマス試験紙）ではなく，その概念的内実であるディフューズでネガティブな将来に対する認識として直接的な測定を試み，次の5項目の4点尺度を作成した。

A）日本の政治は，何か誤った方向に進むのではないかと心配である
B）日本の政治では，まともな政策が与党でも実行できないのではないかと心配である
C）日本の政治では，与党の行動をチェックする野党の力が弱すぎるのではないかと心配である
D）日本では政治家は政争や権力闘争に明け暮れている
E）このままでは日本の未来はいったいどうなってしまうのか心配である

AとEが将来に対する不安の認識そのものを指し，Bは政策立案・遂行能力に対する懸念，Cはチェックエンドバランスの機能不全の認知，Dは政治の過度の対立の認識を指す。

この尺度は図8-1に見るように，2021年11月の衆議院選挙直後，2022年7月の参議院選挙後，さらに2023年1月，3月，10月と計5回測定された。2023年3月のものが「スマートニュース・メディア価値観全国調査」（以下，SMPP調査）のデータである。図が明瞭に示すように安定性が高く，しかも高

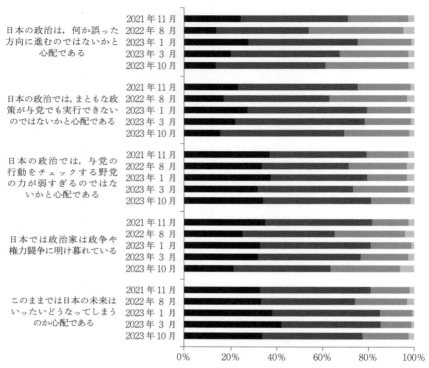

■ そう思う　■ ある程度そう思う　■ あまりそう思わない　■ 全くそう思わない

出所：2021年11月（衆議院選挙直後）…Ikeda（2022）記載のインテージ社シングルソースを対象とした調査データ，2022年8月（参院選後）…科研費基盤研究（A）による全国面接調査（課題番号22H00052）のデータ，2023年1月…シングルソースデータの継続パネル調査データ，2023年3月…スマートニュース・メディア価値観全国調査2023，2023年10月…ABS Wave6（2022年参院選後調査データ）

図8-1　統治の不安尺度の測定

い不安が継続的に表明されていることが見て取れるだろう。

　より詳細には，5項目に対する否定的な回答は岸田首相就任後10か月の時点で実施された2022年の参院選時のみやや低いが，それでも全項目で5割以上が国の統治のあり方に不安を表明しており，多くの場合，7割前後の不安表明が見られた。これら5項目は一次元の構造を持ち，因子分析の結果は5回の調査で一貫して類似しており，統治の不安尺度と名付けた。2021年11月と23年1月の2つのデータはパネルデータであるが，この2回での同一尺度間の相関は高く，0.62あった。2022年8月と2023年10月のパネルデータでは相関

は 0.53 であった。なお，統治の不安指標（リスク認識）との相関は 0.27（2021
年），0.23（2023 年 1 月）であり，やや弱めながら一貫した現象を測定している
と推定した。

　この尺度を用いた 1 つの成果は，新型コロナ対策評価を巡る統治の不安の意
味の解明にある。第 1 に，新型コロナへの対策に対する政府の評価は回答者自
身のコロナの恐怖や負の経験，コロナ争点の重視やストレスによって規定され
ているというよりも，統治の不安によって大きく規定されていた。統治の不安
は当面の政府の施策の評価にも負のインパクトを持っており，ディフューズで
ネガティブな認知の持つ力を示した。

　さらに多変量解析を進めると，統治の不安の強度の由来について強い示唆を
得た。つまり，日本人の統治の不安の絶対値の高さは，日本政治における政党
の政治的選択肢の狭少化，政府関連の制度信頼の低下，政治関連の社会関係資
本のインパクトの低下，そして垂直な関係性の強調や調和への志向性を重視す
るアジア的価値観による葛藤，自国の民主的統治に対する懐疑という複合的要
因の加算効果として生じていた。一言にして言えば，統治の不安の高さは日本
の社会が抱える複合的な政治的問題事象に起因しており，それがディフューズ
でネガティブな一元的判断につながっているのである [2]。

8.2 ｜ 統治の不安と政治参加をめぐる仮説

　以上を受けて，分断軸 5「社会や政治の将来像」について次のように仮説
（H）とリサーチクェスチョン（RQ）を提示する。RQ では変数間の関連性につ
いて仮説ほど明示的に関連性の方向を示すことができない検討事項を示す。

　分析の対象として，まず統治の不安の規定要因の検討，統治の不安と対立や
分断の認識との関連性を焦点とし，次いで統治の不安と対立・分断認識とを独
立変数として日本人の政治参加を従属変数とする分析を行う。政治参加は市民
が能動的に政治を変えていく主要な手段であり，将来を悲観するならば政治参
加によってこれを改革するのがリベラルな民主主義の基本的仮定だからである。
最後に，メディアへの接触と統治の不安および対立・分断認識との関連性を吟

---

2) それぞれの因果の方向性は逆の可能性もある。ただしここでの課題は因果の方向性の確定
　　ではなく，構造分析であり，統治の不安の持つ複合的な背景を示すに留める。

味する。市民が有する国や社会の認識の大半はメディアを通した間接的認識であり、メディア接触のパターンが異なれば市民は異なるレンズを通して社会を認識している可能性があるだろう。これまでの議論から次のようにH／RQを構成する。

H1：統治の不安は日本社会の複合的な政治的問題事象による加算効果によって増大し、かつ民主的な統治度の認識が高ければ減少する

日本人の統治の不安の構造が、1節(3)でみたようなこれまでの成果と共通して安定的に存在することを確認する仮説である。

H2：社会的な対立が深いと認知するほど、統治の不安は増大する

社会・政治の対立や分断の認識が統治の不安とどのように関わるかに関する仮説である。対立や分断が社会的亀裂の両側において互いの不信を呼び、対立や亀裂が社会的にプラスの結果につながらないと認識することで、将来の統治のリスクが強く感じられる、と仮説を立てることが可能だろう。2024年のアメリカ大統領選挙においてはそうした事態が色濃く見られる。日本社会でもそうだろうか。

H3：市民の持つ社会・国の将来認識および社会・国への関与の度合いが政治参加に対して効果を持つ。より具体的には、
H3a：統治の不安が強く将来が危ういと感じれば、政治参加が促進される
H3b：私生活志向の政治非関与次元は参加を抑制するが、私生活強調次元は参加を促進する

統治の不安に対して市民がそれを低減させるために対処可能な選択肢は、政治参加によって不安の構造を変化させることである。東アジア文化圏を背景とする日本においてそうしたリベラルな民主主義の予測が当てはまるかを検討する。他方、分断軸2（本書第5章）で検討したように、私生活志向の政治非関与次元が強いと市民は政治参加を回避し、統治の不安のある国や社会の状況から

逃避する可能性がある。これに対して池田（2007; Ikeda 2022）で見たように，私生活強調次元では私生活の改善を巡って政治的な行動に関わるモメンタムを持つことがあろう。地域の問題を巡って市役所に陳情する，地域内への迷惑施設の建設に反対運動を展開するなど，そうした例であろう。

RQ1：統治の不安と対立の認識は政治参加に対して交互作用を持つか
　RQ1a：対立が深く，統治の不安が高ければ，参加はより促進されるか
　RQ1b：対立が深くとも，民主的統治度認識が高ければ参加はより促進されるか

　H2で対立が統治の不安を促進し，H3aでは統治の不安は政治参加の促進要因だと考えた。これを前提にRQ1では関連した2つのサブのRQを検討する。対立の認識と統治の不安が相乗的に政治参加を促進するかをRQ1aでは検討する。また，紹介した先行研究から民主的統治度認知は統治の不安の低減要因であることが判明している。これを踏まえれば，国が民主的に統治されていると認識すれば，参加することが民主的な統治に貢献するインセンティブになると期待されうるが，それは対立や分断を踏まえてもそうだろうか。この観点からRQ1bを検討する。

RQ2：インターネットの利用，マスメディアの利用の形態は統治の不安や政治参加に対して規定力を持つか
　RQ2a：メディア接触による情報環境の差異が統治の不安を高める可能性はあるか
　RQ2b：メディア接触による情報環境の差異が政治参加を高める可能性はあるか

　メディアはマスメディアであれ，インターネットメディアであれ，政治に関する市民の間接経験を媒介するものである。市民自身が経験した政治事象をSNSなどを通じて直接発信することはもちろんありうるが，それは他市民にとっては間接経験として伝わる。このため接触するメディアのパターン，つまり市民それぞれの情報環境を通じた間接経験のあり方によって統治の不安や政治参加が促進されたり抑制される可能性があるだろう。この点をRQ2の2つ

のサブ RQ では検討する。

　第３章で検討したメディア接触のパターンの差異を示す５つの潜在クラスごとに，これらの RQ は検討されてしかるべきであろう。もちろん個々のメディアの効果を考えることも可能かもしれない。SNS 犯人説，テレビ犯人説など「単独犯行」の可能性もありうる。しかしこれらは「犯行」の前提として「SNS ばかりに接していると」「テレビばかり見ていると」といった単独メディアが主体となったメディア接触のパターンを想定するものであるのに対し，現実世界のメディア接触にはより複合的な接触のパターンが存在するのは第３章でみたとおりである。したがって「単独犯行」ではなく複合的な接触のパターンを中心とした分析を行う方がベターであろう[3]。

8.3 │ 分断軸５をめぐる諸要因——従属変数・独立変数の選択と分析手続き

　本研究で検討する従属変数，独立変数，およびそれらと同時にコントロールする変数群をその集計値の紹介まで含めて列挙しておこう。

従属変数１および独立変数１：統治の不安
　　図 8-1 で触れた通りであり，不安尺度の値が高ければ統治の不安が高いことを示す。
従属変数２：政治参加
　　政治参加にはいくつかの形態がある。投票政治参加という制度的に保障された市民の代表選出の権利としての国政や地方政治への参加と同様に，投票外政治参加という日常的ないし選挙時の政治への関与行動がある。投票外政治参加の多くも合法的で市民の権利として保障されている（自由に意見を表明する権利，集会を行う権利，ストをする権利など）が，代表者を選ぶという制度的な行動ではない。
　　投票という政治参加は SMPP 調査では国政選挙と地方選挙のそれぞれに関し，「毎回投票する」「だいたい投票する」「投票はしない」「選挙権が

---

[3]　この考え方と類似した方向性を持つ研究としてミッシェル・カーターら（Carter et al. 2023）の研究を挙げておく。彼らはソーシャルメディアに特化してではあるが，異なるソーシャルメディア・アプリの全体の接触パターンがもたらす効果を「パーソナル・ソーシャルメディア・エコシステム」として研究した。

ない」の選択肢で回答を集計した（問18）。毎回投票者がいずれも約5割，だいたい投票する回答者は3割強との回答であった。

投票外政治参加は多様で，次の14項目に対する肯定的回答を加算して投票外政治参加尺度とした（問19）。すなわち，「請願書に署名した」「NPOや慈善団体などに寄附やカンパをした」「NPOや慈善団体などのボランティア活動に参加した」「地域のボランティア活動に参加した」「政治的，倫理的な理由で，あるいは環境保護や搾取工場に反対するために，ある商品を買うのを拒否したり，意図的に買ったりした」「新聞やテレビに投書したり電話したりして意見を表明した」「必要があって政治家や役所の人と接触した」「市民運動や住民運動に参加した」「デモに参加した」，またニュースサイトやソーシャルメディア上で「政治に関する話題や記事に対して「いいね」を押したり高評価（低評価）を与えたりした」「政策や社会問題についての記事や投稿にコメントをした」「新規に自分の意見を書き込んだり投稿したりした」，そしてソーシャルメディアで「政治に関する話題や記事を共有（シェア）したりリツイートしたりした」「政策や社会問題について，「拡散希望」の文言やハッシュタグを使って多くの人に賛同を呼びかける内容の拡散に協力した」である。インターネット上での政治参加項目は比較的新しいが，オフラインの項目群はごく一般的な投票外政治参加の形態としてよく知られている（例：世界価値観調査第7回，電通総研・池田編2022）。

投票外政治参加の項目のうち，どの1つにもチェックが付かなかった回答者は42％に達した。また，上記リストのうちインターネットやソーシャルメディア上での政治参加に関わる5項目をとりあげて加算し，ネット政治参加尺度としたところ，1つでも参加のあった回答者は12％にとどまった。これは従来型の投票外政治参加項目（はじめの9項目）においてどれか1つでも参加経験を表明した回答者が36％であるのと比べると3分の1でしかないが，本研究の値がとくに低かったわけではない[4]。

独立変数2：民主的統治度認知

民主的統治の有効性の認識に対する回答の平均値は比較的高く，日本の

---

4) 参考として「ロイターデジタルニュースリポート2023」による世界46か国の国際比較調査をも参照されたい。

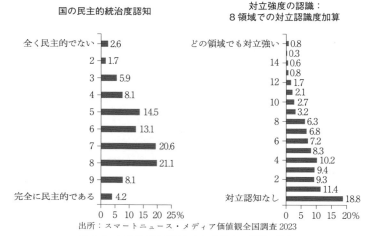

図 8-2　民主的統治度認知と対立強度の認識の分布

民主的統治度はそれなりに高く評価されていた。SMPP 調査でも世界の中でも高めであった（世界価値観調査第 7 回では 86 か国中 19 位）。市民の間でわが国では民主的な統治が実践されていると認識を持つ市民が多数派であることを示している（問 17, 図 8-2 左）。

独立変数 3：対立強度認知

　第 4 章で詳しく扱ってきた分断の認識を変数としてまとめて「対立強度認知」とする（問 30）。まず市民の間で認識される分断は主に 3 つの次元で観察され，それぞれがデモグラフィー，経済，政治という異なる領域を対象としている。既にみたように，分断を認識する市民は全ての対立に関して 4 割前後存在する。これらの互いの相関は 0.4–0.6 あり，中程度ないし強い相関を持っている（「わからない」回答を抜いた計算結果）。

　対立の全体像の分析のための「対立強度認知」尺度の作成にあたっては，各争点の強い対立の認識を尺度化できるように作成した。つまりそれぞれの領域で「強い対立がある」と回答すると 2 点，「やや対立がある」には 1 点を与えて全領域を加算し尺度とした。具体的には，世代の対立，都市と地方の対立，ジェンダーの対立，労使の対立，貧富の対立，保革の対立，職業利益の対立，移民に関連した対立の認識の加算からなる。こうして作成された変数は，現実の集団間対立の重層性の認識となる。図 8-2 右に

みるように，8割以上の市民が何らかの対立を認識している。3点以上の
ポイントは少なくとも2領域以上の対立の認識を含むので，6割以上の市
民が重層的な対立の認識を持っていることが分かる。全体として広範な対
立の認識があるとは言えないが，3領域，4領域で対立を認識している市
民も少なくないことが見えるだろう。

　国の政治を統合された政体として捉えるとき，その中で構造的な分断
（集団間対立）が拡大し対立や格差を多重に認識すると，統治の困難度は上
昇すると受け止められ，統治の不安は増大するだろう。そして国が民主的
に統治されて集団間の対立も克服可能だと認識されると統治の不安が下が
るという交互作用がありうるだろう。もちろん1つの対立の軸だけに特化
した社会の分断の見方もありうる。たとえば労使の対立が分断の全てだ，
というような見方である。こうした個別の対立の認識についての分析は池
田（2023）を参照されたい。

独立変数4：私生活志向（問22）

　私生活志向は分断軸2（第5章）で用いられた変数であり，ここでは私
生活志向政治非関与と私生活志向私生活強調の二次元としてそれぞれ独立
変数として用いる。

独立変数5：内閣将来期待（問15），政党の政権担当能力評価（問14），政党
　感情温度（問12）。これら第5群の独立変数は統治の不安を従属変数とし
　たときのみ投入し，H1の検証に用いる。

　市民から見た政治的アクターに対する認識の差異は，政治学領域ではし
ばしば統治の実績と期待として測定されてきた。フィオリーナの研究で言
及したとおりである。これに関するSMPP調査の回答を見ると，統治者
の実績評価（問4）と将来期待の両方でネガティブな評価が大半を占めて
いることが明らかになった。特に将来への期待の低さが顕著で，期待でき
ないとする回答は3分の2にも達した。今回の両者の相関係数は0.69あ
り，将来期待変数のみ投入する。

　政党の政権担当能力認知は政治的アクターの統治能力に関する認識であ
り，ピッパ・ノリス（Norris 2022）が強調する政府の有能性に近い。日本
ではこの測定には長い実績がある（池田 2019：第1章，39-41，時系列デー
タ）。SMPP調査のデータを集計すると，どの政党にも政権担当能力がな
いと考える市民が約3割に達する。1つの党のみ選択した市民は5割で，

この双方の市民は選択の余地がとても狭いということになる。2つ以上の選択者は2割でしかなく，政権担当政党という視点から見ると日本人の政治選択が「貧しい選択」の状況におかれていることは明らかであった。以下の分析では選択が0であった市民と，少なくとも1つ以上の政党を挙げた市民の回答のダミー変数を用いる。

最後に，政治的アクターに対する感情次元として各政党に対する感情温度の平均値を投入する。これは政治選択における選択の困難さを意味する。「0 とても嫌い」から「10 とても好き」に至る11点尺度の中で，平均値が中点の5点を下回れば政党に対する好意がネガティブに振れており，投票や支持の点でそうした政党を選好するには困難な事態が生じることが予測される。SMPP調査のデータでは政党全体の平均値は3.37でしかなかった。与党に対する平均値は4.02とやや高く，野党に対する平均値は3.15であった。いずれも中点から十分に低い値であり，選好の困難さは高い。

独立変数6：政治的効力感

市民が国や社会を変えていく可能性についての認識は政治的効力感（political efficacy）という概念で知られている（例はBowler & Donovan 2002; Finkel 1987）。それは市民が政治や社会を動かせる，ないし政治が市民の期待に応答する可能性の認識として，統治する側の政治的アクターの能力への評価（政権担当能力認知）と対比される，市民自身の能力評価である。ここでは，3変数を既存尺度に沿う形で作成した（問23）。つまり，内的政治的効力感，外的政治的効力感，集合的効力感（みんなで力を合わせることで社会を変えられるとの認識）である[5]。これらにおいて市民が無力と感じれば統治の不安の加算効果となって働くと考える。単純集計では内的政治的効力感が最も低く2割程度の市民が肯定的に反応しているだけであったが，外的政治的効力感では平均して3割弱，集合的効力感では6割以上が肯定的に反応していた。

独立変数7：メディア接触要因

メディア接触のパターン（問45に基づくメディア接触の潜在クラス。第3章

---

[5] 集合的効力感に関してはアンドレア・カバノーらの研究（Kavanaugh et al. 2005）を参照。カバノーらは集合的効力感以外にもコミュニティ効力感を提唱したが，後者は国の政治に関わる今回の分析にはイレリバントなので，分析には投入しなかった。

執筆の大森作成）によって，複数メディアの重複的接触の効果を検討する。市民はメディアのそれぞれを単独で用いるのみならず，複合的に使い分けたメディア接触環境を自ら構成しており，そうした情報環境世界と分断認識がどのように関連しているかを問う。潜在クラスに関するSMPP郵送調査データの分析の結果は，第3章で見た通りである。分析にあたってはどのメディアにも接触していない無接触者（クラス0に相当する0.5％の回答者）は除いて解析する。

　なお，SMPP調査では新聞・テレビといった伝統メディアとインターネットメディアに分けて，それぞれの報道や情報提供についての信頼度を同一の5項目の6点尺度で測定している（問47）。これら項目と潜在クラスごとの信頼度の差異を検討すると，興味深い事実が見える。伝統メディアの信頼度に関わる5項目に対しては潜在クラス間で差異が存在する。つまり伝統メディア中心型，伝統メディア＋ネットニュース接触型の2つにおいて，伝統メディアに対する信頼は他の3クラスよりも全体的に高い。SNS中心型ではバランス型やインターネットメディア中心型よりも伝統メディアに対する信頼度はさらに低い（3章4節(2)参照）。他方，インターネットメディアに対する信頼度では潜在クラス間の差異が概ね見あたらず，とくにインターネットで「報道される情報は真実だ」「報道されるトピックについて，正確な事実を受け取っている」についてはどの潜在クラスでも不信側にやや寄っていた。

独立変数8：与党支持，野党支持（問11）

　言うまでもなく，与党支持は認知的一貫性によって統治の不安を低減する方向に働き，野党支持は増大方向に働くと予想される。もちろん因果的には逆の可能性がある。統治の不安が低いから与党支持，不安が高いから現在の政治に批判的となり野党支持となるという方向性であるが，ここではこれを検討するのではなく，党派的バイアスをコントロールしても本稿でフォーカスする変数群の効果があるかを見ていく。統治の不安が独立変数時のみ投入する。

デモグラフィック要因：政治知識（問16），性，年齢，教育程度，有職，居住地の都市規模（都鄙）をコントロールした。

以下の主たる分析には郵送調査データを使用し，インターネット調査は，郵

送調査の分析結果のロバストネスチェック，つまりデータの再現性の確認に用いる。いずれも多変量解析の際にはサンプルウェイトを付けて分析を進めた。

8.4 統治の不安に関わる仮説の検証

まず，統治の不安を従属変数としてH1，H2を検証する。独立変数として，仮説検証に直接関わる民主的統治度認知と対立強度認知を，分断軸2からは不安からの逃避や対応に関わる私生活志向の二次元を，H1の加算要因として将来期待と政権担当能力評価，政党感情温度平均をそれぞれ投入した。さらにH1の付加的な検証要因として政治的効力感の3つの次元，党派的バイアスのコントロールとして与党／野党支持を投入し，政治知識とデモグラフィック要因の投入によってこれら属性によって生じるバイアスをコントロールした回帰分析（OLS）を行った。

この結果，表8-1のモデル1に見るように，内閣に期待しないほど，政権担当能力があると認識する政党がないと認識するほど，政党に対する感情温度の平均値が低いほど，加算的に統治の不安が増大している。これらとは対照的に民主的統治度認知は統治の不安を下げる。つまりわが国が民主的に統治されていると認識するほど不安は低減する。池田（Ikeda 2022）が指摘した統治の不安を構成する複合要因の効果はおおよそ確認され，H1が支持された[6]。

次に，本書のテーマである対立強度認知，つまり幅広い分断の認識は，H2の予測通り統治の不安を高めていた。それはH1に関わる要因のインパクトと並ぶ不安の促進要因であることが明らかとなった。また，この対立強度認知とH1の主要要因たる民主的統治度認知との間の交互作用効果を検討したが有意な値は検出されなかった（モデル2）[7]。このことは，対立強度という社会の分断の認識は他の要因と共に統治の不安に対して加算的に不安を高める要因となっていることを示唆している。

次に，分断軸2に関わる私生活志向では政治への非関与度が高いほど，統治

---

6) なお，内閣将来期待は統治の不安（国に対する負の将来期待）の近接要因とも考えられるため，これを抜いた分析も行った。決定係数は7％も落ちるが全体の結果の構造はほぼ同等であった。以下の統治の不安を従属変数とする分析では内閣将来期待変数も含めて分析を行う。

7) 以下の全ての交互作用の分析の際には関連変数を標準化して投入している。

第8章　人々の「統治の不安」はどのような行動につながるのか　　249

表 8-1　統治の不安の規定要因の分析

統治の不安	モデル1		モデル2	
	Coefficient	t	Coefficient	t
内閣将来期待（高ほど期待）	− 0.308	− 12.82 ***	− 0.309	− 12.81 ***
政権担当能力あり政党なし	0.213	4.10 ***	0.218	4.19 ***
政党感情温度平均	− 0.035	− 2.48 *	− 0.034	− 2.45 *
民主的統治度認知	− 0.055	− 5.39 ***	− 0.119	− 5.57 ***
対立強度認知	0.026	4.71 ***	0.093	4.73 ***
交互作用：対立強度認知×民主的統治度認知			0.023	1.30
私生活志向政治非関与	− 0.670	− 4.42 **	− 0.681	− 4.48 **
私生活志向私生活強調	0.096	0.81	0.093	0.78
内的政治的効力感	− 0.074	− 1.88 +	− 0.048	− 1.93 +
外的政治的効力感	− 0.388	− 10.38 ***	− 0.244	− 10.36 ***
集合的効力感	0.103	3.03 **	0.071	3.02 **
与党支持	− 0.097	− 2.02 *	− 0.094	− 1.94 +
野党支持	0.103	2.23 *	0.102	2.21 *
政治知識	0.010	0.59	0.011	0.67
女性	0.011	0.30	0.009	0.24
満年齢	− 0.001	− 0.97	− 0.001	− 0.98
教育程度	0.006	0.41	0.005	0.34
有職	− 0.045	− 1.07	− 0.046	− 1.09
都鄙	− 0.010	− 0.27	− 0.011	− 0.28
切片	1.965	10.15 ***	1.083	7.82 ***
R − squared	0.4535		0.4543	
N	1,472		1,472	

$.05 < p = <.1 +, .01 < p = <.05^*, .001 < p = <.01^{**}, p < .001^{***}$

出所：スマートニュース・メディア価値観全国調査 2023

の不安は減少するが（第5章と一貫），私生活強調次元の効果は見られなかった。それは政治に背を向ければ国や社会の不安に直面する心理的負荷が軽減されることを意味している。

　一方，H1 の付加的検証に関わる政治的効力感の効果については，外的政治的効力感が低いほど不安感が増大しており，市民の声に耳を傾けようとする政治の側の応答性の低さが統治の不安を高めることを意味している。同様に弱いながら内的政治的効力感でもマイナスの効果が認められるが，逆に，集合的効力感が高いほど不安感が増すことが認められる。大勢で一緒に協力すれば政治を変えられると考えるほど不安が増大するのは，パラドクシカルである。協力の果実を確認しきれない未来の不確実性が不安を増大させている可能性が見て取れる。私生活志向政治非関与とは逆の方向性である。政治に背を向ければ巨大な統治の不安は軽減できるが何も変えられない一方，協力して政治を変えようとすれば巨大な不安がかえって増大する。

なお，投入した全てのデモグラフィック要因において統計的に有意な要因は見られない。このことは統治の不安のディフューズさ（1節(2)）の1つの現れであると考えられよう。

8.5 政治参加に関わる仮説の検証

統治の不安と対立強度認知を主要独立変数とし，3つのタイプの政治参加を従属変数としたH3とRQ1の検証に進もう。分析に投入した変数群は基本的に前節の分析に準じているが，H3aの検討のために統治の不安を追加投入する一方，H1の加算要因として設定していた将来期待と政権担当能力評価，政党感情温度平均，および党派性（与党／野党支持）は投入しなかった。

まず，投票参加を従属変数とした場合（分析はOLS）には**表8-2**のモデル1に示したように，統治の不安と対立強度認知の効果は見えず，他方で自国の民主的統治度認知が高いか，政治に背を向けていないか（私生活志向の政治非関与要因の効果がマイナス），内的政治的効力感が高いか，政治知識があるか，というストレートな政治参加の図式が当てはまっていた。投票参加という制度化された政治参加では，まともに統治されている（と認識する）政治に対して，市民が自らの影響力を認識し，政治に向き合う志向性を持ち，政治を知っていることが行動へと導くのである。続いてモデル2と3でRQ1aとRQ1bに関わる交互作用を検討したところ，RQ1aで有意傾向が見いだされた。単独の要因では見えにくい統治の不安と対立強度認知の効果が浮かび上がる。同じように対立を認識しても統治の不安の強弱で市民の政治参加が左右されうるのである。この結果を用いて**図8-3**に事後シミュレーションを示したように[8]，対立強度認知と統治の不安が相乗的に強いほど市民が投票所に導かれる傾向が見える。他方で，対立を広く認識しても統治の不安が低いと参加が鈍る傾向が見える。対立があってもまともに統治されていると認識するなら投票参加しなくともよい，という後者の志向性は，私生活志向政治非関与の次元が持つ方向性と類似しており，ここでは「政治は安心でお任せ」というニュアンスが汲み取れる。

次に投票外の市民の政治参加について，統治の不安の高低で参加の増減があ

---

[8] ここでは他の独立変数を平均値に固定した上で，当該の独立変数の値の変化が従属変数に対して持つ効果を計算した。図表上の上下の「エ」は予測値の95%信頼区間を示している。以下の事後シミュレーションは全て同様である。

表 8-2　統治の不安・対立強度認知を主とした政治参加の規定要因の分析

	モデル1 投票政治参加		モデル2 投票政治参加		モデル3 投票政治参加		モデル4 投票外政治参加		モデル5 投票外政治参加		モデル6 投票外政治参加		モデル7 ネット系政治参加		モデル8 ネット系政治参加		モデル9 ネット系政治参加	
	Coefficient	t	Coefficient	t	Coefficient	t	Coefficient	t	Coefficient	t	Coefficient	t	Coefficient	t	Coefficient	t	Coefficient	t
統治の不安	0.019	0.46	0.015	0.40	0.018	0.47	0.192	3.88 ***	0.175	3.79 ***	0.182	3.99 ***	0.592	5.69 ***	0.568	5.81 ***	0.546	5.66 ***
民主的統治度認知	0.047	2.63 **	0.098	2.69 ***	0.098	2.61 **	-0.005	-0.24	-0.009	-0.23	0.009	0.21	-0.010	-0.23	-0.019	-0.22	-0.015	-0.15
対立強度認知	0.014	1.51	0.041	1.21	0.051	1.50	0.032	3.30 ***	0.111	3.07 **	0.111	3.19 **	0.064	2.98 **	0.259	2.96 **	0.230	2.90 **
交互作用：対立強度認知×統治の不安			0.051	1.73 +					0.014	0.43					-0.060	-0.83		
交互作用：統治の不安×民主的統治度認知					-0.009	-0.30					-0.049	-1.60					-0.017	0.109
私生活志向政治非関与	-1.198	-4.79 ***	-0.206	-4.80 ***	-0.205	-4.76 ***	-1.649	-6.30 ***	-0.283	-6.28 ***	-0.277	-6.16 ***	-1.847	-3.27 ***	-0.316	-3.33 ***	-0.313	-3.21 ***
私生活志向私生活強調	-0.232	-1.17	-0.041	-1.09	-0.044	-1.17	0.212	0.95	0.040	0.95	0.040	0.93	0.163	0.33	0.029	0.31	0.030	0.32
内的政治的効力感	0.273	4.60 ***	0.173	4.65 ***	0.172	4.60 ***	0.170	2.54 *	0.107	2.54 *	0.108	2.57 *	0.326	1.94 +	0.206	1.98 *	0.205	1.95 +
外的政治的効力感	0.031	0.49	0.019	0.48	0.020	0.50	0.097	1.45	0.061	1.46	0.063	1.51	0.072	0.47	0.044	0.46	0.046	0.48
集合的効力感	0.086	1.55	0.057	1.49	0.060	1.55	0.167	2.62 **	0.115	2.59 **	0.115	2.59 **	0.092	0.68	0.065	0.70	0.065	0.70
政治的関心	0.230	8.04 ***	0.230	8.05 ***	0.229	7.97 ***	0.059	1.88 +	0.059	1.88 +	0.056	1.78 +	0.014	0.21	0.013	0.19	0.014	0.21
女性	-0.042	-0.65	-0.038	-0.58	-0.042	-0.63	-0.007	-0.10	-0.006	-0.09	-0.001	-0.02	-0.012	-0.08	-0.019	-0.12	-0.008	-0.05
満年齢	0.001	0.48	0.001	0.49	0.001	0.48	0.004	1.94 +	0.004	1.93 +	0.004	1.96	-0.001	-0.17	-0.001	-0.14	-0.001	-0.16
教育程度	-0.050	-2.00 *	-0.048	-1.91 +	-0.049	-1.97 *	-0.013	-0.49	-0.012	-0.46	-0.009	-0.34	0.138	2.18 *	0.134	2.12 *	0.139	2.18 *
有職	-0.234	-3.31 ***	-0.232	-3.28 **	-0.234	-3.30 **	-0.275	-3.53 ***	-0.273	-3.50 ***	-0.274	-3.52 ***	0.343	1.61	0.338	1.58	0.344	1.61
都鄙	-0.127	-1.92 +	-0.132	-1.98 *	-0.127	-1.91 +	-0.163	-2.29 *	-0.164	-2.31 *	-0.164	-2.31 *	0.132	0.81	0.138	0.86	0.132	0.81
切片	2.251	6.38 ***	2.652	17.43 ***	2.671	17.66 ***	-0.804	-2.20 *	-0.375	-2.29 *	-0.386	-2.37 *	-3.306	-4.05 ***	-2.858	-7.29 ***	-2.882	-7.43 ***
alpha							0.582		0.583		0.576		3.185		3.170		3.182	
R-squared/Pseudo R2	0.1881		0.1896		0.1882		0.0697		0.0598		0.0603		0.0787		0.0791		0.0787	
N	1,553		1,553		1,553		1,553		1,553		1,553		1,553		1,553		1,553	

.05 < p < .1 +，.01 < p < .05 *，.001 < p < .01 **，p < .001 ***

ª alpha の数値は、モデル4～9がポアソン回帰ではなく、負の二項回帰が適切であることを示している。

出所：スマートニュース・メディア価値観全国調査 2023

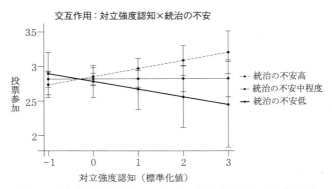

図 8-3 対立強度認知と統治の不安の交互作用が投票参加に及ぼす効果

るのか，また対立認識はどう働くのか，関連性を検討すると，投票参加とは様相が異なることが判明する。結果は**表 8-2** のモデル 4 に見るとおりである（分析手法は負の二項回帰分析）。まず，投票以外の政治参加一般に対して H3a（統治の不安は政治参加を促進する）と H3b 前半（私生活志向政治非関与次元は参加を抑制する）が支持された。なお H3b 後半の私生活志向私生活強調次元の効果はプラス方向には有意にはならず，2000 年代の知見とは異なっていた（池田 2007: 7 章）。

他の独立変数の効果を投票参加の場合と比較すると，内的政治的効力感の効果では類似の効果が見られるが，さらにここでは集合的効力感の効果を見ることができる。「みんなで政治に関わる力」の認識の効果であり，制度化されていない政治行動にはこのようなエンパワーメントの感覚が推力となることがわかる。政治知識の効果は正の有意傾向にとどまった。

次に交互作用効果に関する RQ1a と RQ1b を検討しよう。わずかに傾向性が見いだされるのは民主的統治度の認識と対立強度認知の間の交互作用のみである（モデル 6 で p＝.109：RQ1b，図 8-4）。ここに見て取れるのは，対立や分断を認知し，民主的統治度を疑うときに参加が増大する傾向はあるのだが，対立を強く認識する人々の間で民主的統治度認知の持つ効果の分散が大きく，統計的な有意差をもたらすまでには達していないということである。それでも国が民主的に統治されず対立が拡がっているとみる条件下では投票外政治参加が潜在的に抗議的な参加のニュアンスを持ちうることが見えよう。他方，自国が民主的に統治されていると認識していれば，対立を広く認識しても参加は増大しな

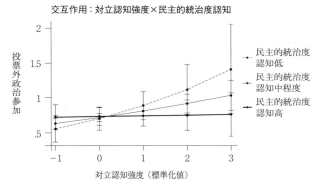

図 8-4　対立強度認知と民主的統治度認知の交互作用が投票外政治参加に及ぼす効果

い。

　一方で，統治の不安と対立強度認知の間に交互作用はみられない（モデル5：RQ1a）。統治の不安も対立の認識も独立して投票外政治参加を促進しているのである。

　さらにネット政治参加を従属変数とした場合（分析は負の二項回帰分析。モデル7），交互作用（モデル8と9）を除き，投票外政治参加と類似したパターンが見いだされた。統治の不安や対立強度認知がネットでの参加を増大させ，政治への非関与はそれを抑制する。他の要因では集合的効力感や政治知識や都鄙居住の効果は見えないものの教育程度にはプラスの効果があった。

8.6　メディア接触パターンと統治の不安の連関性

　メディア接触パターンの差異は統治の不安に関わる分断認識と関連性を持っているだろうか。また接触パターンによって政治参加の様態は異なりうるだろうか。

　ここでは，個々のメディア接触がもたらす効果ではなく，個人によって異なる複合的なメディア接触のパターンが個人によって異なる情報環境世界を形成しているとの前提の元に，メディア接触の潜在クラスを用いて検討する（RQ2）。回帰分析においては潜在クラスの各クラスに属する市民をそれぞれ当てはまる／当てはまらないの1／0のダミー変数とするが，伝統メディア中心型のクラス（クラス1）を分析のベースカテゴリーをとし，このクラスと他の

表 8-3 統治の不安はメディア利用環境に規定されるか

統治の不安	モデル1 Coefficient	モデル1 t	モデル2 Coefficient	モデル2 t	モデル3 Coefficient	モデル3 t
民主的統治度認知	-0.110	-5.10 ***	-0.043	-0.73	-0.110	-5.07 ***
対立強度認知	0.094	4.61 ***	0.093	4.57 ***	0.043	0.68
私生活志向政治非関与	-0.655	-4.21 ***	-0.657	-4.22 ***	-0.656	-4.21 ***
私生活志向私生活強調	0.106	0.87	0.112	0.93	0.104	0.85
内閣将来期待（高ほど政党なし）	-0.305	-12.45 ***	-0.303	-12.42 ***	-0.304	-12.39 ***
政権担当能力あり政党なし	-0.037	-2.57 *	-0.039	-2.69 **	-0.037	-2.58 *
政党感情温度平均	0.212	3.98 ***	0.220	4.12 ***	0.211	3.98 ***
内的政治的効力感	-0.052	-2.07 *	-0.053	-2.11 *	-0.051	-1.99 *
外的政治的効力感	-0.240	-10.05 ***	-0.241	-10.14 ***	-0.240	-10.04 ***
集合的効力感	0.070	2.97 **	0.072	3.05 **	0.070	2.95 **
（ベースカテゴリーはクラス1：伝統メディア中心型）						
クラス2：伝統メディア＋ネットニュース接触型	0.078	1.08	0.087	1.19	0.083	1.12
クラス3：バランス型	0.058	0.81	0.079	1.09	0.069	0.94
クラス4：インターネットメディア中心型	0.005	0.07	0.016	0.21	0.017	0.22
クラス5：SNS中心型	0.095	1.16	0.118	1.40	0.107	1.27
メディア接触潜在クラスとの交互作用			民主的統治度認知との間		対立強度認知との間	
クラス2：伝統メディア＋ネットニュース接触型			-0.127	-1.84 +	0.055	0.72
クラス3：バランス型			-0.101	-1.35	0.034	0.44
クラス4：インターネットメディア中心型			-0.049	-0.73	0.073	1.02
クラス5：SNS中心型			-0.020	-0.28	0.048	0.62
与党支持	-0.101	-2.06 *	-0.098	-1.99 *	-0.104	-2.13 *
野党支持	0.106	2.24 *	0.106	2.24 *	0.106	2.24 *
政治知識	0.014	0.82	0.013	0.78	0.013	0.79
女性	0.009	0.23	0.006	0.16	0.008	0.21
満年齢	-0.001	-1.11	-0.001	-1.01	-0.001	-1.06
教育程度	0.001	0.07	0.001	0.03	0.001	0.06
有職	-0.040	-0.89	-0.036	-0.82	-0.042	-0.95
都鄙	-0.012	-0.31	-0.013	-0.33	-0.012	-0.31
切片	1.022	6.90 ***	1.004	6.74 ***	1.013	6.74 ***
R-squared	0.4543		0.4565		0.4548	
N	1434		1434		1434	

.05<p<.1+, .01<p<.05*, .001<p<.01**, p<.001***
出所：スマートニュース・メディア価値観全国調査 2023

第8章　人々の「統治の不安」はどのような行動につながるのか　　255

クラスとの統計的差異を見ていく（各クラスについてもそれぞれをベースカテゴリーとした分析を行い，潜在クラス相互間の差異を全て検討した）。これらのことによって，ある接触パターンを持つことが他の接触パターンに属していることと異なる効果を受けているかどうか，つまり情報環境世界が異なることが異なる認識や行動をもたらしうるかを吟味する。

　まず，統治の不安を従属変数としたRQ2aの検討であるが，ここでの分析は**表8-1**のモデル1に潜在クラスのダミー変数群を追加投入し（**表8-3**のモデル1），次いで潜在クラスと民主的統治度認知，および対立強度認知との交互作用をそれぞれモデル2，3で検討した。

　モデル1から潜在クラスによる差異は見えない。主要独立変数である民主的統治度認知や対立強度認知と潜在クラスとの間の交互作用についてもおおよそ有意にはならなかった。わずかに民主的統治度認知に関し伝統メディア中心型（クラス1）と伝統メディア＋ネットニュース接触型（クラス2）との間に有意傾向の差があるものの，全体的には統治の不安は市民がどのようなメディア接触のパターンの中で暮らしていても大きな差にはなっていない。ディフューズさのゆえんである。

8.7　メディア接触パターンと政治参加の連関性

　次いで，3つのタイプの政治参加を従属変数とした分析結果を見よう（RQ2b）。**表8-4**にまとめて示す。

　まずメディア接触潜在クラス単独の効果を見よう。**表8-4**のモデル1，3，5から事後シミュレーションしてクラスごとの効果を**図8-5**にまとめた。投票参加と投票外政治参加の効果のパターンは異なり，ネット政治参加ではさらに異なる。

　投票参加に対しては（モデル1：**図8-5**上），伝統メディアを含む接触が多い伝統メディア中心型および伝統メディア＋ネットニュース接触型でともに投票参加が多く，他のクラスと差がある。またニュースサイト・アプリとSNSにともに接触する点で共通するクラス（バランス型，インターネットメディア中心型，SNS中心型）の間では差がないことが判明した。これらのクラスでは伝統メディアに関わる2つのクラスとの間で0.2ポイント以上投票参加が落ちる。伝統メディアが投票という制度的な仕組みを重視し，報道に力を入れていることを

表 8-4　政治参加はメディア利用環境に左右されるか

従属変数	モデル1 投票参加		モデル2 投票参加		モデル3 投票外政治参加		モデル4 投票外政治参加		モデル5 ネット政治参加		モデル6 ネット政治参加	
	Coefficient	t	Coefficient	t	Coefficient	z	Coefficient	z	Coefficient	z	Coefficient	z
政治の不安	0.033	0.84	0.029	0.76	0.165	3.59 ***	0.166	3.63 ***	0.458	4.73 ***	0.458	4.74 ***
民主的統治度認知	0.089	2.44 **	0.089	2.43 *	-0.010	-0.25	-0.014	-0.34	-0.035	-0.38	-0.037	-0.41
対立強度認知	-1.190	-4.69 ***	-1.200	-4.75 ***	0.104	2.90 **	-0.012	-0.12	0.194	2.44 *	-0.228	-1.91 +
私生活志向政治非関与	-0.197	-0.99	-0.203	-1.03	-1.681	-6.33 ***	-1.682	-6.29 ***	-1.999	-3.41 ***	-2.033	-3.47 ***
私生活志向私生活強調	0.055	1.59	-0.202	-1.71 +	0.216	0.94	0.216	0.93	0.076	0.15	0.109	0.21
内的政治的効力感	0.160	4.18 ***	0.164	4.29 ***	0.104	2.37 *	0.100	2.26 *	0.192	1.77 +	0.187	1.72 +
外的政治的効力感	0.023	0.57	0.020	0.51	0.057	1.35	0.059	1.41	0.033	0.35	0.031	0.33
集合的効力感	0.043	1.09	0.041	1.06	0.114	2.54 *	0.115	2.57 *	0.064	0.66	0.063	0.65
（ベースカテゴリーは クラス1：伝統メディア中心型）												
クラス2：伝統メディア＋ネット＋ニュース接触型	-0.008	-0.06	0.052	0.42	0.100	0.74	0.119	0.88	15.118	49.19 ***	14.772	45.38 ***
クラス3：バランス型	-0.286	-2.18 *	-0.226	-1.70 +	-0.086	-0.61	-0.089	-0.62	14.956	50.69 ***	14.530	46.99 ***
クラス4：インターネット＋メディア中心型	-0.206	-1.61	-0.165	-1.27	0.179	1.32	0.195	1.41	16.161	84.63 ***	15.852	70.20 ***
クラス5：SNS中心型	-0.484	-3.34 **	-0.423	-2.88 **	0.181	1.18	0.161	1.03	16.359	72.10 ***	16.031	61.90 ***
メディア接触潜在クラスと対立強度認知の交互作用												
クラス2：伝統メディア＋ネット＋ニュース接触型			0.295	2.17 *			0.025	0.20			0.466	1.82 +
クラス3：バランス型			0.184	1.35			0.198	1.59			0.632	2.84 **
クラス4：インターネット＋メディア中心型			0.342	2.62 **			0.103	0.87			0.362	2.37 *
クラス5：SNS中心型			0.287	2.02 *			0.219	1.65			0.402	2.29 *
政治知識	0.203	6.90 ***	0.201	6.84 ***	0.059	1.80 +	0.058	1.78 +	0.058	0.82	0.059	0.85
女性	-0.046	-0.69	-0.050	-0.75	-0.009	-0.13	-0.007	-0.09	0.033	0.21	0.039	0.25
満年齢	0.001	0.44	0.001	0.57	0.004	1.95 +	0.004	1.83 +	0.000	0.08	0.001	0.12
教育程度	-0.026	-1.03	-0.026	-1.02	-0.025	-0.90	-0.022	-0.81	0.061	0.92	0.056	0.86
有職	-0.168	-2.29 *	-0.179	-2.43 *	-0.292	-3.64 ***	-0.286	-3.56 ***	0.021	0.10	0.020	0.09
都鄙	-0.127	-1.88 +	-0.127	-1.88 +	-0.148	-2.04 *	-0.146	-2.01 *	0.041	0.26	0.047	0.29
切片	3.511	14.70 ***	3.457	14.47 ***	0.227	0.92	0.215	0.88	-17.290	-36.73 ***	-16.959	-36.17 ***
alpha									2.278		2.273	
R-squared/PseudoR-squared	0.199		0.204		0.060		0.062		0.129		0.130	
N	1515		1515		1515		1515		1515		1515	

.05<p<.1＋，.01<p<.05＊，.001<p<.01＊＊，p<.001＊＊＊

出所：スマートニュース・メディア価値観全国調査 2023

第 8 章　人々の「統治の不安」はどのような行動につながるのか　　257

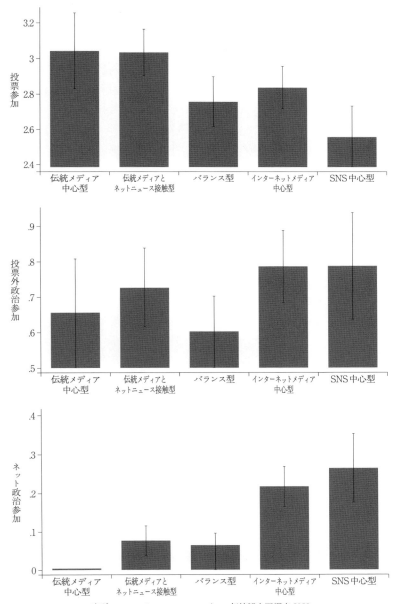

出所：スマートニュース・メディア価値観全国調査 2023

図 8-5　潜在クラスごとの政治参加 3 変数への効果

念頭に置くと，独立変数の説明で紹介したように伝統メディアに対する信頼が2つの伝統潜在クラスで高いことと相まって投票を促進する可能性がある。

　次に，投票外政治参加では投票参加の分析結果とは逆転的な様相がある（**表8-4 モデル3：図8-5 中央**）。インターネットメディア中心型とSNS中心型の参加が多く，これらはバランス型と統計的な差異を示した。しかし伝統メディア系列の2つの潜在クラスとの間には統計的な差異は見られない。バランス型のメディア利用の全体像をよく見ると（第3章参照），このクラスでは「バランス」ある利用だとは言え，伝統メディアもインターネットメディアも利用頻度の水準はかなり低い。バランス型は伝統メディア利用の多い2つの潜在クラスに比べて伝統メディア利用は低く，インターネットメディア利用の多い2つの潜在クラスに比べてインターネットメディア利用も低いという点で，メディア全般の利用頻度が低いのである。このことがバランス型での投票外政治参加の低さにつながっている可能性があると考えられる。

　最後に，ネット政治参加においては（**表8-4 モデル5，図8-5 下**），インターネットメディア中心型とSNS中心型ではともに他の3つのクラスよりも明瞭に参加度が高く（両者の差異はない），ニュースサイト・アプリやSNSを利用してこそのネット政治参加であることが明瞭である。

　これを踏まえて，ニュースサイトやSNS利用によるネット政治参加に対する個別の効果に関し改めて追加の分析を試みよう。これら個別メディア利用でもネット政治参加に対する効果はともにプラスであった。元の表は省略するが，さらに両者の交互作用まで加えた分析結果に基づくグラフを**図8-6**に示す（それぞれの単独効果は有意。交互作用効果は p = .081）。ここでの結果は，インターネットの異なる利用形態であるニュースサイト・アプリやSNSが参加の機会をそれぞれに提供し，そのことがネット政治参加を高めている。つまりニュースサイト・アプリやSNSが参加への機会を構造的に提供していることがもたらすインパクトを示していると言えるだろう[9]。

　なお，インターネットへの接続の低い伝統メディア中心型では他のどのクラスよりもネット参加の度合いは低く，ほぼ0であった。

---

9) ネットメディアに対する信頼が潜在クラス間で差がなかったことを踏まえると，ここでの差異はメディアに対する信頼度によってもたらされたものではない。

第 8 章 人々の「統治の不安」はどのような行動につながるのか　　259

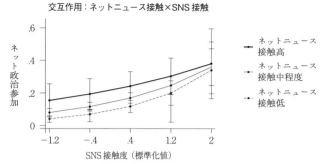

図 8-6　ネット政治参加に対するネットニュース接触と SNS 接触の交互作用効果

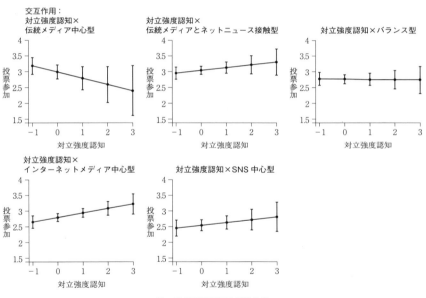

注：対立強度認知は標準化値
出所：スマートニュース・メディア価値観全国調査 2023

図 8-7　投票参加に対するメディア接触潜在クラスごとの対立強度認知との交互作用効果

　以上の潜在クラスの分析に主要独立変数との交互作用効果を加えて検討したところ，対立強度認知との間で多くの差異が見いだされた。表 8-4 のモデル 2，4，6 はこれに関してのみ記載したものである。

260　　　　　　　　　　　　　　　　　　第Ⅱ部

　結果を読み取りやすくするため，潜在クラスと対立強度認知の交互作用を図示する。**図8-7**は，投票参加において**表8-4**のモデル2から事後シミュレーションの結果を図示したものである。明らかに伝統メディア中心型でのみ，対立強度認知が強いほど投票参加は抑制され，他方，伝統メディア＋ネットニュース接触型，インターネットメディア中心型，SNS中心型で対立を広く認識するほど参加が高まる。伝統メディア中心型との差異は全て統計的に有意である。これら3つのクラスの共通の特徴は，ニュースサイト・アプリをコアとして，さらにマスメディアかネットメディアの一方または両方との接触量が多い点である。これは，多重的なメディア接触が多様な対立の認識を媒介として投票参加を促進する可能性を示唆している。単一のメディア世界よりも多重的なメディア接触環境に住まう方が情報の重複や重畳が小さく，情報接触が多重化し，対立強度認知の効果が増し，社会の対立を重く受けとめて投票参加を促進するような社会的リアリティ（social reality; 池田 2013）が形成される，とも解釈しうるだろう。社会的リアリティはマスメディアと対人コミュニケーションの二重チェックによってより強く支えられているとした旧いマスメディア中心の時代の知見（池田 2013）のバリエーションがここに見て取れる。マスメディアだけの接触が多い伝統メディア中心型，全般的なメディア接触が低調なバランス型ではそうした傾向が見えない。

　この知見は興味深い。**表8-2**モデル1では投票参加に対して対立強度認知の単独の効果は見えなかった。ところが，ここでは情報環境というレンズの差異によって，対立強度認知が投票を促進する環境が浮かび上がったからである。メディアの接触パターンの差異の意味がここにある。それはネット政治参加でみたようなメディア利用の構造的機会がもたらす効果というよりは，対立の認識の重層的接触が対立の社会的リアリティを強め，投票参加を推すように見える。なお，**図8-3**（**表8-2**モデル2のシミュレーション）に見たような対立認知と統治の不安の交互作用効果に関連し，統治の不安と潜在クラスの交互作用を検討したが，効果は明瞭ではなかった[10]。

　次に，投票外政治参加の分析結果を見よう。既に述べたように投票外政治参加では対立強度認知単独の効果が見られたが，それと潜在クラスとの交互作用効果はそれほど明確ではない（**図8-8**：**表8-4**のモデル4より作成）。伝統メディアに関わる2つのクラスでは対立強度認知との交互作用はほぼ見られず，他のクラスでは対立強度認知が高いほど投票外政治参加は促進される様相が見える

第 8 章　人々の「統治の不安」はどのような行動につながるのか　　261

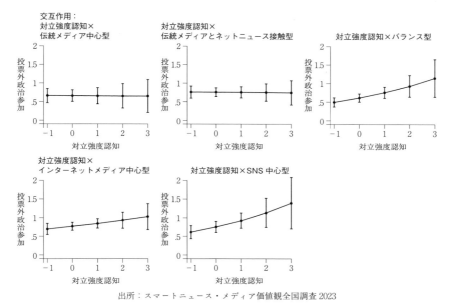

出所：スマートニュース・メディア価値観全国調査 2023

図 8-8　投票外政治参加に対するメディア接触潜在クラスごとの対立強度認知との交互作用効果

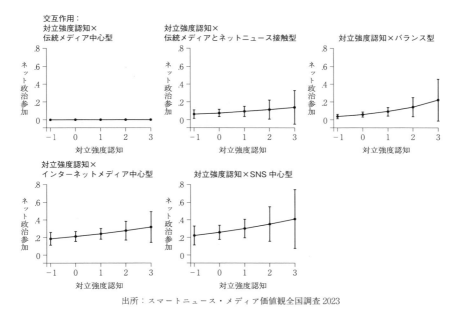

出所：スマートニュース・メディア価値観全国調査 2023

図 8-9　ネット政治参加に対するメディア接触潜在クラスごとの対立強度認知との交互作用効果

表 8-5　ネット政治参加と個別のメディア接触度との関連性

ネット政治参加	モデル 1		モデル 2	
	Coefficient	t	Coefficient	t
統治の不安	0.100	4.92 ***	0.097	4.83 ***
民主的統治度認知	− 0.009	− 0.39	− 0.010	− 0.43
対立強度認知	0.038	2.04 *	0.038	2.09 *
私生活志向政治非関与	0.056	2.60 **	0.060	2.80 **
私生活志向私生活強調	0.006	0.29	0.005	0.24
内的政治的効力感	0.028	1.72 +	0.029	1.73 +
外的政治的効力感	− 0.405	− 3.15 **	− 0.389	− 3.06 **
集合的効力感	0.008	0.07	0.000	0.00
ハードニュース接触度	− 0.027	− 1.33	− 0.032	− 1.58
ネットニュース接触度	0.036	1.95 +	0.035	1.97 *
ＳＮＳ接触度	0.104	5.20 ***	0.102	5.16 ***
対立強度認知との交互作用				
ネットニュース接触度			0.059	2.69 **
ＳＮＳ接触度			0.036	1.78 +
政治知識	0.004	0.29	0.004	0.29
女性	− 0.011	− 0.34	− 0.012	− 0.37
満年齢	0.000	0.04	0.000	− 0.14
教育程度	0.008	0.59	0.009	0.69
有職	0.010	0.28	0.006	0.18
都鄙	0.009	0.29	0.007	0.22
切片	0.333	2.99 **	0.332	3.02 **
R-squared	0.116		0.129	
N	1,528		1,528	

.05<p=<.1 +, .01<p=<.05*, .001<p=<.01**, p<.001***
出所：スマートニュース・メディア価値観全国調査 2023

が，統計的な有意傾向には達しなかった。

　ネット政治参加では，図 8-9（表 8-4 モデル 6 より）にみるようにマスメディアだけに主に接触する伝統メディア中心型ではネット内での参加が基本的に欠如することから，この潜在クラスと他の潜在クラスでは統計的な差異があるのは当然として，SNS の利用の多さに対応するような潜在クラスで対立強度認知が高いほど参加が多くなる構図がある。バランス型でも SNS 参加は伝統メディア利用系の潜在クラスよりも SNS 接触が多いため対立強度認知の効果が促進された可能性があるだろう。

　これを確認するために，ニュースサイト・アプリでもコメント機能を通じてネット政治参加がありうると考え，潜在クラスを離れて個々のメディア接触の

---

10) さらに統治の不安スコア 1 以上かつ対立強度認知スコア 1 以上のダミーで潜在クラスとの交互作用を検討したが，表 8-4 モデル 2 より明瞭な効果は示さなかった。

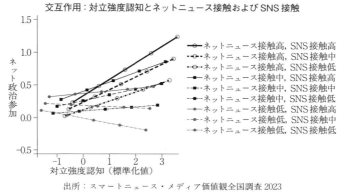

図 8-10 対立強度認知とネットニュース接触・SNS 接触の両交互作用効果

尺度であるネットニュース接触とSNS接触の両者の効果を検討したのが**表 8-5**である。**表 8-5**のモデル1ではネットニュース接触とSNS接触の双方がネット政治参加にプラスの方向性を持ち，モデル2では両者の対立強度認知との交互作用が認められる（SNS接触との間は有意傾向ではあるが）。これを図示すると**図 8-10**になる（ネットニュース接触の低中高で横軸の位置をずらして表示した）。対立強度認知が弱いとメディア接触による差異は小さいが，強い対立を認識するほど，両メディアがネット政治参加を促進する効果は大きく，しかも加算的かつ相乗的であることが見て取れるだろう[11]。ネット政治参加は機会の構造によって促進されると論じたが（**図 8-6**），その中で対立を強く認識することによって行動が促進されていたことが明らかである。

8.8 ネット調査データによるロバストネスチェック

(1) 統治の不安と政治参加

これまでの分析は郵送調査の結果であったが，これと対応する分析をインターネット調査のサンプルに対して実施することで，結果のロバストネスチェック（頑健性の確認）としたい。ただしインターネット調査のサンプルは必然的

---

[11] ネットニュース接触×SNS接触×対立強度認知の3次の交互作用効果も検討したがモデル2より説明力は上昇しなかった。

にインターネットの常用者である点には注意を要する。

結果をまとめよう（紙面の制約上，結果の表はカットする）。まずH1は明確に支持されたばかりか，その説明率はネットサンプルの方が高かった（$R^2 = 0.545$）。2021年からの4度の分析結果も含め，統治の不安の規定要因の再現性は高いと言ってよいだろう。

また，H2への支持も確認され，分断の認識は統治の不安を高めることを示していた。

H3aにみる統治の不安の政治参加促進効果はいずれのタイプの政治参加に対しても観察されなかった。しかし独立変数のセットから対立強度認知変数を除くと，投票外政治参加，ネット政治参加に対して統治の不安の効果は有意になったので，分断の認識が統治の不安の効果をマスクしている可能性がある。媒介分析（Hicks 2011）を行うと，分断の認識→統治の不安→投票参加の間接効果は有意ではなく，投票外政治参加についても同様であった。だがネット政治参加に対しては，対立強度認知が強いときに統治の不安が媒介する効果を持つことを示し，対立強度認知の直接効果も存在していた（統治の不安と対立強度認知との相関係数は0.22であった）[12]。

H3b仮説に関してはネット調査の方がより明瞭な結果を示した。投票参加に対しては私生活志向政治非関与の効果のみならず，郵送調査と異なり，私生活志向私生活強調の効果も支持された。つまり，仮説通り私生活志向政治非関与は投票参加を回避する傾向を促進するが，私生活志向私生活強調では投票参加が促進される。投票外政治参加とネット政治参加では郵送調査と同様に，私生活志向政治非関与の参加抑制効果のみが観測された。

次にRQ1aであるが，対立強度認知の政治参加促進効果はどのタイプの政治参加に対しても明白に見て取れるが，統治の不安と交互作用を持ってはいなかった。上記で見たように正の相関はあっても交互作用効果は示さなかった。

RQ1bについては，民主的統治度認知は政治参加に対して有意な促進効果が認められず，対立強度認知との交互作用も観察されなかった。

12）なお，郵送調査データでは対立強度認知のどのレベルでも統治の不安が媒介するネット政治参加への効果が見られる。

第8章　人々の「統治の不安」はどのような行動につながるのか　　265

(2) メディア接触の潜在クラスの効果

　メディア接触に関わる RQ2 について，まず潜在クラスの分類の結果は，第3章補遺に見えるように，インターネット調査においても郵送調査と類似した5つの潜在クラスが析出される一方，個々のメディアカテゴリの利用に関して細部を見ると，郵送調査とは利用頻度に差があった。

　まず全体として SNS の利用者が突出しているので，伝統メディア中心型以外ではどの潜在クラスでも SNS 利用が安定的に高い。また伝統メディア中心型でもネット上でのニュースサイト・アプリ利用が多く，このクラスの中では利用頻度が最大のカテゴリであった（郵送調査では低かった）。伝統メディア＋ネットニュース接触型ではニュースサイト・アプリの接触度数はさらに高くなっていた。バランス型に関しては郵送調査では全般的に各メディアの利用頻度は低めであったが，インターネット調査のバランス型クラスは利用頻度がメディアカテゴリ間でばらつきながらも，ニュースサイト・アプリと SNS の利用において他のクラスより頻度が高くなっていた。なおインターネットメディア中心型と SNS 中心型での各メディアカテゴリ利用のパターンは郵送調査と大きく違いはないが，前者のクラスに分類される回答者は3分の1と縮小したのに対し，後者は郵送調査で2割弱であった比率がネット調査では3割弱を占め，5クラスの中でも最大多数となった。

　この背景を踏まえてまず RQ2a の統治の不安と潜在クラスとの関連を検討したが，郵送調査と同様，潜在クラスによる差異はほぼ見出せなかった。統治の不安はメディアの利用パターンにかかわらず，ディフューズに浸透しているという点で両調査は一貫していた。

　政治参加に関する RQ2b についてはどうだろうか。3つのタイプの政治参加に対し，一貫してバランス型の潜在クラスで政治参加が促進されていた。投票参加ではバランス型は SNS 中心型を除く3クラスと差異はなかったが，投票外政治参加，ネット政治参加では他のクラスより高い値を示した（図 8-11）。

　さらに政治参加のタイプごとに詳しく見よう。投票参加では図 8-11 上に見るように SNS 中心型のクラスで参加が最低で他のクラスと差異を示した点で郵送調査と同じであった。しかしバランス型やインターネットメディア中心型においても伝統メディア中心型，伝統メディア＋ネットニュース接触型との差異はなかった。伝統メディアに対する信頼が投票参加を下支えしているという郵送調査での構図はおそらく当てはまらない。

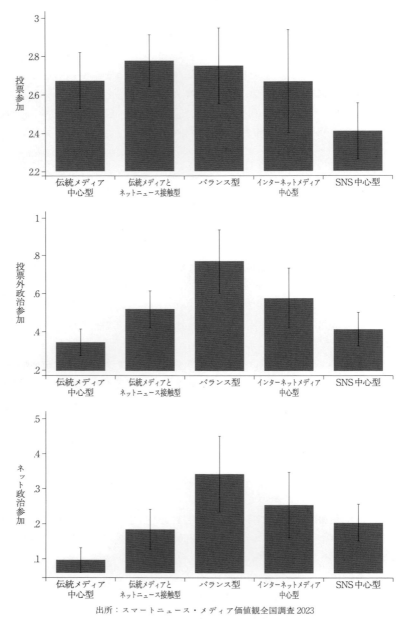

出所:スマートニュース・メディア価値観全国調査 2023

図 8-11　潜在クラスごとの政治参加 3 変数への効果(インターネット調査)

第8章　人々の「統治の不安」はどのような行動につながるのか　　267

　投票外政治参加では（**図8-11中央**），バランス型に次いで伝統メディア＋ネットニュース接触型およびインターネットメディア中心型で参加が多くなっており，一見郵送調査と結果が異なるが，利用頻度から見ると複合的なメディア利用の強いクラスで参加が促進されている。この点で類似した結果となった。いずれもニュースサイト・アプリとSNSに加え，ハード／ソフトニュースないしは動画系への接触が高かった。

　ネット政治参加に関しては（**図8-11下**），郵送調査と同様，伝統メディア中心型で特に参加が低く，インターネットを使っていてもネットでの政治参加は抑制されがちであることが明白であった。伝統メディア＋ネットニュース接触型では多少参加は増え，SNS中心型との間に参加度の違いはなくなるが，多様なメディアを利用しているバランス型とは明白な差異があった。郵送調査の分析ではインターネットの各種メディアがもたらす参加の機会がネット政治参加を促進すると強調したが，その解釈はここでも当てはまる。ここではバランス型が最も多様なメディアの利用を示し，ニュースサイト・アプリやSNS利用で最大レベルの利用頻度を示し，参加の機会が最大となっているからである。

　最後に潜在クラスと主要独立変数との交互作用について言及しておこう。

　投票参加に関しては，**図8-7**に見たような対立強度認知×潜在クラスにおける伝統メディア中心型の投票参加抑制効果は見られなかった。

　投票外政治参加については，**図8-8**で見たような対立強度認知×潜在クラスの効果が見られない点ではネット調査でも結果は類似していたが，統治の不安と民主的統治度認知に関してSNS中心型で交互作用効果が見られた。伝統メディア中心型と比べてSNS中心型に属する市民は統治の不安が高いほど，また民主的統治度認知が低いほど投票外政治参加に加わるのであった。ネット調査では，統治の不安はH3aやRQ1aでその主効果を見いだすことができなかったが，潜在クラスの中で3割弱を占めるSNS中心型で効果を示した。メディア接触の潜在クラスがもたらす情報環境の差異の効果である。

　ネット政治参加に関しては，統治の不安とSNS中心型との同様の交互作用がここでも見られた一方，**図8-9**で見たような伝統メディア中心型で対立強度認知の効果が特に小さいというような効果は析出されなかった。

8.9 | 仮説および RQ の全体のまとめ

　郵送サンプルでもネットサンプルでも H1, H2, H3b の結果は一貫しており
ロバストであった。H3a は郵送調査でのみ明確な支持はあったものの，イン
ターネット調査では統治の不安は対立強度認知に効果を打ち消されていた。交
互作用に関する RQ1a で考えた統治の不安と対立強度認知の交互作用に明確な
支持はなく，RQ1b の結果は郵送調査でわずかに民主的統治度認知と対立強度
認知の交互作用の傾向が見られたが，インターネット調査では検出できなかっ
た。

　メディア接触の潜在クラスに関連した RQ2 では，両調査の各クラスのそれ
ぞれのメディアカテゴリの接触頻度によって差異が見られるものの，総じてイ
ンターネットに関わるメディア接触のカテゴリが参加の機会を増大させている
点で結果は共通していた。一方で，伝統メディアというメディアカテゴリが政
治参加を下支えするという構図は，郵送調査における投票参加の分析で検出さ
れるにとどまった。

結　語

　本研究は，統治の不安や社会の分断認識が政治参加にどのような効果を及ぼ
すか，そしてその中でメディア接触がどのような役割を果たすかについて仮説
を立てながら探索的に分析を進めてきた。結果は，対立や分断の認識は統治の
不安を高めるとともに，その延長上で政治参加を促進しうることを示していた。
　一方，メディアの利用パターンによってもこれらのインパクトが左右される
ことが示された。特に，複合的に諸メディアに接触するパターンでは，ネット
政治参加が増える傾向が見られた。とりわけそれは SNS 接触やネットニュー
ス接触の効果に散見されることは（図 8-6 や図 8-10 など），「ネットアクティビ
ズム」の可能性を垣間見せるものであった。しかし当然ながら統計的に有意で
あることと，インパクトがマッシブであることとは異なる。ネット政治参加に
関わる頻度を見たときに愕然とせざるを得ないだろう（第 3 節の政治参加変数の
説明参照）。マス由来の情報とネット由来の情報で構成される多重接触的な情報
環境がこれらの「参加」の比率をいかにプッシュしうるか，は実践的な課題で

もある。社会の対立と分断の克服には政治参加がそれを下支えすることがリベラルな参加民主主義には必須であるが，現状はこの通りであり，私生活志向政治非関与がさらに強まれば，より状況は厳しくなりかねない点も強調しておきたい。

21世紀に入って深刻さを増した世界的な民主主義の後退（Freedom House 2019）はアジアの文脈でも重要な検討の対象となっているが（Kasuya & Tan 2024），日本ではポピュリストの台頭も権威主義体制への移行の危機も見られない。民主主義的な統治は支持されながらも，その一方で統治の根幹である政治参加に隘路が生じている。日本では市民の政治からの撤退という形で民主主義のバックボーンが崩れていくような深刻な事態に陥る可能性が垣間見えると言えるかもしれない。

なお，本研究の限界と強みに言及して本章を閉じよう。限界は，2時点で同一対象者を測定したパネルデータでないため因果関係の強い推定ができないこと（今回のような新しい試みでは不可避である），分析が探索的であり先行研究の蓄積は少なく，さらにデータと分析結果の蓄積が必要である，という点であろう。研究の強みは，全く同一の調査票で郵送調査とインターネット調査を実施したことによって，メインの分析は郵送調査で行なう一方でネットサンプルによるロバストネスチェックが確実に行え，結果の頑健性，再現性の確認ができたことであろう。共通の結果についてはそれなりの確信が持てる。さらに研究上のポジティブな側面を強調するなら，結果の概念的・実証的な新規性は十分だと言ってよい。これまでの格差の研究は経済格差の研究に集中し，かつ市民の認識の中の格差よりはジニ係数などの客観的な指標に基づく研究が多いと思われる。本研究はこれらとは異なっている。とりわけ統治の不安や社会の分断・対立と政治参加の検討は端緒についたばかりであり，またメディア接触の多様なパターンがこれらにどんなインパクトをもたらすかは，未知の領域である。本論文が出発点としたプロジェクトは今後も推進されるので，この領域での研究を発展させていきたい。

参考文献

Bowler, Shaun, & Donovan, Todd（2002）Democracy, institutions, and attitudes about citizen influence on government. *British Journal of Political Science*, 32(2): 371-390. http://dx.

doi.org/10.1017/S0007123402000157

Carter, Michael C., Cingel, Drew P., Ruiz, Jeanette B., Wartella, Ellen (2023) Social media use in the context of the Personal Social Media Ecosystem Framework, *Journal of Communication*, 73(1): 25-37. https://doi.org/10.1093/joc/jqac038

電通総研・池田謙一編（2022）『日本人の考え方 世界の人の考え方Ⅱ──第7回世界価値観調査から見えるもの』勁草書房.

Finkel, Steven E. (1987) Reciprocal effects of participation and political efficacy: A panel analysis. *American Journal of Political Sciences*, 29(4): 891-913. https://doi.org/10.2307/2111186

Fiorina, Morris P. (1981) *Retrospective Voting in American National Elections*. Yale University Press.

Freedom House (2019) *Democracy in Retreat: Freedom in the World 2019*. https://freedomhouse.org/report/freedom-world/2019/democracy-retreat

Hicks, Raymond & Tingley, Dustin (2011) Causal mediation analysis. *The Stata Journal*, 11(4): 605-619. https://doi.org/10.1177/1536867X1201100407

池田謙一（2007）『政治のリアリティと社会心理──平成小泉政治のダイナミックス』木鐸社.

池田謙一（2013）『新版 社会のイメージの心理学──ぼくらのリアリティはどう形成されるか』サイエンス社.

池田謙一編（2016）『日本人の考え方 世界の人の考え方──世界価値観調査から見えるもの』勁草書房.

池田謙一（2019）『統治の不安と日本政治のリアリティ──政権交代前後の底流と国際比較文脈』木鐸社.

池田謙一（2020）「バーチャル共感が「統治の不安」を克服する」『Voice』2020(9): 120-127.

池田謙一（2021）「「五輪成功」の幻にすがらない政治を」『Voice』2021(8): 134-141.

Ikeda, Ken'ichi (2022) *Contemporary Japanese Politics and Anxiety Over Governance*. Routledge.

池田謙一（2023）「社会的分断の認識と統治の不安──ネットアクティビズムは対処の手段になり得るのか」. 日本政治学会大会 A2 分科会「メディア接触と政治的対立の構造」発表論文. 於 明治大学 2023. 9. 16.

Kasuya, Yuko, & Tan, Netina (2024) Introduction: Democratic backsliding in Southeast Asia, *Asian Journal of Comparative Politics* (online). https://doi.org/10.1177/205789112312237.

Kavanaugh, Andrea L., Reese, Debbie D., Carroll, John M., & Rosson, Mary B. (2005) Weak ties in networked communities. *Information Society*, 21(2): 119-131. https://doi.org/10.1080/01972240590925320

Moehring, Katja (2012) The fixed effects approach as an alternative to multilevel analysis for cross-national analyses. *GK SOCLIFE working paper series* 16: 1-19. https://osf.io/preprints/socarxiv/3xw7v/

Norris, Pippa (2022) *In the Praise of Skepticism: Trust but Verify*. Oxford University Press.（＝2023, 山崎聖子訳『懐疑主義の勧め──信頼せよ, されど検証せよ』勁草書房）

Pharr, Susan J., & Putnam, Robert D. (Eds.) (2000) *Disaffected Democracies: What's Troubling the Trilateral Countries?* Princeton University Press.

コラム4　日本の国力認知と統治の不安・社会の分断

　日本の国力について，近年憂慮する声が大きい。そこで SMPP 調査の2つの設問から日本の国力の認識の構造を検討しよう。日本が世界トップレベルの国力を現在有するか（問33），日本の国力は弱化したか（問34）への回答である。より正確にはそれぞれ「現在の日本は，政治，経済，文化，安全保障，外交などを総合的に評価して，世界でトップレベルの国力を持つ国だと思いますか，思いませんか」「あなたは，この30年間で，日本の国力は，どうなったと思いますか」と尋ねた。

表1　日本の国力認識

この30年間の日本の国力変化	
	%
1　強まった	7.8
2　弱まった	67.2
3　変わらない	24.4
4　無回答	0.5

現在の日本は世界でトップレベルの国力を持つか		今後の日本 （A）世界トップレベルの経済大国を 　　目指すべき （B）目指す必要はない	
	%		%
1　そう思う	6.6	1　（A）に近い	16.2
2　どちらかといえばそう思う	35.2	2　どちらかといえば（A）に近い	48.4
3　どちらかといえばそう思わない	38.3	3　どちらかといえば（B）に近い	28.4
4　思わない	19.5	4　（B）に近い	6.4
5　無回答	0.5	5　無回答	0.6

　表1に見るとおり，3分の2の市民が日本の国力は「弱まった」と受け止めているが，今でも「世界でトップレベル」だとする市民は確信の弱い市民まで含めて4割存在している。さらに日本はトップレベルの「経済大国」を目指すべきかどうかを尋ねると（問35），6割を超える市民が肯定的に回答した。これは現状の認識より2割高い数値であり，この落差が国力弱化の認識となり，日本の政治や経済に対する「いらだち」につながっていると推測できよう。

　これらの認識は日本社会に関する大局的な視点であり，その点から将来の日本社会に対する統治の不安（第8章）と結びついている可能性があるだろう。つまり，国の将来が危ういと感じることと，国力が弱まった，世界トップレベルではないと認識することとは連動しているだろう。

　他方，国が民主的に統治されていると意識すれば，そうした効果は起きにくくな

るだろう。もちろんリベラルな民主主義のパフォーマンス（統治の実績）が国力を増大させる，ないしは国力低下の歯止めになる，という必然的な理由はないかもしれない。強権主義国家ではそのような主張がしばしばなされることは周知の通りである。それでも民主主義こそが国や社会の繁栄をもたらす，というのが民主主義を支える共通の前提である。民主主義国家である日本では，その前提が国力認知に繋がっているのか確認しよう。

　さらに本書のテーマに関して，社会の対立や分断の認識はそれが強いほど，国力が弱まった，世界トップレベルではないと認識しやすくなるだろう。国の発展という視点から見て，対立や分断が「相互の競争と競合を通じて発展する」というより，対立する立場同士が「足を引っ張る」要因となる可能性が高いと認識されれば，対立の認識は国力の低下の認識に繋がるだろう。社会が停滞しゼロサムゲームで成り立っていると受け止められている可能性が，社会が win-win ゲームとなっている可能性より高い，という認識である。池田（2022）は第7回世界価値観調査データの報告の中で，日本では格差問題に関してそうしたゼロサムゲーム的状態が見られることを指摘している。

　主要変数を第8章の分析と揃えた検討の結果を表2に示す。

　まず「統治の不安」が高いほど，たしかに市民は日本が「世界トップレベルの国力」を持っていると思いにくく，「日本の国力は弱まった」と考える傾向が見いだされた。統治の不安が高い市民（上位 10% の位置）では低い市民（下位 10%）より国力が低下したとの認識は 32% も高い。世界トップレベルかどうかに関しても同様に大きな差異が認められる。

　次に，「民主的統治度認知」が高いほど，回答者は日本が「世界トップレベルの国力」を保っていると認識していたが（モデル1），国力低下の認識には反映されていなかった（モデル3）。前者では肯定的な回答上位 5% では 55% の市民がトップレベルと見なすのに対し，下位の 5% では 30% に過ぎない。後者では両者の差異は見られない。

　この知見は興味深い。民主的統治度認知が高ければ世界トップレベルの国力は維持されていると受け止めるが，この 30 年の「国力低下」というダイレクトな認識には反応しない。国力低下そのものは民主政治の「せい」ではない，という認識である。言い方を変えれば，国力が低下していてもそれが民主的な統治の様相と関わりがあると感じられていない一方で，民主的に統治できなければ世界トップレベルからは脱落する，ということである。

　次に，対立強度認知で表される「分断の認識」が高いほど，国力認知に関して「弱まった」との認識が強まる結果が判明した（モデル3）。対立を全く認識しない市民では 69% が国力低下を認識したのに対し，対立強度認知が上位 9% の市民で

表2　統治の不安と日本の国力認知：順序ロジット分析

	日本の国力評価			
	世界トップレベルと思わない		日本の国力は弱まった	
	モデル1	モデル2	モデル3	モデル4
	係数	係数	係数	係数
統治の不安	0.614 ***	0.539 ***	0.689 ***	0.644 ***
民主的統治度認知	− 0.173 ***	− 0.159 ***	− 0.006	0.006
対立認知強度	− 0.022	− 0.026	0.065 **	0.061 **
個人の暮らし向き悪化（この1年）		0.068		0.147 *
現在の日本の景気（良い−悪い）		0.300 ***		0.169 *
内的政治的効力感	− 0.157	− 0.126	0.122	0.135
外的政治的効力感	− 0.230 *	− 0.219 *	− 0.435 ***	− 0.415 ***
集合的効力感	0.098	0.126	0.199 +	0.211 *
私生活志向政治非関与	0.118	0.238	0.152	0.225
私生活志向私生活強調	− 0.619 +	− 0.663 +	− 1.552 ***	− 1.569 ***
政治知識	0.003	0.014	0.089 +	0.090 +
女性	0.109	0.078	0.000	− 0.020
満年齢	− 0.002	− 0.002	0.002	0.002
教育程度	0.037	0.043	0.164 ***	0.176 ***
有職	− 0.004	0.001	− 0.026	− 0.005
都鄙	0.100	0.092	0.201 +	0.205 +
カットポイント1	− 4.711	− 2.974	− 2.707	− 1.277
カットポイント2	− 2.226	− 0.475	− 0.948	0.488
カットポイント3	− 0.238	1.539		
擬似R2	0.075	0.081	0.106	0.110
N	1,547	1,543	1,547	1,543

.05<p=<.1+, .01<p=<.05*, .001<p=<.01**, p<.001***

は79％に達した。だが，「トップレベル」に関しては当てはまらず（モデル1），分断の認識は国内問題ということなのかもしれない。

　これらの結果を踏まえた上で経済的要因の効果を見よう。「失われた30年」など，日本経済の凋落の認識が国力低下に結びついているかどうかを，政治面での統治の不安の認識と並んで検討する。日本が世界トップレベルであるという認識は長らく経済に関するものであった。

　個人の経済状態の認識（問1），社会の経済状態の認識である景気認知（問3）を追加投入したところ（モデル2と4），後者は一貫してネガティブな効果を示した。景気の認識が悪いと日本の国力が世界のトップレベルにあるとは思いにくく，国力は低下したという判断につながっている。他方，個人の経済状態の認識は国力認知にのみネガティブな効果をもたらし，暮らし向きの悪化と国力低下の認識は連

動していた。

　政治的要因の効果はこれら経済要因の投入にもかかわらず維持されていた。ということは，経済要因と政治要因は並列的な効果を持つのだといえるだろう。

　なお，興味深い他要因を2点指摘したい。

　第1に，市民の意見など，政治へのインプットに対する政治側の反応の良さを示す外的政治的効力感について一貫してネガティブな効果が見いだされた。政治が民意を反映しないから，トップレベルから落ち，国力が低下したという見方である。

　第2に，私生活志向の私生活強調の次元で高い値を示すほど，国力は変わらないと考える傾向が明瞭であった。世界トップレベルだから私生活に集中しても問題ないと考えるのか，私生活に焦点があると国力の低下も世界での位置も気にならないということなのか，いずれも解釈可能だろう。総じて私生活を強調することが日本社会に対する危機意識を弱めることを示している。

（池田謙一）

参考文献

池田謙一（2022）「世界の中の日本のゆくえ──21世紀中盤を目指し，社会の質を高めるために」電通総研・池田謙一編『日本人の考え方　世界の人の考え方II──第7回世界価値観調査から見えるもの』勁草書房，1-19。

あとがき

　人生も，それぞれの人の営みから生み出される「産物」も，偶然と必然が織りなす物語性を帯びている。

　本書のもととなった「スマートニュース・メディア価値観全国調査」も，多くの偶然や，運命的にすら思える「ご縁」のおかげで生まれた産物である。

　筆者がこうした世論調査を着想したのは2016年ごろで，着想のきっかけはアメリカの分断の急速な進展がピュー・リサーチセンターなどの世論調査のデータから裏付けられているのを知ったことだった。そのことは，「まえがき」で述べた。

　そのころ日本でも，自民党の安倍晋三政権が長期にわたって続く中で，保守層とリベラル層の対立の激化や，メディアへの不信が高まりつつあるという指摘が出ていた。もしも日本でも分断が広がりつつあるのなら，対処の処方箋を考える上でも，日本の分断がどこにどういう形で存在しているのかをつかむ必要がある。ピュー・リサーチセンターのような長期的な調査はできないかと思いはしたものの，その段階では，まだ個人的な「夢想」に過ぎなかった。

　なぜ「夢想」は現実となったのか，簡単に経緯を記したい。

　2017年，日本に帰国して編集委員となった筆者に，学生時代からお世話になってきた村松岐夫京大名誉教授（元日本政治学会理事長）から連絡があった。村松氏は，日本のデータが研究者によってばらばらに保存され，管理もおろそかであることに危惧をもっていた。そのため，社会科学や人文科学の分野で活躍する学者たちが日本学術振興会で「大同団結」し，きちんとした「データ・インフラストラクチャー」を作る必要性を指摘されていた。アメリカで，さまざまな調査データが使いやすいことを実感していた筆者は，村松名誉教授の問題意識に共感し，「データ軽視の日本　世界と比較　わかる「健康」」（2017年10月26日，朝日新聞オピニオン面）というコラムを書いた。このときに，村松名誉教授から紹介されてお会いしたのが，社会心理学者の池田謙一・同志社大教授だった。

　その後2018年に，池田教授とは京都で2人で食事をする機会があった。その席で，池田教授が日本の責任者を務めておられる「世界価値観調査」や，

「アジアンバロメータ調査」といった調査について，認識を深めることができた。先行調査で必ずしもカバーできていない領域，特にメディア接触と価値観との変化について追いかける必要性を理解するきっかけにもなった。

　池田教授との出会い以降，世論調査への思いは強まったが，具体的なイメージは持てなかった。メディア接触との関係を調べるには，学術的にメディアを公平に扱う必要がある。朝日新聞社という一つの新聞社にいる限り，実現は難しいとも感じていた。

　転機は，2019年に訪れた。その年の2月，毎年，経営者や起業家などが集まる3日間の会議に9年ぶりに（なぜか，その年は参加したほうがよい気がして）参加した筆者は，メディアについてのセッションを聞いていた。数十人の聴衆がいたが，たまたま，筆者の隣の席に座っていたのが，スマートニュース社の共同創業者である鈴木健CEO（当時，現在は代表取締役会長）だった。セッションが終わり，名刺交換をし，しばらく雑談する中で，アメリカの話題になった。そのとき，鈴木氏は真剣な面持ちで「アメリカの分断をどうにかしたいと思っている」と語ったのである。「アメリカの有識者たちも手の施しようがないと思っているのに，なぜ日本の起業家が（そこまで考えているのか）」と強烈な印象を受けた。

　あまりに驚いたので，東京で改めての面会をお願いした。その取材の中で，スマートニュースがアメリカにおいて，保守層の人にもリベラル的な政治ニュースを，リベラル層の人にも保守的な政治ニュースをバランスよく示すアルゴリズムを採用したこと，また，FOX NewsとCNNという保守・リベラルの代表的なケーブルテレビで「分断の緩和」を掲げるようなコマーシャルを打っていることを知った。面白い試みだと思い，朝日新聞のコラムに書いた。すると，数ヶ月後，瀬尾傑・スマートニュース メディア研究所長（当時，現在はスローニュース代表）を介して，転職のお誘いがあった。

　思いもよらないことだったが，当初のオファーは自分には合わない職種だったので，ご縁はないだろうと思った。ただ，鈴木氏との面接では「ダメモト」で「研究所で，世論調査やメディアリテラシー教育がやれるのなら（転職を考えます）」と伝えたところ，驚いたことに，「それでもいいですよ」という返事だった。そんな不思議な成り行きで，瀬尾所長のもと，研究所の研究主幹として，筆者の第二の職業人生は始まった（2022年春から研究所の所長に就任）。

　ただ，メディア研究所は，ピュー・リサーチセンターのような大組織ではな

く，内部の人材だけで調査分析していくことは難しい。実施のためには，外部の専門家とともに研究会を組成する必要性は明らかだった。転職によって世論調査への道が開けてきた段階で池田教授に連絡をとり，研究会の組成，そして座長をお願いしたところ，ご快諾いただいた。その場で，池田教授からは，共同座長として前田幸男東大教授を推薦された。前田教授は，豊富な調査経験に加え，前述の日本学術振興会のデータインフラ事業も含め日本の社会調査データの保存と共有に努力してきたことでも知られている。前田教授にもご快諾をいただき，両座長と協議しながら最初の研究会に入っていただく学者の方々の人選を進めていった。

スマートニュース社の社内でも，予算獲得などの調整が必要だった。スマートニュース社は，2012年設立のまだ新しい会社であるが，コア・バリューの一つを「For the Common Good（公共に資する価値を作ろう）」としている。研究所はこのバリューの実現手段の一つとして，2018年に設立された。アメリカの分断に関心が深い鈴木氏は，社内の会議でもピュー・リサーチセンターのデータをよく使っていたため，調査の意義について社内幹部の理解も得られやすかった。『なめらかな社会とその敵』（ちくま学芸文庫）などの著書がある鈴木氏は，博士号をもつ研究者の面もあり，長期的な調査の必要性を熟知していた。

また，2023年に鈴木氏からCEOを引き継いだ，共同創業者の浜本階生氏も，テクノロジーが世の中を良くするにはどうすればよいのかについて常に考えているエンジニア・経営者であり，鈴木氏同様，研究所の活動を支援いただいている。

また，スマートニュース社は，多くのメディアと提携しており，イデオロギー的には中立の立場である。特定の新聞社やテレビ局と資本関係をもっておらず，客観的な調査を実施しやすい立ち位置にいる。

さまざまな偶然とご縁——新聞社時代の2度のアメリカ赴任，トランプ氏が当選した選挙を現地でカバーしたこと，村松名誉教授や池田教授との出会い，めったに行かない会議で隣に座っていたのが鈴木氏だったこと，鈴木氏のピュー・リサーチ調査への関心，自分自身の研究所への転職——。

どれか一つの要素が欠けても，「スマートニュース・メディア価値観全国調査」が産まれることはなかった。

日本における有意義な研究プロジェクトは，日本学術振興会の科学研究費助

成事業（科研費）の交付を受けることが多い。ただ，調査を継続的に実施するためには，科研費を連続して獲得する必要がある。しかし，一回一回の申請の労力が大変なことや，単なる継続では不十分で，毎回の申請に新規性が求められるという悩みを聞く。筆者たちのような民間が，新規性よりも継続性を重視して分析していくことは，科研費ではやりにくいことを補完する意味があるのかもしれない。

創設5年の新しいシンクタンクのアイデアが，大規模世論調査として結実したのは，池田・前田両座長をはじめ，研究会メンバーの方々のご尽力のおかげである。加えて，「はじめに」や「あとがき」に記した経緯の中で，ご縁のあった方々，そして忙しい日々の生活の中で実際の調査にご協力いただいた方々に，心よりの感謝を捧げたい。

最後に，世論調査の実施，実施後のデータ整理やメディア向け発表会など対外的な発信にあたっては，スマートニュース社の同僚の皆さんに，多大なるご協力をいただいた。書籍化にあたっては，勁草書房編集者の伊従文氏に，ひとかたならぬお世話になった。あわせて感謝を申し上げたい。

2024年5月20日

山脇岳志

索　引

A〜Z

CNN　41
Facebook　45-46, 57, 79n2, 141
FOX News　20, 24, 39, 41
Instagram　8, 46, 58, 75, 79n2
LINE　52, 56-57, 59, 70, 79n2, 141, 157n11
MSNBC　41
NFM（New Finds Me）傾向　78, 81, 91-94, 96-97, 157, 159
NHK ニュース　5, 41, 54-55, 70, 75, 77, 79n2, 106, 157n11
SDGs　197-198, 200
Twitter（現 X）　8, 46, 57, 79n2, 141
UGC（User Generated Content）　57, 59
Yahoo! ニュース　5, 8, 57, 59, 64-65, 70, 75-77, 79n2, 157n11
YouTube　7, 47, 57-59, 70, 75, 79n2, 141

あ　行

朝日新聞　i, iv, 20, 41, 79n2
アジアンバロメータ調査（ABS）　151
麻生太郎　10, 209, 211, 217, 219, 222-224, 226-230
安倍晋三　6, 10, 112, 136, 144, 207-213, 215-230
アルゴリズム　7, 45, 47, 57, 59-60, 70
池田謙一　145-147, 149, 151, 155, 163-165, 168-169, 235-237, 241, 245, 248, 272
イデオロギー自認　69, 112, 114-117, 123-126, 133, 136
イデオロギー対立　8-9, 25, 112-117, 127, 130, 133, 135-137
移民受け入れ　4-5, 9, 29-31, 42, 118, 120, 123n11, 175, 186-188, 200
イングルハート，ロナルド　3, 146, 148,
236
インターネットニュース　75, 86-87, 90, 95, 101, 156, 157n11, 159, 263, 268
インターネットメディア　7, 50-52, 56, 59, 61-65, 70, 75-80, 82-85, 88-89, 91, 96, 98, 100, 241, 247, 258, 260
エコーチェンバー　43, 45-47, 74

か　行

環境保護・環境問題　8-9, 20, 29, 31-32, 42, 118, 121n5, 122-126, 136, 175, 188, 197-199, 243
監視する市民性　149, 156, 159, 170
感情的分極化　→分極化
岸田文雄　154-155, 160, 208-210, 212, 215, 217, 219, 222-224, 226-230, 238
共和党［米］　ii, 6, 19-23, 29-38, 41-42, 144, 206, 208
経済対立　4, 113, 129, 130n14, 131, 133, 135-137
権威主義的志向　9, 164-166, 168-171
憲法問題（9条改正）　25-26, 42, 114, 118, 121
小泉純一郎　146, 149-151, 208-211, 215-216, 219, 222, 226, 230
購読制　54, 65-67, 70
個人志向　9, 178, 184-191, 199-201　→連帯志向も参照
コネクテッド・テレビ（CTV）　59, 70

さ　行

ジェンダー対立　5, 9, 129-135, 137, 244
自助努力志向　161-164, 168-169, 171
私生活志向　9, 12, 145-152, 155-156, 161-164, 168-170, 240, 245, 248-252, 264, 269,

274 →政治非関与も参照

社会関係資本 147, 169, 239

社会的リアリティ 260

シャドソン, マイケル 149, 156

主観的社会対立 112, 127-137

情報環境・メディア環境 6-8, 11, 29, 45, 50, 74-76, 78, 95, 97-98, 156, 241, 247, 253, 255, 260, 267-268

ジルディズニガ, ホメロ 81, 94

新型コロナウイルス感染症（コロナ禍） 10, 75, 118, 123, 166, 235, 237

新型コロナ対策 8, 118, 121-126, 136, 188, 236, 239

神聖基盤 9, 182-185, 191-194, 196-201

菅義偉 10, 161, 163, 211, 215, 217, 219, 222 -223, 226-230

スマートフォン 47, 52-53, 56, 59, 65, 70, 75

政策争点態度 8, 12, 112, 117, 120, 121n4, 123, 125, 137, 167, 182, 185-188, 200, 207

政策対立構造 112, 120-123

政治参加 3-4, 8, 11, 98, 137, 139, 141, 145- 147, 149, 154-155, 168-170, 236, 239-243, 250-255, 258-269

政治知識 78, 86-87, 91, 94, 96-98, 154-155, 159, 161, 162n14, 168-169, 213-217, 229, 247-248, 250, 252-253

政治的効力感 139, 246, 248-250, 252, 274

政治的疎外 148

政治的分極化 →分極化

政治非関与 6, 146-147, 149-171, 240, 245, 248-250, 252-253, 264, 269 →私生活志 向も参照

政治不信 148-149, 235-237

清浄志向―穢れ忌避尺度（日本的穢れ尺度） 193-197, 200-201

政党好感度（好悪） 124-126, 208, 210-215, 225-228

政党対立 112, 114, 126, 136

世界価値観調査 39, 75, 160, 235, 243-244, 272

セズノ, フランク 24

世代対立 4, 67-70, 127, 130, 133, 135, 244

潜在クラス分析 50, 82-83, 86, 96, 98-100

選択的接触 20, 78

ソーシャルメディア i, 5-6, 8, 12, 20, 24- 25, 45-47, 75, 78, 81, 91-93, 96-97, 104, 141, 150, 157n11, 159, 201, 208-209, 229, 242n3, 243

た 行

態度的分極化 →分極化

対立強度認知 244, 248, 250, 252-253, 255, 259-264, 267-268, 272

対立・分断認識 239-240, 252, 264, 268, 272

脱物質主義 3, 146, 148, 168, 236

小さな政府 9, 25-27, 38, 113, 161, 163, 170

デジタルデバイス 50-52

伝統メディア →マスメディアを参照

同性婚 3, 9, 29-30, 42, 113-114, 118, 121n5, 122, 175, 186, 188, 200

統治の不安 10-11, 98, 150, 154-155, 160, 168-169, 235-242, 245-255, 260, 262n10, 263-269, 271-274

道徳基盤理論 9, 177, 183-184, 191, 193n7, 196, 198-199

道徳の分断 174-175, 201

党派（的）ソーティング 6-7, 19, 22, 42

投票参加 250, 252, 255, 258, 260, 264-265, 267-268

都市地方対立 1n1, 4, 127-128, 130, 133, 135, 244

トランプ, ドナルド i-ii, 3, 6, 10, 23-24, 45, 144, 174, 206

な・は 行

ナショナリズム 33, 42, 188, 191

索　引　　　281

ニュース回避傾向　　78, 82, 94-97, 104-107,
　　157, 159
　選択的ニュース回避　　78, 104
ハイト, ジョナサン　　177-179, 180n4, 185
パットナム, ロバート　　169
夫婦別姓　　114, 118, 121n5, 122, 188
フェアネス・ドクトリン　　38-39
フェイクニュース　　i-ii, 18, 23, 74, 144
分　極　化　　i, 5-6, 12, 18, 20, 23-25, 43, 112,
　　144-145, 170, 174-175, 206-209, 224, 230
　感情的——　　18-20, 23, 25, 42, 144, 174,
　　179, 201
　政治的——　　6, 18, 20, 24
　態度的——　　19
分断軸　　2-5
　イデオロギー（分断軸1）　　2-3, 6, 8-9,
　　111-137
　政治との距離（分断軸2）　　2-3, 6, 9, 143,
　　148, 163, 171, 240, 245, 248　→私生活志
　　向も参照
　道徳的価値観（分断軸3）　　2-3, 6, 9, 11,
　　173, 177, 179-182, 185, 188-189, 191-193,
　　199-201
　リーダーシップ（分断軸4）　　2-4, 6, 10,
　　205-230
　社会や政治の将来像（分断軸5）　　2, 4, 6,
　　10-11, 233-269　→統治の不安も参照
ベイル, クリス　　24
放送法第四条　　39
保守-リベラルのイデオロギー　　2-3, 8-10,
　　23, 25-26, 29, 112-113, 120, 155, 174, 178-
　　180, 182-183, 185-190, 195-196, 199-201,
　　207-208, 210, 217-219, 222, 229
ポピュリズム　　114n2, 206-208

ま　行

マスメディア（伝統メディア）　　i, 5-8, 11-
　　12, 23, 37-40, 42, 45, 47, 50-51, 53, 56, 58-
　　63, 65, 67-70, 75-77, 80, 84-88, 104, 106-

　　107, 150, 157n11, 159-160, 207-208, 217,
　　241, 247, 255, 258, 260, 262, 265, 268
民主主義の後退　　18, 168, 269
民主的統治度認知　　236, 241, 243-244, 248,
　　250, 252, 255, 264, 267-268, 272
民主党［米］　　ii, 6, 19-20, 22-23, 29-33, 35,
　　37, 41-42, 144, 206, 208
民主党政権［日］　　222-223, 226-227, 230
メディア接触の潜在クラス　　8, 11, 83-85,
　　96, 100-101, 242, 246-247, 253, 255, 258-
　　260, 262, 265, 267-268
　伝統メディア中心型（クラス1）　　83, 85,
　　87, 89-91, 96-97, 100, 215, 217, 223, 247,
　　253, 255, 258, 260, 262, 265, 267
　伝統メディア＋ネットニュース接触型（ク
　　ラス2）　　83-85, 87, 89-91, 95-96, 98,
　　100, 215, 217, 247, 255, 260, 263, 265, 267
　バランス型（クラス3）　　84-85, 87-89,
　　94, 96, 98, 100-101, 247, 255, 258, 260, 262,
　　265, 267
　インターネットメディア中心型（クラス4）
　　85-87, 90-93, 96-98, 100, 215, 247, 255,
　　258, 260, 265, 267
　SNS中心型（クラス5）　　85-87, 89-90,
　　92-98, 101, 215, 217, 223, 247, 255, 258,
　　260, 265, 267
メディアに対する信頼　　6, 11, 37, 42, 61-62,
　　68-70, 77, 80, 87-88, 96, 106-107, 157, 159
　　-160, 169, 247, 258, 265
メディア利用の自己効力感　　139-142, 157,
　　159-160, 169

や・ら・わ　行

読売新聞　　41, 69, 79n2
ルペン, マリーヌ　　206
連帯志向　　9, 178, 184-191, 199-200
労　使　対　立　　9, 129, 130n14, 131, 133, 135-
　　137, 244-245
ワクチン陰謀論　　195, 200

編著者略歴

池田謙一（いけだ けんいち）

同志社大学社会学部・大学院教授。博士（社会心理学）。東京大学文学部卒業，東京大学大学院人文社会系研究科教授などを経て，2013 年より現職。単著に *Contemporary Japanese Politics and Anxiety over Governance*（Routledge, 2022），編著・共著に『「日本人」は変化しているのか』（勁草書房，2018，日本社会心理学会第 20 回出版賞），*The International Encyclopedia of Political Communication*, 3 Volumes（Wiley-Blackwell, 2015），*Social Networks and Japanese Democracy*（Routledge, 2011）他，著書・論文多数。

前田幸男（まえだ ゆきお）

東京大学大学院情報学環教授。Ph. D.（Political Science），University of Michigan。東京都立大学法学部助教授などを経て，2016 年より現職。編著書に『統治の条件——民主党に見る政権運営と党内統治』（千倉書房，2015）。共著に『政治学　第 2 版』（東京大学出版会，2022）他。

山脇岳志（やまわき たけし）

スマートニュース メディア研究所所長。帝京大学経済学部客員教授。京都大学法学部卒業，朝日新聞社に入社，経済部記者，オックスフォード大学客員研究員（Reuter Fellow），論説委員，GLOBE 編集長，アメリカ総局長，編集委員などを経て退職。2020年にスマートニュースに入社，2022 年より現職。著書に『日本銀行の深層』（講談社文庫，2002）他，編著書に『現代アメリカ政治とメディア』（東洋経済新報社，2019），『メディアリテラシー』（時事通信社，2021）。

執筆者略歴（執筆順）

小林哲郎（こばやし てつろう）

早稲田大学政治経済学術院教授。博士（社会心理学）。東京大学文学部卒業，国立情報学研究所准教授，香港城市大学准教授などを経て，2023 年より現職。編著書に *Japanese Public Sentiment on South Korea: Popular Opinion and International Relations*（Routledge, 2021），単著に『寛容な社会を支える情報通信技術——ゆるやかにつながり合うネット時代の社会心理』（多賀出版，2009）他，論文多数。

藤村厚夫（ふじむら あつお）

スマートニュース メディア研究所フェロー。法政大学経済学部卒。株式会社アスキー，日本アイ・ビー・エムを経て，2000 年に株式会社アットマーク・アイティ（現アイティメディア株式会社）を創業。2013 年よりスマートニュース株式会社執行役員。2022 年同社メディア研究所フェロー。共著に『メディアリテラシー』（時事通信社，2021），『ハックされる民主主義』（千倉書房，2022），『ネット世論操作とデジタル影響工作』（原書房，2023）などがある。

編著者・執筆者略歴 283

大森翔子（おおもり しょうこ）
法政大学社会学部専任講師。博士（法学）。学習院大学法学部卒業，東京大学大学院法学政治学研究科博士課程修了，公益財団法人 NIRA 総合研究開発機構研究員を経て，2023 年より現職。単著に『メディア変革期の政治コミュニケーション』（勁草書房，2023），共著論文に Predictable crises shape public opinion: evidence from the COVID-19 natural experiment, *Journal of Elections, Public Opinion and Parties*, vol.31（2021），「娯楽化したニュースと政治的有効性感覚 —— 戦略型フレーム報道への接触に注目して」『選挙研究』33 巻 2 号（2017）他。

遠藤晶久（えんどう まさひさ）
早稲田大学社会科学総合学術院教授。博士（政治学）。早稲田大学政治経済学部卒業，高知大学講師，早稲田大学准教授などを経て，2023 年より現職。共編著に *Public Behavioral Responses to Policy Making during the Pandemic: Comparative Perspectives on Mask-Wearing Policies*（Routledge, 2022），共著に『イデオロギーと日本政治 —— 世代で異なる「保守」と「革新」』（新泉社，2019）他。

田部井滉平（たべい こうへい）
早稲田大学政治学研究科研究生（総務省統計審査官付官）。修士（政治学）。早稲田大学政治経済学部卒業，早稲田大学グローバルエデュケーションセンター助手を経て，2024 年より現職。

笹原和俊（ささはら かずとし）
東京工業大学環境・社会理工学院教授。博士（学術）。東京大学大学院総合文化研究科修了。理化学研究所 BSI 研究員，日本学術振興会特別研究員 PD，名古屋大学大学院情報学研究科講師を経て，2024 年より現職，及び国立情報学研究所客員教授。2009 年カリフォルニア大学ロサンゼルス校客員研究員，2016 年インディアナ大学客員研究員。2016 年〜2020 年 JST さきがけ研究者。専門は計算社会科学。単著に『フェイクニュースを科学する —— 拡散するデマ，陰謀論，プロパガンダのしくみ』（化学同人，2018），『ディープフェイクの衝撃 —— AI 技術がもたらす破壊と創造』（PHP 研究所，2023）。

松尾朗子（まつお あきこ）
東京大学先端科学技術研究センター当事者研究分野特任助教。博士（心理学）。名古屋大学大学院修了後，東海学園大学心理学部助手などを経て，2022 年より現職。共著論文に「道徳判断と嫌悪感情 —— 神性・清浄基盤に着目して」『エモーション・スタディーズ』7 巻 1 号（2021），Culture points the moral compass: Shared basis of culture and morality, *Culture and Brain*, vol.10（2022），「刑務所作業製品への抵抗感と嫌悪感受性，道徳基盤，穢れ観の関連」『人間環境学研究』21 巻 2 号（2023）など。

日本の分断はどこにあるのか
スマートニュース・メディア価値観全国調査から検証する

2024 年 10 月 15 日　第 1 版第 1 刷発行
2024 年 12 月 20 日　第 1 版第 2 刷発行

編著者　池田　謙一
　　　　前田　幸男
　　　　山脇　岳志

発行者　井村　寿人

発行所　株式会社　勁草書房
112-0005 東京都文京区水道 2-1-1　振替 00150-2-175253
（編集）電話 03-3815-5277／FAX 03-3814-6968
（営業）電話 03-3814-6861／FAX 03-3814-6854
精興社・中永製本

© IKEDA Ken'ichi, MAEDA Yukio, YAMAWAKI Takeshi 2024

ISBN978-4-326-60375-6　　Printed in Japan

〈出版者著作権管理機構 委託出版物〉
本書の無断複製は著作権法上での例外を除き禁じられています。
複製される場合は、そのつど事前に、出版者著作権管理機構
（電話 03-5244-5088, FAX 03-5244-5089, e-mail: info@jcopy.or.jp）
の許諾を得てください。

＊落丁本・乱丁本はお取替いたします。
ご感想・お問い合わせは小社ホームページから
お願いいたします。

https://www.keisoshobo.co.jp

電通総研・池田謙一 編
日本人の考え方 世界の人の考え方 II
── 第 7 回世界価値観調査から見えるもの

A5 判　4,180 円
25163-6

池田謙一 編著
「 日 本 人 」 は 変 化 し て い る の か
── 価値観・ソーシャルネットワーク・民主主義

A5 判　3,850 円
25124-7

池田謙一 編著
日 本 と ア ジ ア の 民 主 主 義 を 測 る
── アジアンバロメータ調査と日本の 21 世紀

A5 判　3,850 円
25155-1

ロナルド・イングルハート 著／山﨑聖子 訳
文　化　的　進　化　論
── 人びとの価値観と行動が世界をつくりかえる

A5 判　3,630 円
60318-3

ピッパ・ノリス 著／山﨑聖子 訳
懐　疑　主　義　の　勧　め
── 信頼せよ、されど検証せよ

A5 判　4,950 円
30331-1

大森翔子
メディア変革期の政治コミュニケーション
── ネット時代は何を変えるのか

A5 判　4,950 円
60358-9

―――――――――――――――――――― 勁草書房刊

＊表示価格は 2024 年 12 月現在。消費税 10％が含まれています。